学習社会研究

Studies in Learning Society

◆ 第 5 号 ◆

JN075140

特集テーマ

「学習社会と教育の未来像」

日本学習社会学会　編

「教育」から「学習」への転換

　新学習指導要領では「主体的な学び」が重視されている。文部科学省は学習指導要領改訂の経緯について、総則において、「学校教育には、子供たちが様々な変化に積極的に向き合い、他者と協働して課題を解決して行くことや、様々な情報を見極め知識の概念的な理解を実現し情報を再構成することなどして新たな価値につなげていくこと、複雑な状況変化の中で目的を再構築することが出来るようにすることが求められている。」と説明している。

　これは変化が急速で未来を予測することが困難な変動社会では、学校で知識を修得しただけでは仕事だけでなく生きることが難しくなっているからである。端的に言うならば「生きる力」の転換が求められているということである。OECD が提唱しているように、必要に応じて教育を受けられるようなシステムを構築することも重要であるが、より重要なことは個々人が「主体的な学び」を生涯にわたって可能になるような社会を構築すること、学習社会を構築することである。

　日本学習社会学会の第1回大会で行われたシンポジウム「21世紀の学習社会を展望する」において登壇者の一人として、新井はユネスコが1996年に出した通称ドロール報告（Learning：The Treasure Within, 邦訳『学習：秘められた宝』）が提起している以下のような「四つの柱」（The four pillars of education）に特に注目した。

1．Learning to know
2．Learning to do
3．Learning to live together
4．Learning to be

当学会としてもこのような視点を中心とした社会の構築に資する研究とそれを基とした提言を行っていくことを期待している。

日本学習社会学会前会長　　新井郁男（星槎大学特任教授）

刊行にあたって

　『学習社会研究』第5号では「学習社会と教育の未来像」をテーマに、近年の教育改革の動向と教育をめぐる諸課題を踏まえ、教育学の各専門分野の研究に取り組む会員諸氏の執筆による特集論文と、本テーマに即して寄せられた投稿論文とによって、教育の未来像を描くための編集に取り組んだ。

　日本の教育界は、新型コロナウイルス感染症対策とともにSociety5.0時代の到来などを背景に、2021（令和3）年1月の中央教育審議会答申を経て、「令和の日本型学校教育」の構築をめざす教育改革をスタートさせた。また、将来の科学技術・イノベーションへの若手研究者の育成・支援にも着手する方向で動き始めている。その一方で、少子・人口減少の問題をはじめ、現代社会における子どもの貧困やヤングケアラーの増加など子どもをめぐる教育機会や学習環境が変容し、従来の「教育」と「学習」の在り方が根底から揺らぐ現状が続いている。令和の教育改革は、そうした実態に真摯に向き合い、少子高齢化社会に対応した学校教育や生涯学習の在り方をパラダイム転換を図って追求し、新たな地平を拓く教育理念とそれを具現化する施策の形成を不断に行うことで、豊かな教育環境の提供をめざすことを期待したい。

　こうした「教育」と「学習」をめぐる諸課題に応えるため、本号ではテーマに基づく特集論文をⅠ部「学習社会における教育改革の未来」とⅡ部「子どもをめぐる「教育」と「学習」の未来像」とに配置し、前者では主に今後の教育改革を促す論考を集め、また後者では主に教育実践に基づく諸課題に対する提案型の論考を集めたもので構成し、続いて会員諸氏からの意欲的で示唆に富む投稿論文を配置して全体で16本の論文をもって編集を行った。

　Ⅰ部では、コミュニティ・スクールの教育政策効果について調査データを分析して論究する佐藤論文、社会教育の制度としての地域学校協働活動に着目して考察する志々田論文、急速に老朽化する学校建築の問題に注目して、安全・安心な学習社会構築のためのインフラ整備の在り方を考察する堀井論文、公立高等学校の普通科改革に関する各都道府県・政令指定都市の教育委員会の取組状況を調べた成果に基づき、豊かな実務経験を踏まえて論究する小宮論文、大学での教員養成カリキュラムの充実に向けて、学生への教職意

識調査の結果に基づいて考察する山﨑論文、現職教員の研修制度の見直しが進む現状を精査して、今後の教員研修の在り方を論究する吉田論文、そして地方教育行政の組織及び運営に関する法律の改正以降の首長主導型の教育行政の実態検証に向けて、総合教育会議と大綱に注目して考察する梶論文の7本の論文を掲載している。

　次いでⅡ部では、GIGAスクール構想への産学官の協働に関して、学校でのICT導入による教育実践を踏まえて整理された諸課題を共同研究した成果をまとめる栗原等論文、コミュニティ・スクール導入を進める学校現場の現状と行政支援・研修の在り方を、CSマイスターの経験に基づいて考察する鈴木（廣志）論文、学校図書館の蔵書の整備の現状と課題を明確にして、これからの学校図書館の在り方をデータ分析から論究する鈴木（守）論文、特別な支援を必要とする子どもへの特別ニーズ教育・インクルージョンの推進に向けた今後の制度整備と政策形成について考察する田中論文、ICT活用を通じた公正な教育活動の推進に関して、社会経済的困難を抱える子どもに着目して考察する柏木論文、そして東日本大震災後に地域コミュニティの分断を余儀なくされた地域に注目して、NPOが持続可能な地域社会の形成に及ぼす影響をその活動実践から論究する柴田論文の6本の論文を掲載している。

　続いて投稿論文として、教育事業として地方創生へのまちづくりの側面を持って取り組まれている「公営塾」に注目して、実践事例の考察を通じて公営塾の新たな運営方法と今後の展開について論究する佐久間論文、社会教育施設の美術館利用に関して、バリアフリー施策と子ども連れの距離感に着目してその解決策について考察する内海論文、そして持続可能な中国農村社会を創出するためのNGOの取組に関して、特に郷土教科書にESDを組み込む実践の現状と諸課題を考察する劉論文の3本の論文を掲載している。

　以上、本号の特集「学習社会と教育の未来像」に収載した16本の論文紹介を通じて、会員をはじめ読者の皆様に本号の特集意義を理解いただき、論文への興味と精読への案内に供することができれば幸いである。

日本学習社会学会『学習社会研究』第5号　編集委員長　　梶　輝行

特集：学習社会と教育の未来像

特集論文

投稿論文

Special Feature: Future Vision of Learning Society and Education

Monographs

執筆者一覧 (姓　名：掲載順)

佐藤　晴雄（日本大学教授）
志々田　まなみ（国立教育政策研究所総括研究官）
堀井　啓幸（常葉大学教授）
小宮　智（横浜薬科大学教授）
山﨑　保寿（松本大学教授）
吉田　佳恵（横浜薬科大学教授）
梶　輝行（横浜薬科大学教授）
栗原　幸正（高崎健康福祉大学教授）
村田　美和（高崎健康福祉大学講師）
大橋　博（高崎健康福祉大学講師）
石原　敬久（高崎市教育委員会学校教育課指導主事）
鈴木　廣志（栃木市地域政策課社会教育指導員）
鈴木　守（常葉大学教授）
田中　謙（日本大学准教授）
柏木　智子（立命館大学教授）
柴田　彩千子（東京学芸大学准教授）
佐久間　邦友（日本大学助教）
内海　美由紀（日本博物館教育研究所／日本大学非常勤講師）
劉　琦（早稲田大学大学院・院生）

List of Authors (Last name, First name: in Order of Publication)

SATO Haruo, Professor, Nihon University
SHISHIDA Manami, Senior Researcher, National Institute for Educational Policy Research
HORII Hiroyuki, Professor, Tokoha University
KOMIYA Satoshi, Professor, Yokohama University of Pharmacy
YAMAZAKI Yasutoshi, Professor, Matsumoto University
YOSHIDA Yoshie, Professor, Yokohama University of Pharmacy
KAJI Teruyuki, Professor, Yokohama University of Pharmacy
KURIHARA Yukimasa, Professor, Takasaki University of Health and Welfare
MURATA Miwa, Lecturer, Takasaki University of Health and Welfare
OOHASHI Hiroshi, Lecturer, Takasaki University of Health and Welfare
ISHIHARA Norihisa, Supervisor, Takasaki Board of Education School Education Division
SUZUKI Hiroshi, Social education instructor, Regional Policy Division Tochigi City
SUZUKI Mamoru, Professor, Tokoha University
TANAKA Ken, Associate Professor, Nihon University
KASHIWAGI Tomoko, Professor, Ritsumeikan University
SHIBATA Sachiko, Associate Professor, Tokyo Gakugei University
SAKUMA Kunitomo, Assistant Professor, Nihon University
UCHIUMI Miyuki, Part-time lecturer, Nihon University
Liu Qi, graduate student, Graduate School of Education Waseda University

特集論文 ●

I 部　学習社会における
　　　教育改革の未来

コミュニティ・スクールをめぐる児童生徒の意識と行動に関する調査分析
—教育政策の有効性の検証として—

佐藤晴雄 （日本大学）

Research of Study Case on Perceptions and Behaviors of Elementary and Junior High School Students regarding Community School

SATO Haruo （Nihon University）

This study verified effectiveness of a community school （CS） for school children and students employing a survey conducted by Saitama City. The examination by the analysis provided the following findings.

It was suggested that in comparison to non-CS children, students of CS felt fulfillment of daily life activities and had higher independence and autonomy, and had attachment to the local community. Judging these findings, there were possibilities that the system of CS exerted positive effects, to a certain extent, on behaviors and perceptions of school children and students. Furthermore, parents and community residents evaluated more affirmatively diverse function scores of community management council system （community school system） than those of schools where this system was not implemented. They were strongly aware that their opinions were reflected on the common goal for raising a virtuous and educated child, the 'model child'. This might not be sufficient to confirm a cause-and-effect relationship. This finding, however, indicated that these functions of the school management council affected alternations in behaviors and perceptions of elementary and junior high school students.

1．はじめに

　学校運営協議会を置くコミュニティ・スクール（以下、CS）は、2022年5月現在で15,221校（導入率42.9％）となり、全国に浸透しつつある。これは教育政策の視点から見ると、学校評議員を発展させた制度に位置付き、また地域学校協働本部との一体的運用の推進が展開されている。法制度的には、2017年の地方教育行政の組織及び運営に関する法律の一部改正により、その導入が教育委員会の努力義務と定められ、同時に学校運営協議会（以下、協議会）の任用意見の対象事項が教育委員会の判断に委ねられた。任用意見に関しては、2017年以降の学校運営協議会設置規則には変化が見られるようになり、校長に対する事前意見聴取を義務づける規程が多くなっている（佐藤晴雄、2020）。その結果、CS に対する不安感がある程度解消し、その導入数が急増したと考えられる。

　ところで、CS をめぐっては、これまで先進校の実態や成果報告等がなされてきた。文部科学省の委託事業による全国的規模の調査をはじめ、いくつかの調査研究が取り組まれてきたが、これら調査の多くは、学校や校長並びに教育委員会を対象にした例が多く、校長以外の教職員や保護者・地域住民、児童生徒を対象にしたものは比較的少ない実情にある。このように、CS に関する量的調査研究や事例研究が数多く試みられてきたが、肝心とも言える児童生徒の行動や意識の変容に注目した量的調査研究は多くない。そうした現状において、山口大学調査（2017）及び三菱 UFJ リサーチ＆コンサルティング(株)調査(2019)は、校長以外の関係者や児童生徒にも焦点を当てた数少ない大規模調査の先行例になる。しかし、いずれもコミュニティ・スクール導入校を対象とした調査であり、同一自治体における未導入校との比較に焦点を当てた調査研究ではない。なお、山口大学調査は県内のコミュニティ・スクールを主対象にしつつも、未導入自治体である県外の B 市の児童生徒も対象にしているが、データ比較に地域性のバイアスがかかることになる。

　このほか、杉並区の調査「地域運営学校に関する調査」(2014) は CS 校と非 CS 校の児童生徒の意識・行動を取り上げているが、実施年がやや古く、2017年の法改正以前の調査になり、また分析がクロス集計にとどまる。

　そこで、注目したのがさいたま市によるコミュニティ・スクール調査であ

る。この調査は、CS（実施校）と準備校（市は全校導入を予定しているが、調査時点では未導入校を「準備校」と称する）に関わる教職員、地域住民、児童生徒、保護者、学校運営協議会委員等を対象にして、教職員や住民などの学校運営に関する意識（大人用調査）や児童生徒の生活等に関わる意識（児童生徒用調査）などを探ったものである。また、さいたま市に注目したのは、全校導入を目指しつつも、一定の段階と達成状況を踏まえている点である。

　以上から、本稿ではさいたま市が実施したアンケート調査の二次分析によって、主に児童生徒の行動と意識に焦点を当てて教育政策効果を検証することとした。

2．コミュニティ・スクール導入過程―成長モデルの適用―

　CS 導入をめぐっては、所管下の学校を一斉に導入する例と段階的に導入する例がある。前者の古い例としては島根県出雲市などがあり、後者の例には神奈川県をはじめ多くの例があり、ここで取り上げるさいたま市も該当する。同市は、4 カ年かけて CS を全校指定する計画を策定した後に、2019（令和元）年度から CS の導入を開始し、同年に 7 校（4 小学校・2 中学校・1 高等学校）に導入し（同市では実施校）、翌2020年度に13校、21年度に31校の追加導入を行い、2022年度には全168校を指定する予定である。

　また、さいたま市は「コミュニティ・スクールが目指す方向への羅針盤」と言う位置付けで、「コミュニティ・スクール成長モデル」（以下、「成長モデル」）を作成することとなった。「成長モデル」は図のように、「1．始動ステージ⇒2．信頼形

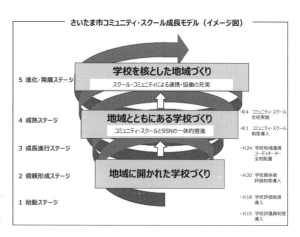

さいたま市コミュニティ・スクール成長モデル（イメージ図）

5 進化・発展ステージ　学校を核とした地域づくり　スクール・コミュニティによる連携・協働の充実

4 成熟ステージ　地域とともにある学校づくり　コミュニティ・スクールとSSNの一体的推進

3 成長進行ステージ

2 信頼形成ステージ　地域に開かれた学校づくり

1 始動ステージ

・R4 コミュニティ・スクール全校実施
・R1 コミュニティ・スクール制度導入
・H24 学校地域連携コーディネーター全校配置
・H20 学校関係者評価制度導入
・H18 学校評価制度導入
・H15 学校評議員制度導入

成ステージ⇒3．成長進行ステージ⇒4．成熟ステージ⇒5．進化・発展ステージ」の五段階を設定している。CS をどの段階で導入するかは学校の実情に応じるものとされ、「成熟ステージ」では「地域とともにある学校づくり」としての CS の「あるべき姿」になることが期待されている。ここで取り上げるアンケート調査は成長モデルの検証という意味で実施されたものである。

3．調査の分析結果

　さいたま市の調査実施要領は以下の通りである。調査設計は同市教育委員会生涯学習振興課が行い、その後の分析には筆者が関わった。

【調査実施要領】

①実施主体　さいたま市教育委員会生涯学習部

②実施期間　2021年11月10日～12月13日

③調査方法　市 HP によるインターネット調査

④調査対象　下記の通りである。

　　1）CS 実施校：小学校 7 校、中学校 3 校、（高等学校 1 校）

　　2）CS 準備校：小学校 7 校、中学校 4 校

⑤回収数（分析対象）　※高校を除く。

実施校／準備校の別	校種	児童生徒	保護者・地域住民
実施校(以下、CS)	小学校	682 人	288 人
	中学校	313 人	68 人
準備校(以下、未導入校)	小学校	684 人	344 人
	中学校	574 人	131 人
	計	2253 人	831 人

⑥調査内容

　　1）大人用（校長、教職員、地域住民、保護者、学校運営協議会委員等）

　　　学校運営・地域協働・生涯学習・地域づくり等に関する意識

　　2）児童生徒用

　　　学校生活・日常生活・地域等に関する意識

⑦分析方法

　分析は、筆者がさいたま市教育委員会から Excel データを借り受け、これを統計ソフト SPSS に投入して、既発表（さいたま市教育委員会　2022）とは異なる視点と方法で二次分析を行った。本稿ではそのうち児童生徒の回答を

中心に取り上げ、地域住民・保護者のデータも必要に応じて取り上げた。なお、分析に際しては、各問の五件法による下記の選択肢の回答を数量化することとした。

【選択肢】（full score ＝ 5）

「そう思う」＝ 5 、「ややそう思う」＝ 4 、「どちらともいえない」＝ 3 、「あまりそう思わない」＝ 2 、「そう思わない」＝ 1

⑴　児童生徒の行動と意識

　児童生徒対象の調査は全19項目設定されているが、このうち児童生徒の行動に関する 7 項目と意識に関する12項目に二分割されている（さいたま市教育委員会　2022）。行動関係項目と意識関係項目は下記の通りである（Q15は行動にも関わるが、ここでは意識に分類した）。

表0　児童生徒対象項目―行動関係項目と意識関係項目―

行動関係項目	上位カテゴリー
Q1. 学校において安全安心な環境で楽しく過ごしている Q2. 大人に見守られ安心安全な環境で日常生活を送っている	学校や日常生活の充実度
Q3. わからないことなどは自分で調べている Q4. ルールや決まりが守れる Q5. 多様な体験活動やボランティア活動に取組んでいる Q6. 地域のお祭りなどの行事やイベントに参加している Q7. 地域の大人への挨拶や話をしている	自主・自立
意識関係項目	
Q8. 学校や地域の人に教えられたことやってみたい Q9. 学校や地域で活動している大人になりたい Q10. 地域での活動や交流が楽しい Q11. 地域の歴史や課題に興味がある	生涯学習意識
Q12. 今住んでいる地域が好きである Q13. 将来、今住んでいる地域に住み続けたい。	地域への愛着・帰属意識
Q14. 学校や地域の役に立ちたい Q15. 地域のために何ができるか考えたことがある	地域貢献意識
Q16. 周りの大人が応援してくれていると感じる Q17. 地域の大人は自分のことを気にかけてくれると思う Q18. 学校の先生は、自分のことを認めてくれると思う Q19. 地域や保護者が学校に来てくれると嬉しい	安全・安心の意識

　以下、それぞれの分析結果を取り上げておきたい。

⑵ 行動スコア・意識スコアの比較

　最初に、前記の「行動関係項目」7項目を合計した「行動スコア」と「意識関係項目」12項目を合計した「意識スコア」の平均値を析出すると、表1及び表2のような結果になった。まず、小学生のデータを見ると（表1）、両スコア共に、平均値はCSが未導入校を上回っている。CSと未導入校を比較するためにt検定を行ったところ、「行動」$t(1364) = 4.41$, $p < .01$、「意識」$t(1364) = 4.95$, $p < .01$、となり、CSと未導入校の間には有意差が認められた。両スコアの平均値を比較すると、CSと未導入校で共に「意識スコア」の方が「行動スコア」よりも高くなっている。

　そして、中学生のデータを見ると（表2）、「行動スコア」の平均値は、CSの4.10に対して未導入校が3.88であり、CSと未導入校を比較するためにt検定を行った結果、$t(885) = 5.31$, $p < .01$となり、CSが未導入校を有意に上回ることがわかった。「意識スコア」の平均値は、CSの4.03に対して、未導入校が3.78であり、t検定の結果、$t(885) = 4.18$, $p < .01$となり、CSが未導入校を有意に上回ることが分かった。中学生の場合も「行動スコア」が「意

表1　行動スコアと意識スコア―小学生―

校種	スコア別	CS導入の有無	度数	平均値	標準偏差	t
小学校	行動スコア	CS	682	4.16	0.57	4.41**
		未導入校	684	4.02	0.59	
	意識スコア	CS	682	4.39	0.73	4.95**
		未導入校	684	4.19	0.77	

$**p < .01$

表2　行動スコアと意識スコア―中学生―

校種	スコア別	CS導入の有無	度数	平均値	標準偏差	t
中学校	行動スコア	CS	313	4.10	0.60	5.31**
		未導入校	574	3.88	0.60	
	意識スコア	CS	313	4.03	0.84	4.18**
		未導入校	574	3.78	0.82	

$**p < .01$

識スコア」の平均値を上回る結果となった。

⑶　行動スコア及び意識スコアの下位尺度の分析
　つぎに、以上の「行動」と「意識」のスコアを構成する下位尺度として各項目の数値に着目することにした。

①児童生徒の行動
　「行動関係項目」では、CS が未導入校の数値を上回り、図1はその数値差のみを表している（小学生と中学生の数値差ではなく、有意差 ** は各校種のCS から未導入校のスコアを除した場合を意味する）。その数値差が最も大きい項目は、「Q5.多様な体験活動やボランティア活動に積極的に取組んでいる」であり（小学生0.28・中学生0.64）、t検定結果ではCS が未導入校を有意に上回った（小学生 t(1346) = 4.98, p <.01、中学生 t(885) = 7.23, p <.01）。

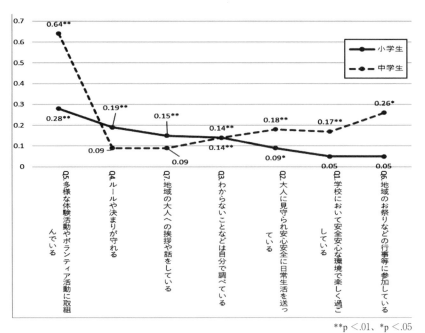

**p <.01、*p <.05

図1　児童生徒の行動スコア—「CS—未導入校」の数値差—

特に、中学生の場合には数値差が大きく、また、「Q6.地域のお祭りなど地域の行事やイベントに参加している」でも CS の数値が未導入校より有意に高いように、体験活動や地域活動に積極的な様子が見出される。これら2項目は「自主・自立」のカテゴリーに位置付けられる（表0より）。

　また、数値差が中学生で高く、小学生で低い項目には、「Q1.学校において安全安心な環境で楽しく過ごしている」及び「Q2.大人に見守られ安心安全な環境で日常生活を送っている」がある。これらは「学校や日常生活の充実度」カテゴリーになる。

②児童生徒の意識

　今度は、児童生徒の意識に関して CS と未導入校との肯定値の数値差を比較してみると、図2のようになる。全体的に「行動スコア」に比べて、中学生の数値が小学生よりも高くなっていることがわかる。杉並区調査（杉並区教育委員会　2015）や山口大学調査（山口大学　2017）では概して小学生よりも中学生の数値差が小さい傾向にあることから、さいたま市の中学生の数値差が大きい傾向は一つの特徴だと言ってよい。

　そこで、小学生の数値差が大きい項目を見ると、「Q9.学校や地域で活動している大人になりたいと思う」（3.87＜意識スコア平均4.0）, （p ＜.01）、「Q17.地域の大人は自分のことを気にかけてくれると思う」（4.23＞意識スコア平均4.0）, （p ＞.01）がある。中学生のその項目は、「Q14.学校や地域の役に立ちたい」（3.86＞意識スコア平均3.6）, （p ＜.01）、「Q8.学校や地域の人に教えられたことやってみたい」（3.7＞意識スコア平均3.6）, （p ＜.01）となる。そして、「Q15.地域のために自分には何ができるか考えたことがある」は小中学生で共に比較的高い数値差がある（共に p ＜.01）。

　「Q13.将来、今住んでいる地域に住み続けたい」は数値差が小さく、肯定値自体もそう高くない（小学生：3.7＜意識スコア平均4.0・中学生：3.4＜意識スコア平均3.6）。「Q12.今住んでいる地域が好きである」は小中共に意識項目平均値よりも高い（小学生：4.2＞意識スコア平均4.0、中学生：4.22＞意識スコア平均3.6）。この結果は、地域が好きだけど、将来のことは十分予想し得ないことの表れだと解せられる。

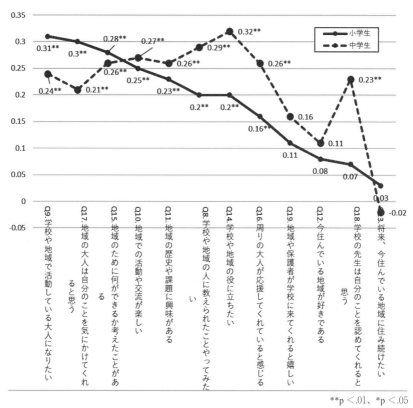

**p＜.01、*p＜.05

図2　児童生徒の意識スコア―「CS―未導入校」の数値差―

⑷　上位カテゴリー項目の分析

　さいたま市調査では、表0で記したように19項目を6つのカテゴリーに集約している（ここでは「上位カテゴリー」と記す）。このうち、「地域への愛着・帰属意識」は成長モデルの「4.成熟ステージ」で期待され、「生涯学習に関わる意識」及び「地域貢献意識」は同モデルの「5.進化・発展ステージ」で期待されるカテゴリーになる（表3の解釈に基づく）。

　これら3カテゴリーを踏まえて、それぞれの平均値と数値差（CSと未導入校の数値差）を分析してみた（表4）。その結果、3つのカテゴリーの平均値は小中学生で共にCSが未導入校を有意に上回った（**p＜.01）。

表3　成長モデルのステージに見る子どもの具体像

CS ステージ	期待されるこどもたちの具体像
4. 成熟ステージ	地域への愛直が芽生え、地域の担い手としての自覚が生まれる
5. 進化・発展ステージ	大人の姿を見て、自分たちが学んだことを生かして、生活や地域の課題を解決しようとする。

表4　上位カテゴリーの平均値─小中別─

カテゴリー	校種	CS 導入の有無	度数	平均値	標準偏差	t
生涯学習意識	小学校	CS	682	4.00	0.84	5.45**
		未導入校	684	3.74	0.88	
	中学校	CS	313	3.64	0.99	3.83**
		未導入校	574	3.38	0.98	
地域愛着・帰属意識	小学校	CS	682	3.96	0.77	2.59**
		未導入校	684	3.85	0.80	
	中学校	CS	313	3.65	0.85	2.02*
		未導入校	574	3.52	0.85	
地域貢献意識	小学校	CS	682	3.86	0.95	4.52**
		未導入校	684	3.63	0.98	
	中学校	CS	313	3.50	1.00	4.12**
		未導入校	574	3.22	0.99	

$**p<.01$、$*p<.05$

　まず、CS と未導入校の数値差に注目すると、「生涯学習意識」は、小学生 0.26（＝平均値4.0-3.74）・中学生0.26（＝同3.64-3.38）であり、それら校種毎に CS と未導入校を比較するために t 検定を行ったところ、小学生 t(1364) ＝5.45, p <.01・中学生 t(885) ＝3.83, p <.01の結果が得られ、小中共に CS が未導入校を有意に上回った。

　「地域愛着・帰属意識」は、小学生0.11（＝平均値3.96-3.85）・中学生0.13（＝同3.65-3.52）であり、小中共に数値差は小さいが、各校種の CS と未導入校を比較するための t 検定では、小学生 t(1362) ＝2.59, p <.01・中学生 t(885) ＝2.02, p <.05の結果となり、CS が未導入校を有意に上回った。

　「地域貢献意識」は、小学生0.23（＝平均値3.86-3.63）・中学生0.28（同3.50-3.22）であり、同じく t 検定を行ったところ、小学生 t(1364) ＝4.52, p <.01・中学生 t(885) ＝4.1, p <.01となり、小中共に CS が未導入校を有意に

上回った。

　以上のように、すべてのカテゴリーで数値差こそ小さいが、ｔ検定結果に頼れば、「４．成熟ステージ」及び「５．進化・発展ステージ」で期待される児童生徒の具体像（意識）はCSが未導入校よりも高い傾向にあることから、その意識の高さはCSの成果だと推量すれば、両ステージの目標が達成されていると解することができる。

⑸　「CS スコア」の比較分析

　それでは、保護者・地域住民の認識はどうか。ここでは、特にCS制度の効果に直結すると考えられる以下の５項目の合計を「CSスコア」として処理し（crohbachの α 係数＝0.808）、小中学校毎にCSと未導入校の数値を比較することにした。

> **「CS スコア」の下位尺度**
> Q1.学校運営に家庭や地域の声が反映されている
> Q2.学校は授業に人的・物的地域資源などを活用している
> Q3.学校・家庭・地域の役割が明確となり協働が行われている
> Q29.学校は地域課題に対応した教育活動を行っている
> Q30.学校の「育てたい子ども像」に地域の意見が反映されている

　まず、保護者・地域住民のデータをみると（表５）、平均値は小中学校のCSの方が高く、小学校CS3.46・未導入校3.30で、中学校ではCS3.42・未導入校3.2となり、CSが未導入校の平均値を上回る結果となった。CSと未導入校を比較するためにｔ検定を行った結果、小学校は $t(630) = 2.93$, $p < .01$ 中学校は $t(197) = 2.14$, $p < .01$ となり、CSのスコアが未導入校よりも有意に高いことが認められた。

　そして、これら下位尺度項目別の平均値の数値差を表すと、図３のようになる。小中学校で共に、すべての項目（下位尺度）でCSが未導入校を上回り、その数値差のｔ検定を行った結果、小学校では、「Q2.人的・物的地域資源や地域課題の活用している」（ $p < .05$ ）、「Q3.学校・家庭・地域の協働が行われている」（ $p < .05$ ）、「Q30.学校の『育てたい子ども像』に地域の意見が反

表5　導入有無別のCSスコア―保護者・地域住民の回答

	CS導入の有無	度数	平均値	標準偏差	t
小学校	CS	288	3.46	0.66	2.93**
	未導入校	344	3.30	0.69	
中学校	CS	68	3.42	0.59	2.14**
	未導入校	131	3.20	0.73	

**p＜.01

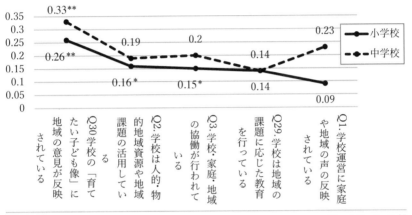

**p＜.01、*p＜.05

図3　CSスコア下位尺度項目の数値差（保護者・地域住民の回答）
　　―「CS-未導入校」の数値差

映されている」（p＜.01）の3項目で有意差が認められ、これらについては
CSが未導入校の数値を上回った。

　中学校では「Q30.学校の『育てたい子ども像』に地域の意見が反映」（**p
＜.01）の1項目のみでCSが未導入校を有意に上回る結果が得られた。ただ
し、その他項目の平均値はCSの方が高くなる。

　小中学校のいずれの校種でも明確な有意差が認められた項目は「Q30.学校
の『育てたい子ども像』」の1項目であることから、「子ども像」への地域意
見の反映はCSの取組の一つの特徴になると言える。

　なお、教職員のデータでも分析を試みたが、小中学校共に、CSと未導入校
関に有意差が見出されなかった。本市においては、未導入校が令和4年度導

表6　校長のリーダーシップの発揮―保護者・地域住民の
　　　回答―

校種	CS導入の有無	度数	平均値	標準偏差	t
小学校	CS	288	3.72	0.97	0.542
	未導入校	344	3.68	0.97	
中学校	CS	68	4.24	0.87	5.29**
	未導入校	131	3.51	0.94	

**p<.01

入に向けてすでに CS 準備体制に入っていることから、CS 導入校に近い数値
になったと考えられるのである。

⑹　校長のリーダーシップの有無―保護者・地域住民の回答―

　CS 運営にとつては校長のリーダーシップが鍵になる。筆者らの調査（佐
藤 2018）によると、CS 運営評価として「校長・園長のリーダーシップが発揮
できている」の肯定値は、92.5％で、関係19項目の内の上位第二位になるよう
に、そのリーダーシップの在り方が成果に関係しているのである（佐藤
(2018)。

　そこで、本調査中の「Q4.校長のリーダーシップが発揮されている」の項目
を取り上げて、その回答を数量化し、CS と未導入校の数値を比較してみた
（表6）。小学校では CS と未導入校との平均値差がなく、t 検定結果では t
(630) = 0.542、ns.となった。中学校は平均値が CS4.24に対して未導入校
3.51と大きく、t 検定結果によると、t(197) = 5.29、p <.01となり、CS が未導
入校を有意に上回った。

4．分析結果の考察と結論

　以上から、次のような結果が得られたので、考察を加えて結論づけたい。
　第一に、児童生徒の回答では、全体的に CS が未導入校よりもスコアが高
く、校種別では小学生よりも中学生の方がその数値差が大きい傾向が見出さ
れた。この点は小学生の数値差が大きかった杉並区調査及び山口大学調査と
は異なる本市の特徴だと言える。ただし、中学生の意識項目の一つである

「Q13.将来、今住んでいる地域に住み続けたい」だけは CS と未導入校で数値がわずかに逆転したがほとんど差がなく、将来のことはあまり考えられないからであろう。

　第二に、児童生徒の行動と意識を比較すると、小中学校共に行動の数値が意識の数値を上回ることが明らかになった。意識の変化は行動変容よりも時間的長さを要するためであろう。「成長モデル」でも、初期のステージでは地域行事参加や地域住民との交流など「行動」に関わる具体像を想定し、上位ステージになると地域への愛着や生涯学習意識など「意識」に関わる具体像が設定されている。

　第三に、「自主・自立」に関する地域行事やボランティア活動の経験については CS が未導入校の児童生徒よりも豊富であり、かつ小学生よりも中学生の数値差が大きい。また、山口大学調査は、CS の活発さの程度により「上位群」「中位群」「下位群」別に比較しているが、「地域行事の参加」に関する質問に対して、小学生の肯定的回答（「とても当てはまる」＋「やや当てはまる」）は「上位群」79.0%・「中・下位群」81.5%となり、ほぼ数値差がないのに対して、中学生では同じく61.2%と50.1%となり、「上位群」の方が「中・下位群」よりも数値が高い。「ボランティア活動」に関しても同様の傾向にある。これら二つのデータから、CS の児童生徒の体験活動が活発であることから、その活発さは CS の成果だとすれば、特に中学生に対する成果に強く影響するものと解せられる。

　第四に、「生涯学習意識」「地域愛着・帰属意識」「地域貢献意識」の平均値はすべて CS が未導入校を有意に上回り、この傾向は小中学校共に見出されることから、これら3つの意識の高さを CS の成果だと捉えることができる。これらの結果を「モデル」の「4.成熟ステージ」及び「5.進化・発展ステージ」の到達目標と捉えれば、多くの学校でその目標に至っていると言ってよい。

　第五に、保護者・地域住民の認識をみると、「育てたい『子ども像』に地域の意見が反映されている」など CS の成果として考えられる「CS スコア」の回答は CS が未導入校よりも高く、特に中学校ではその数値差が「Q1.学校運営に家庭や地域の声の反映されている」で特に大きい。「子ども像」に関してはしばしば熟議で取り上げられることから、学校運営協議会活動の一つの軸

になり、このことが児童生徒の行動と意識に一定の影響を及ぼしたものと推量できる。同前の全国調査（佐藤 2018：63）では、「基本方針の承認」の意義として「子ども像・学校像の共有」を指摘する校長が最も多く、山口大学調査 2017：58）では、「子ども像」に関する「熟議」を実施した学校の割合は、「上位群」が「中位群」や「下位群」に比べて高いという結果が得られている（校長の回答）。これらのデータからも、「子ども像」に関する意見等が学校運営協議会の鍵的な要素になり、このことが児童生徒の行動と意識に一定の影響を与えていると推量できる。

第六に、校長のリーダーシップの発揮の有無等に対する保護者・住民の認識については、CS では未導入校に比べて発揮されているとする肯定値が高く、両者に有意な数値差が認められた。この結果は、校長のリーダーシップの発揮が CS 運用にプラスの影響を及ぼしているのか、あるいは CS 導入によってその発揮が十分なされているようになったのかは不明だが、CS の校長は未導入校よりもリーダーシップを発揮していると保護者・地域住民から認識される傾向にあることがわかる。

以上から、CS は未導入校に比べて児童生徒の日常生活の充実度や自主・自立性が高く、また地域への愛着や地域貢献も高いことから、児童生徒の行動と意識に一定のプラスの影響を与えている可能性が指摘できる。また、CS の保護者・地域住民は、学校運営協議会の諸機能（CS スコア）に関して未導入校よりも肯定的に評価し、特に「子ども像」への意見の反映を強く認識していることから、因果関係を主張できないまでも、これら学校運営協議会の機能の在り方が児童生徒の行動と意識の変容に影響していると推察できる。

そして、さいたま市の CS に関する政策効果としては、多くの CS が「モデル」に示された目標（モデル中の「期待される具体像」）を達成していることから、その効果が現れていると解することも無理ではない。

参考文献

さいたま市教育委員会（2021）『さいたま市コミュニティ・スクール成長モデル』さいたま市教育委員会

さいたま市教育委員会 (2022)「さいたま市コミュニティ・スクールに関するアンケート調査結果報告書」生涯学習部生涯学習振興課

佐藤晴雄編 (2018)『コミュニティ・スクールの全貌』風間書房

佐藤晴雄 (2020)「コミュニティ・スクールの権限規程の変容とその制度導入に及ぼす諸要因に関する実証的研究」日本教育学会『教育学研究』第87号第4号

杉並区教育委員会 (2015)『地域運営学校に関する調査』学校支援課、2015年

三菱 UFJ リサーチ＆コンサルティング株式会社 (2019)『令和元年度「学校と地域の新たな協働体制の構築のための実証研究」』

山口大学（コミュニティ・スクール研究会）(2017)『コミュニティ・スクールにおける教員、児童生徒、学校、地域の変容についての成果に関する調査研究』山口大学教育学部

※謝辞：本調査データの二次分析を許可くださった、さいたま市教育委員会の細田眞由美教育長並びに竹居秀子参与（前生涯学習部長）をはじめとする生涯学習部の皆様には、この場を借りて感謝申し上げたい。

地域学校協働活動の展開と課題

志々田まなみ（国立教育政策研究所）

The Current Development and Issues of "Collaboration between Community and School"

SHISHIDA Manami（National Institute for Educational Policy Research）

This paper analyzes the development process of the "collaboration between community and school" established in the revised Social Education Act of 2017. Based on these analyzations, it examines the future issues. No other study has examined in detail how the "collaboration between community and school" emerged as a system of social education in Japan.

The analysis revealed the existence of two misconceptions about "collaboration between community and school". These are related to the fact that "collaboration between community and school" has been developed without clarifying the difference between "collaboration between community and school" and previous social education programs.

The first misconception is that "collaboration between community and school" is understood as a support children's after-school activities. The second misconception is that of the role of the "promoter of collaboration between community and school". It became clear that two developments are needed for the future. One is the development of evaluation indicators for "community-school collaboration" and the other is the development of educational programs for community activities.

1. はじめに

　本論は、2017年の改正社会教育法で新しく定められた地域学校協働活動について、それ以前の経緯も含めていかに展開をしてきたかを整理した上で、残された社会教育行政上の課題について検討することを目的としている。

　地域学校協働活動をめぐる先行研究については、各地で展開される活動の実態調査や先進的な事例分析から、具体的な仕組みづくりや推進方策の検討、それに関わる教育行政職員や地域学校協働活動推進員（地域コーディネーター）の役割や専門性について考察したもの[1]が圧倒的多数を占める。他には、学校教育、社会教育双方における地域学校協働活動の成果や効果について分析しようとしたもの[2]や、地域学校協働活動の取組が学校運営協議会制度、いわゆるコミュニティ・スクール（以下、CSと略記する）の充実・発展にいかなる効果をもたらしているかを分析しようとしたもの[3]などあげられるが、本稿のように、社会教育の制度としての地域学校協働活動の誕生に着目し、今日までの政策展開について詳しく考察しようとした研究はない。

2. 2017年の社会教育法改正をめぐる経緯

　2015年12月に出された中央教育審議会答申「新しい時代の教育や地方創生の実現に向けた学校と地域の連携・協働の在り方と今後の推進方策について」（以下、協働答申と略記する）では、それまで別個に推進されてきたCSと、地域学校協働本部とを連動させ、「社会総掛かりでの教育」を実現する体制整備の方策が提案された。学校教育と社会教育との垣根を越えた連携の重要性は、すでに1970年代の社会教育審議会答申[4]などで指摘され、学社連携・融合論として発展していたが[5]、協働答申において両者をつなぐための具体的な方向性が示され、それが契機となって法整備や仕組みづくりが検討されることとなった。

　CSについては2004年に地方教育行政の組織及び運営に関する法律（以下、地教行法と略記する）の改正によって制度化され、各自治体において導入のための試行錯誤が開始されている。それに対し、社会教育においては、2006年委託事業として開始された放課後子供教室[6]を皮切りに、学校支援地域本部や家庭教育支援チームといった、地域の教育力の向上をねらいとする国庫

補助事業である学校・家庭・地域の連携協力推進事業[7]が用意されていたが、それらを推進する仕組みを社会教育の制度内で整備しようという動きには至ってはいなかった。

　協働答申では CS でおこなう「地域とともにある学校づくり」と、地域学校協働本部でおこなう「学校を核とした地域づくり」とを「対」として位置づけている。そのため、地教行法の改正によって CS の導入が自治体のいわゆる「努力義務」となった学校教育改革のカウンターパートとして、社会教育においても地域学校協働活動の推進にかかる事務を自治体の所管事項として位置づけ、全ての自治体でそれが円滑に進む制度整備が着手されることになる。

　とはいえ、「学校の教育課程として行われる教育活動を除き、主として青少年及び成人に対して行われる組織的な教育活動」（社会教育法第 2 条）と広義に定義される社会教育にとって、放課後や休業日等に、幅広い地域住民や保護者等の参画により地域全体で子供たちの成長を支えるさまざまな体験活動・学習活動そのものは、市町村教育委員会において活発に推進されてきた。それらの中には、協働答申が求めている、地域と学校が連携しながら進める取り組みも、あるいは地域活性化や自治振興と深くつながった活動も含まれていた。つまり、2017年に社会教育法の第 5 条の 2 として「地域学校協働活動」という新たな名称の活動を掲げ、自治体の所管すべき事務として定めなくとも、それぞれの自治体の実情や特性に応じた取組や、関わってきた団体・組織、人材等は多く実在していたのである。それゆえにその後、これら既存の取組と地域学校協働活動とをめぐって、現場で多くの誤解が生じることになる。以下、2017年に地域学校協働活動の制度化に向けて行われた社会教育法改正点と、それをめぐって生じた誤解について整理しつつ、地域学校協働活動のここまでの展開について、2 つの視点からまとめていくこととしよう。

3．地域学校協働活動の定義をめぐる誤解

　社会教育法による地域学校協働活動の定義は以下の通りである。
　「市町村の教育委員会は、前項第13号から第15号までに規定する活動[8]で

あつて地域住民その他の関係者が学校と協働して行うもの」

この条文の「地域住民その他の関係者が学校と協働して」という部分や、文部科学省発行の『地域学校協働活動の推進に向けたガイドライン―参考の手引き―』内に記された「地域と学校が相互にパートナーとして連携・協働して行う活動」[9]といった文言から、地域学校協働活動は、地域と学校とが役割や責任、資金や作業量等を折半して実施する活動、といった誤解が生じやすい。しばしば、学校からは「地域学校協働活動を推進すれば、教職員の業務負担が増えてしまう」とか、地域からは「地域住民ばかりが熱心で、職員が手伝いに来ない」といった不安や不満を耳にするが、これらも地域学校協働活動の定義のあいまいさがその背景にあるだろう。

> 「『地域の学校』『地域で育てる子供』という考え方が次第に失われてきたことが指摘されている。（中略）家庭を巡る状況の変化や、地域社会の教育力の低下に伴い、子供の教育に関する当事者意識も失われていくことで、学校だけに様々な課題や責任が課される事態になっていないだろうか。」

協働答申に記されたこうした問題意識からして、地域学校協働活動は、前掲ガイドライン内の「次代を担う子供に対して、どのような資質を育むのかという目標を共有し、地域社会と学校が協働する活動」[10]という別の説明の方が、的を射ているように思われる。そもそも「協働」という用語は、異なる目的を持つ組織が、互いに共通する課題解決のために同じ目標にむかって活動する側面を強調して用いられる語である。つまり、地域学校協働活動の肝は、活動の実施をめぐるイニシアティブを学校と地域とが分担しあっていることではなく、子供の教育に関わる同じ当事者としてその目標を分かち合い、それに基づいた活動を実施しているか、というところにこそあるはずだ。語弊を恐れずに言えば、教職員が全く参加していない活動、その逆に地域住民が全く参加していない活動でも、目標を共有した上で実施する活動であれば、地域学校協働活動なのである。

　もう一つ、地域学校協働活動の定義をめぐる誤解は、子供支援や学校支援のための活動といった限定的な理解がなされている点である。社会教育法改正後に地域学校協働活動を推進するスローガンの一つとして、文部科学省が

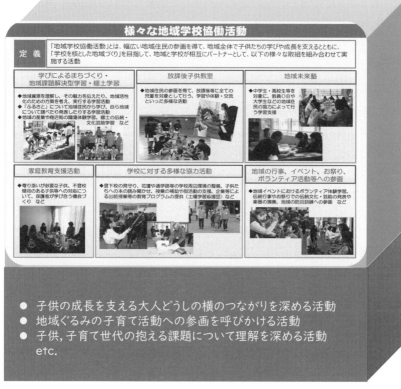

図1　地域学校協働活動の構造

当時頻繁に用いたのが、「支援から協働へ」というものであった。子供支援等
の活動を通じ、学校・教職員を含む子供の成長を支える多様な地域の機関や
団体・地域住民等の大人どうしが協働しあえる「緩やかなネットワーク」を
形成することが、次なる展開の姿として描かれていたためである。

　地域学校協働活動を図示しようとすれば、図1[11]のような2階建ての構造
になるだろう。ともすれば2階部分だけが地域学校協働活動だと誤解されが
ちだが、1階部分にあたる、地域の次世代育成に関心をもつ団体、地域住民
どうしがともに学び合う取組や、子供や家庭、子育てや次世代育成をめぐる
情報や課題を共有したりする取組、あるいは、より多くの地域住民に地域ぐ
るみの子育て活動への参画を呼びかける取組といった地域づくり活動もま

た、社会教育の枠組みだからこそできる地域学校協働活動の姿なのである。

　一方で、放課後子供教室等の一部では、教職員と連携したり、地域住民から支援ボランティアを募ったりすることなく、社会教育施設や委託業者の職員が業務として子供たちの放課後活動を提供しているケースを見かけることがある。これらの中には、子供たちに豊かな体験や学習の活動を積極的に提供しているケースもある。しかし、これらは、図1[11)]の2階部分を担えてはいるが、1階部分に手が付けられていない。そのため、子供の成長を支えあう地域づくりとしての機能を十分果たしうる活動にはなってはいない。持続可能な地域活動として地域学校協働活動が成熟していく上で、子供だけでなく、地域の大人たちが地域の次世代育成について学び、考え、協働する社会教育としての側面を見落としてはならないだろう。

4．地域学校協働活動推進員をめぐる誤解

　社会教育法第9条の7で地域学校協働推進員は以下のように定められている。

　　「教育委員会は、地域学校協働活動の円滑かつ効果的な実施を図るため、社会的信望があり、かつ、地域学校協働活動の推進に熱意と識見を有する者のうちから、地域学校協働活動推進員を委嘱することができる。

　　2　地域学校協働活動推進員は、地域学校協働活動に関する事項につき、教育委員会の施策に協力して、地域住民等と学校との間の情報の共有を図るとともに、地域学校協働活動を行う地域住民等に対する助言その他の援助を行う。」

　協働答申を踏まえた政策方針を具現化するための目標として、第三期教育振興基本計画（2018年度〜2022年度）が閣議決定されるが、ここで地域学校協働活動に関する目標は、答申で謳われたような地域学校協働本部という組織の全国整備ではなく、全小中学校区での活動実施という取組レベルの目標にとどまることとなってしまう[12)]。CSについては全公立学校での導入という目標が掲げられただけに、そのインパクトの差は否めない。とはいえ、法律に位置付けられた存在として、地域住民の中から地域学校協働活動推進員を教育委員会が委嘱できる制度が導入されたことにより、これまで積極的に

地域学校協働活動に関わってき地域住民の組織化や、研修機会の拡充にとって好機となることが期待された。また、多様なアイディアやネットワークをもつ地域住民を推進員として委嘱し、教育行政による積極的な参画を働きかけることで、地域学校協働活動の多様性や持続可能性の確保にもつながることが、想定されていた。それゆえ、公的な職務を担う教員や行政職員、施設職員、委嘱業者等がその任につくことは想定されてはいないのである[13]。2022年5月時点で、全国の38.4%、696自治体（38.4%）において、11,380人が委嘱を受け、活躍している[14]。

　では、条文にある「社会的信望があり、かつ、地域学校協働活動の推進に熱意と識見を有する者」とは誰を想定しているのだろうか。文部科学省が2017年に出した『地域学校協働活動推進員の委嘱のための参考手引』をみると、「社会教育法改正の趣旨を踏まえ、円滑かつ効果的に地域学校協働活動が推進されるよう、コーディネーターとして委嘱・依頼している方を地域学校協働活動推進員として改めて委嘱する」[15]ことが推奨されていたことがわかる。ここからは、制度導入当初、従来からの社会教育事業のコーディネーターと地域学校協働活動推進員との差異をあまり明確にすることなく、配置促進が進められていた実態が見えてくる。今日でも、放課後子供教室や学校支援活動のコーディネーターといったさまざまな事業の運営スタッフを包括する呼称といった誤解が生じている一因は、ここにあるといえよう。

　実際に地域学校協働活動推進員の制度の導入の検討が、職員の任用形態の問題として矮小化され、委嘱が滞るケースがしばしば散見される。2022年5月現在、1,570自治体（全自治体の86.6%）において、地域学校協働活動の推進に関わる地域コーディネーターは配置されているが、そのうち、教育委員会が社会教育法に基づき正式な地域学校協働活動推進員を委嘱している自治体となると、前掲の通り696自治体、4割程度にしか満たない。

　もちろん、教育行政や学校の教職員、社会教育施設等の職員が本務の一環として調整機能を担っていることには、何の問題もない。むしろ、効果的であるとさえいえよう。栃木県の全公立学校には地域連携教員が配置されていたり、岡山県の全公立学校でも校内分掌の一つに「地域連携」が位置づけられていたりすることで、地域学校協働活動を積極的に進める仕組みが整えら

れている[16]。また、公民館等の職員が職務の一環として地域コーディネーターを担うことで、公民館活動と地域学校協働活動の好循環がはかられている自治体もある[17]。

　しかし、だからこそ、主体的な地域づくり活動として地域学校協働活動を活性化させようとする地域住民側を支える仕組みの整備が重要になってくる。地域学校協働活動推進員はそのための制度である。法律に基づき教育委員会が選任し委嘱するという手続きを経ることで、教職員でも保護者でもない一般の地域住民が、外部者の立ち入りに敏感にならざるを得ない学校や子供の集まる場で信頼され、運営に深く関わることが円滑になる。正式に委嘱されることにより、校内や教育委員会内でのメンバーシップや席（居場所）が確保されたり、研修機会が保障されたりすることにもつながる。地域学校協働活動推進員をしっかりと配置し、彼・彼女らが活躍できる環境を整えていくことは、当該自治体の地域学校協働活動の成熟に重要な鍵となるといえよう。

５．おわりに─地域学校協働活動をめぐる社会教育行政の課題─

　本論では2017年の社会教育法改正より、教育行政が推進すべきことが法律で定められた地域学校協働活動の進展について整理してきた。地域学校協働活動と、それ以前から続く社会教育事業との関係をめぐる誤解を考察することを通じ、保護者や教職員ではない多様な地域住民が、地域の中で子供の教育に対する役割と責任を自覚し、積極的に関わる社会教育の体制を構築するという、地域学校協働活動の姿を確認することができた。

　おわりに２点ほど、今後の地域学校協働活動を推進していく上で着手すべき課題について指摘しておきたい。

　一つは、地域学校協働活動に関する社会教育行政としての施策評価の指標が十分に開発されていない点である。国立教育政策研究所が2020年に市区町村教育委員会を対象に実施した「地方教育行政の施策・事業評価に関する調査」では、どのような指標でもって施策・事業が点検・評価されているか実態を調査している[18]。ここで地域学校協働活動は、開催回数や参加人数、地域学校協働本部や地域コーディネーター等の設置数、地域ボランティア登録

者数といった、施策に関する取組の活動状況（活動回数や規模等）や実績を示す「活動指標」による点検・評価が圧倒的多数を占めていることが分かった。しかも、施策に関する取組で対象となる個人や組織などに生じた変化等を示す「成果指標」が、小中一貫教育やCSといった他事業と比べても少なく、いわゆる事業の質的な評価がすすんでいない実態も明らかとなっている。本論で指摘したような、多様な地域の機関や団体・地域住民等の大人どうしが協働しあえる「緩やかなネットワーク」の形成という視点をもつ指標は確認されなかった。「学校を核とした地域づくり」の質的な評価を把握するための評価指標やその方法の開発が急がれる。

　もう一つの課題は、広域であったり、専門性が求められたりする地域学校協働活動へと発展していくための検討である。というのも、もともと地域学校協働活動は、学校が所在する土地の町内会・自治会といった地域コミュニティ（地縁のコミュニティ）の横のつながりをもとに、「地域ぐるみの子育て・次世代育成」として活動を展開してきた。地域学校協働活動として、いわゆる「あいさつ運動」や「交通安全運動」、「花いっぱい運動」といった活動が目立つ現状も、地域コミュニティを基盤としてきた経緯と不可分ではないだろう。

　しかしそれが今日、全公立学校でのCSの導入推進という文脈の中で、高等学校、特別支援学校においてもその推進が求められるようになってきている。児童・生徒が広域から通学してくることや、高い専門性を必要とする活動が想定される学校種であることを考えると、広域コミュニティあるいはテーマ・コミュニティ（一定の分野に特化した活動）といった、従来とは異なる横のつながりを活用した地域学校協働活動が模索されねばならない。また、それをコーディネートする人の配置や仕組みづくりについても再検討が必要となる。その際、本論で指摘した、子供だけでなく、地域の大人たちが地域の次世代育成について学び、考え、協働する社会教育の活動としての地域学校協働活動の捉え方は、重要な糸口となるだろう。この大人たちが当事者意識を持って捉えることのできる「地域」の範囲こそが、地域学校協働活動に関わるコミュニティの広さと関連するからだ。地縁の枠を越えたより広い視野で、地域の産業、技術、人材等の資源を活用しながら次世代育成や地

域課題の解決についてともに学び、考え、協働する地域学校協働活動へと発展していくことによって、「社会に開かれた教育課程」を後押できる地域教育力の向上にもつながっていくことだろう。

注

1） 例えば長屋メイ子・益川浩一「地域学校協働活動の推進に向けた方策の検討：ぎふ地域学校協働活動センター事業の検証」『地域志向学研究』第6号、2022年、p.148-155など。

2） 例えば庵原春菜「地域・家庭の連携政策における保護者のつながりの在り方と醸成プロセス―東京都A小学校と大分県B小学校における地域学校協働活動の実践から―」『地域連携教育研究』第6号、2021年、p.93-106など。

3） 例えば佐藤晴雄『コミュニティ・スクールの全貌：全国調査から実相と成果を探る』風間書房、2018年や、熊谷愼之輔他『地域学校協働のデザインとマネジメント：コミュニティ・スクールと地域学校協働本部による学びあい・育ちあい』学文社、2021年など。

4） 具体的には1971年「急激な社会構造の変化に対処する社会教育のあり方について」や、1974（昭和49）年の社会教育審議会建議「在学青少年に対する社会教育の在り方について―家庭教育、学校教育と社会教育との連携―」

5） 詳しくは、拙稿「これからの『地域と学校の連携・協働』の方向性」日本生涯教育学会年報（37）、2016年、p.87-102。

6） 当時は、放課後子ども教室と表記されていた。

7） 補助事業の名称は数年ごとに変更されているが、一貫して「学校・家庭・地域連携協力推進事業費補助金交付要綱」（2009年3月31日文部科学大臣決定）に基づき実施され続けていることから総称としてこの事業名を用いた。

8） 簡便に説明すると、第13号は児童・生徒の放課後や休業日に用意された学習やその他の活動、第14号は青少年を対象とした社会奉仕体験活動、自然体験活動等、第15号は地域住民による社会教育活動の成果を活用して提供する活動。

9） 文部科学省『地域学校協働活動の推進に向けたガイドライン―参考の手引き―』2017年、P3 https://manabi-mirai.mext.go.jp/document/gaidorain（tiikigakkoukyoudoukatsudounosuishinnimuketa).pdf 確認日2022/9/1

10） 同上。

11） 文部科学省「様々な地域学校協働活動」https://manabi-mirai.mext.go.jp/torikumi/chiikigakko/kyodo.html の図に筆者が加筆作成。確認日2022/9/1

12）文部科学省は、2019年より「地域学校協働本部が整備されている」とは、「地域学校協働本部のコーディネートのもとでさまざまな地域学校協働活動が行われている状態をいい、必ずしも学校ごとに組織化されていたり、会議体や事務室があるものではない。」と示し、整備されているか否かの判断を自治体に委ねている。2022年5月1日時点で、47都道府県内20,568校（全公立学校の57.9%）が地域学校協働本部にカバーされている。

13）文部科学省「社会教育法改正に関するQ&A」2018年、p.4。https://manabi-mirai.mext.go.jp/torikumi/syakaikyoiku_qa.pdf 確認日2022/9/1

14）文部科学省「コミュニティ・スクール及び地域学校協働活動実施状況調査報告2019-2022」https://manabi-mirai.mext.go.jp/document/chosa/post-1.html 確認日2022/9/1

15）文部科学省『地域学校協働活動推進員の委嘱のための参考手引』2018年 p.2 https://manabi-mirai.mext.go.jp/document/181121suishininnotebiki.pdf 確認日2022/9/1

16）岡山県教育委員会「地域学校協働活動の推進：地域学校協働活動推進員」https://www.pref.okayama.jp/site/16/282761.html 確認日2022/9/1
栃木県教育委員会「地域連携教員活動支援事業」https://www.pref.tochigi.lg.jp/m06/tiikirenkeikyouinkatudousienzigyou.html 確認日2022/9/1

17）例えば滋賀県竜王町や島根県浜田市などがあげられる。拙稿「学校・家庭・地域の連携協働と社会教育の役割」『生涯学習概論（二訂版）』ぎょうせい、2018年、p180-188。

18）市区町村教育委員会が地教行法第26条に基づき毎年実施している教育に関する事務の管理及び執行の状況の点検及び評価（2019年度分）の実態について調査した。国立教育政策研究所『客観的根拠を重視した教育政策の推進に関する基礎的研究（報告書）』拙稿「地域学校協働活動に関する評価指標」2022年、p.174-183。

▰ 特 集 論 文

安全・安心な学習社会構築のためのインフラ整備
―「使い勝手」の視点からみた児童生徒の安全・安心とこれからの学校建築―

堀井啓幸（常葉大学）

Infrastructure for Building a Safe and Secure Learning Society：
Focusing on the Safety and Security of Students and School Buildings
from the Perspective of "Usability"

HORII Hiroyuki（Tokoha University）

In this paper, I discuss the infrastructure for building a safe and secure learning society, based on the "Project research conducted from 2019 to 2020 on safety of students and school buildings" by National Institute for Educational Policy Research, which I took part in as a research co-investigator.

From the results of the project research, it was found that there are gaps in awareness regarding safety measures among stakeholders such as government, school（teacher and student）, and designer in building a school.

In particular, I focused on the fact that the highest proportion of both teachers and students in this survey recognized that they "don't know" about falling due to people getting on the skylight. One of the reasons for this result of the survey is the lack of explanation by the designers of the school building. It is questioned whether the school and the board of education can form a mutual understanding of the needs of schools and the viewpoints of designers.

School buildings are rapidly aging. To develop the infrastrure for building a learning society, schools and governments should work together to build a safe and secure learning society, paying attention to the problem of "not knowing" about the "usability" related to aging school buildings.

1．はじめに

　学習社会構築の原点は、生存権同様に基本的人権のなかでも最も基本的な権利としての学習権保障である。学習社会構築に関わる学習権保障はどうあるべきか。いつでもどこでも誰でも、そして安全に学べる環境は整っているのか。我が国における学習社会の足元を常に見つめなおすことが大切であろう。

　筆者は、本学会創設10周年記念誌（2016）において、多面的・多角的に展開されてきた学習社会構築に関わる施策の現状と課題について、身近なインフラとしての学校建築に焦点化し、学校開放と複合化を手掛かりにして考察した。本稿では、研究分担者として関わった国立教育政策研究所「令和元年度〜令和2年度プロジェクト研究　児童生徒の安全・安心と学校空間に関する調査研究（研究代表者：国立教育政策研究所文教施設センター　丹沢広行）」（報告書、2021年3月）をもとに、主に「使い勝手」の視点から、急速に老朽化する学校建築の問題に焦点化して、安全・安心な学習社会構築のためのインフラ整備の在り方について考察する。

2．学校建築と学校経営・教師

　国立教育政策研究所「令和元年度〜令和2年度プロジェクト研究　児童生徒の安全・安心と学校空間に関する調査研究（研究代表者：国立教育政策研究所文教施設センター　丹沢広行）」（以下「本調査」とする）において、学校空間として調査対象としたのは、いわゆる学校建築である。

　学校建築は、建築としての独自の表現を持つと同時に、その主たる機能として各種の教育作用に表現の場を準備し、提供し、教育活動それぞれに固有な教育的可能性を開くという二重の構造をもっている。しかし、戦後の学校建築を概観すれば、多くの学校は明治期後期から変わらない北側廊下に4間×5間の教室が並び、校長室、職員室が配置された校舎に画一化されてきたといってよい。それは、学校建築それ自体、建築するために多額の予算を必要とし、現実問題として1m²当たりの単価が公共予算と国庫補助基準の枠で決められていることとも関わっている。

　広く、子どもの教育環境として学校や学校経営を捉えれば、学校経営とは、

行政作用との関連を無視できないとしても、学校内における子ども一人ひとりの全人的発達を可能にするための自律的な条件整備の総体といえる。そのことと関わって、学校の自律性とは、今日の学校経営（教育経営学）にとって学校経営のあり方を問う根源的なテーマであり、「与件」として既にある物的条件としての学校建築の意味を根本から問い直すことは今日の教育経営学の有用性を問う試金石となる。

　しかし、現状では、教育経営学において物的条件としての学校建築についての実践研究は進んでいるとは必ずしもいえない。例えば、法律で示されている学校建築（学校施設）や福祉施設の最低基準や指針として示されている各学校段階の「学校施設整備指針」がどこまでよりよい教育ができる基準となっているのか、その根拠を確かめようとする研究そのものが進んでいない。それは、モノはなくても何とかなるという精神主義的な教師聖職論、あるいは、財政的な問題も絡んだ「入れておけば何とかなる」、「入れものだけは立派にする」という箱もの的学校建築観が学校施設・設備の研究の発展を拒んできたという側面もある。

　一方、教育実践家（教師）は、「どんな状況のもとでも、その状況に即して様々に努力し、それを打開し、道をあけていこうとする」（斉藤1970）。こうした教師の「努力、工夫」の志向性は、与件として学校建築をとらえ、学校建築を「教室環境の経営以前の問題」（宮田丈夫1972）として捉える施設観に、すなわち、与えられた範囲内で教師と生徒の工夫を生かそうとする学校建築観につながっている。そもそも教師の学校建築観は、学校の基本設計への働きかけや意識化が欠けやすいという側面がある（堀井1990、2013）。また、サンダースは、教師による教室の使い方実験を通して、「教師の環境に対する感受性をみがくための教育や訓練が行われない限り、教室のレイアウトにおける変革の価値は疑わしい」と指摘している（Sanders, D.C. 1958）。つまり、学校建築（学校施設）がよくてもそれに対する教師の意識（学校建築観）が変革されない限り、学校建築を有効に活用することはできないということである（堀井1987）。

　自律的な学校経営が求められる現在においても、ヒト・モノ・カネに関わる条件は学校経営以前の問題とされ、それゆえに、学校の大多数である公立

学校は、経営主体の条件を依然としてほとんどもちえていないといっても過言ではない。

3. 調査からみえてきた児童生徒の安全・安心に関わる「使い勝手」の認識

　近年、地方自治行政における計画性の視点が重視され、考慮すべき建築条件も複雑、多様化する中で、学校建築における基本設計の重要性や教職員など関係者の基本設計段階への参加による「使い勝手」の視点を導入することの意義が次第に認められてきた。こうした動きは、学校建築における「使い勝手」を重視する建築計画学の進展とも密接に関わっている。使い手の「使い勝手」を重視することで、これから学校を建築する際に、これまでの個別学校における利用率重視の視点から、学校で生活する子どもの発達論的視点やコミュニティ・スクールとしての住民の利用という視点へと建築計画の重点が移っていくことが予想される。改めて問われるのは、「使い勝手」の視点から、学校の教職員や児童生徒からの要望をどのように把握し、学校建築に具現化していくかである。

　その点、本調査において、行政、学校（教職員と児童生徒）、設計者といった関係者間で安全対策についての認識や取組のずれが生じていないか検証できたことの意義は大きいといえる。「使い勝手」の視点から、調査結果を概括すると以下のようになる。

　本調査結果の概要（前掲、国立教育政策研究所報告書より抜粋）
　本調査は、140自治体（回答率70%）、87公立小中学校（うち3校は教職員のみ）（教職員の回答率43.5%、児童生徒の回答率42%）から回答を得た。自治体においては「学校施設担当者1名」「安全教育担当者1名」、学校においては「管理職1名」「安全担当教員1名」「養護教員1名」「学校事務職員1名」「用務員1名」「児童生徒1クラス」を対象とし、自治体及び教職員に対してはオンラインにより、児童生徒に対してはアンケート用紙により調査を実施した。児童生徒1クラスの選定については、学校長に依頼し、小学校においては小学5年生から、中学校においては中学2年生から選定いただいた。調

査時点は、令和元年7月1日現在である。

　調査項目について、行政、学校、設計者といった関係者間で、安全対策についての認識や取組のずれが生じていないかを確認し、効果的な対策は何かを提示するため、①何を危険と感じているか、②何故、事故等が起きるのか、③危険を回避する術は何かという3つの柱で分析・考察を行った。

　特に、①について、教職員と児童生徒の危険と感じる度合い（1：危険は感じない、2：あまり危険は感じない、3：やや危険だと感じる、4：非常に危険だと感じる）を比較すると、全体的に教職員よりも児童生徒の危険と感じる度合いが高い傾向がみられた。また、児童（小学5年生）と比較して、生徒（中学2年生）の方が危険と感じる度合いが高い傾向がみられた。そして、日常事故、防犯、防災ともに、教職員が危険と感じることは児童生徒も危険と感じる傾向があり、特に、日常事故については、「廊下の曲がり角での衝突」「廊下と階段が交わる場所での衝突」「プールサイドでの転倒」に対して危険と感じる度合いが高い傾向がみられた。

　危険を回避する術として、特に、人事異動があっても学校内での取組を継続するといったことに着目すると、管理職の人事異動時に、引継ぎ書や学校施設の安全点検結果により引き継いでいるものの、設計者が作成した学校施設の使い方についてまとめたマニュアル等が引き継がれているのは約2割にとどまっており、管理職が替わることで、建設当時に意図された学校施設の使い方が継承されず、想定外の施設の使い方による事故等が起こる可能性が考えられた。

　ようするに、児童生徒の安全・安心と学校空間をめぐる課題は、行政、学校（教職員と児童生徒）、設計者といった関係者間で、安全対策についての認識や取組のずれが生じないようにいかに条件整備していくかが問われるのである。特に、財政的な基盤が弱い多くの教育委員会では、教育条件整備機能そのものが脆弱化しており、児童生徒の安全・安心を保証することが教育委員会の独自の役割であるという教育委員会のレーゾンデートルが問われている。

4．学校建築の老朽化と「使い勝手」の学校建築観

本調査研究の趣旨には、以下のような内容が述べられている（令和元年9月27日国立教育政策研究所長決定）。

「学校施設は、児童生徒等の学習・生活の場であり、その安全性を確保することは重要である。学校施設については、耐震化率99.9％（平成29年5月時点）となった一方で、全体の約7割が老朽化しており、安全性の確保のためにも、今後、老朽化対策や長寿命化改修を進めていく必要がある。

安全性の確保については、文部科学省においても、防災、防犯、事故防止の観点から報告書や留意点をまとめている。本研究では、教員や児童生徒等の学校施設利用者が学校施設の安全性についてどのように評価し、施設を利用しているかについての関係性を把握することで、これらの施策がどのように機能しているかを明らかにするとともに、安全性を高めるための効果的な手法を提示することを目的とする。なお、研究を進めるにあたっては、学校施設の安全性は、建築学と教育学との双方からの視点が重要であることから、異分野融合の研究となるよう配慮する。」

こうした研究趣旨を踏まえると、本調査における質問紙調査のデータを分析するにあたって、まず、押さえなければならないことは、急速に進む学校施設の老朽化と児童生徒の安全・安心との関わりといえる。

図1に示すように、東日本大震災が起こる以前から老朽化が原因で発生した学校の不具合は増加傾向にあり、児童生徒の安全・安心を脅かしていた。東日本大震災の教訓として、建物の耐震化だけでなく、天井材、照明器具などの非構造部材の耐震対策も求められているが、老朽化によって壁などがはがれ落ちて、避難施設として使用できなかった学校も少なからずあったことに留意しなければならない。建築物が経年によって損傷を受け、モルタル、タイル、窓などが脱落するなどの事例が2011年度は13,972件あり、公立小・中学校では年間2校に1件程度の割合で安全面での不具合が生じていたのである（学校施設の在り方に関する調査研究協力者会議『学校施設の老朽化対策について-学校施設における長寿化の推進-』2013年3月、所収の資料）。

津波の被害があったものの、東日本大震災を経て、学校建築が耐震化されていれば子どもたちの命を守れることが証明された。それゆえに、教育振興

■安全面　■機能面

| 2009年度 | 2010年度 | 2011年度 |
| 12406 / 27730 | 12656 / 28031 | 13972 / 30034 |

図1　主に老朽化が原因で発生した不具合

基本計画の目標の柱として明示されている「安全・安心な教育研究環境の確保」として、学校施設の耐震化とともにレジリエンスの視点から老朽化対策としての学校施設の長寿化の推進を進めるために維持管理の在り方が問われている。老朽化の問題への対応として「命を守るインフラ」として学校建築を認識したうえで、教職員や児童生徒等の学校施設利用者が学校施設の安全性についてどのように評価しているかが問われよう。

　ちなみに、老朽化している学校施設は、リアルに存在するいわゆる「絶対空間としての学校空間」として位置づけられる。しかし、教職員や児童生徒等の学校施設に対する評価は、各自の行為と関連づけられた空間（Bollnow, O.F.「体験されている空間」）に対する評価といえる。それゆえ、「使い勝手」の学校建築観として、学校空間の安全・安心を評価する主体としての教職員や児童生徒が、「絶対空間としての学校空間」として学校の施設・設備を自らの安全・安心に関わっていかに認識できているのかは、「絶対空間としての学校空間」×「体験されている空間」という掛け算的な関わりでみることができる。

5．「わからない」という危険認識と老朽化問題

　本調査では、学校空間における日常事故の危険の認識において、教職員、児童生徒ともに「廊下の曲がり角での衝突」が最も認識度が高かった。

学校において、曲がり角での衝突はよくあることであり、「廊下を走らない」など教職員が日常的に指導している廊下観に象徴される「教育の哲学」（宮田丈夫1975）の結果ともいえる。その一方で、教職員、児童生徒ともに、天窓に人が乗ることによる落下については「わからない」と認識する割合が最も高かった。図２は、教職員の回答を示している。

　天窓からの落下は、児童生徒の安全・安心と学校空間との関わりを考えるうえで象徴的な学校事故である。平成20（2008）年６月18日、東京の小学校で、３階屋上の天窓を破って児童が転落死した事件（事故）では、天窓の危険性を認識していながら児童への注意を怠ったとして校長と教諭が書類送検され、文部科学省では、この事故を踏まえて事故防止の留意点も含めて報告書をまとめている（文部科学省大臣官房文教施設企画部「学校施設における事故防止の留意点について」2009年３月）。

　昭和61（1986）年に学校公園構想のもとで新築され、住民が利用できる屋内プールもあったこの小学校では、３階屋上には児童は立ち入らないことが前提として設計されており、当時、筆者が行った聞き取り調査でも管理職はそのことを理解されていた。地域住民が利用することに対しても学校教育上支障がないようにするためにゾーニングも明確にして、児童の安全・安心に十分配慮していたと思われた当該校において、なぜ３階屋上で授業をしていたのか。問題意識を強めた文部科学省は、「学校施設整備指針策定に関する調査研究協力者会議」に「学校施設安全対策部会」を設置し、過去に起こった学校施設内での事故を一つ一つ検証し、事故防止に向けた関係者それぞれ

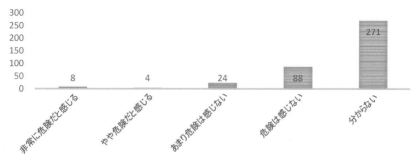

図２　天窓に人が乗ることによる落下についての危険認識（教職員＝395）

が果たすべき役割や事故種別ごとの事故防止の基本的な考え方を学校建築の部位ごとの留意事項を写真入りで具体的にまとめ、学校施設整備指針も改訂しているが、「使い勝手」の学校建築観まで踏み込めてはいない。

　本調査では、天窓がない学校も含めて「わからない」という回答が7割近くあり、次に多い回答が「危険を感じない」(22%)であった。天窓がない学校について「わからない」という回答でよいことにした質問項目設定の限界もあるとはいえ、その危険性について「わからない」「危険を感じない」という回答の割合の高さは、絶対空間として存在する老朽化した学校施設に対する教職員の認識に課題があることを示唆している。「使い勝手」の学校施設観を「絶対空間としての学校空間」×「体験されている空間」という掛け算的な関わりとしてみれば、それぞれの空間認識が0（ゼロ）に近くなり、総合的にみても児童生徒の安全・安心について危惧される状況にあるといえるだろう。

　「学校（幼稚園・保育所を含む）をめぐって児童・生徒を被害者とする事故」を学校事故とすれば、それに関わる裁判は学校（教育）をめぐる裁判のなかで最も多くなっており、本調査からも教育委員会がその対応に最も力を入れて取り組んでいることがわかる（日本スポーツ振興センターの災害共済給付制度のビックデータを産業技術総合研究所が分析した結果によれば、2014〜2016年度の学校管理下での学校事故は年間平均で107万件あり、そのうち、2階以上か2m以上からの転落事故は3年間で198件である。「朝日新聞」2019年5月5日記事より引用）。しかし、学校施設の老朽化への対応は、教職員の学校建築観の問題も含めて考えるとほとんど進んでいないといってよいかもしれない。

　学校事故が起こった時、学校の施設・設備の設置及び管理の瑕疵による場合は、「無過失責任」として、学校の教育活動が行われているか否か、また、教師の故意・過失があるか否かに関わらず、設置者・管理者に損害賠償責任が追及されることになっている。瑕疵の認定は、事故の直接的な原因を見定め、その危険状況を安全性の欠如とみ、その安全性の欠如を設置者・管理者に負わせてよいかを判断し、法的な非難に値する事由のある場合に瑕疵ありと認定される。

急速に進む学校施設の老朽化の問題は、安全配慮義務のある教職員の「わからない」という認識の高さと相まって、安全・安心な学習社会構築のためのインフラ整備の脆弱性を示唆している。そして、学校事故に関わる裁判において「無過失責任」として学校の設置者・管理者に損害賠償が請求されるケースの増加に直結する可能性もある。

6. 児童生徒の安全・安心に関わって求められる「チーム学校」としての対応

　教職員には、日常的に児童生徒の怪我や事故の実態をきちんと把握し、全国で起こる事故も踏まえて、危険と思われる施設・設備についてチェックし、教育委員会に報告し、場合によっては撤去するなどの敏速な判断が求められている。ただし、教職員の安全配慮義務に関わって、以下のような今日的な課題もあり、判例で求められるような実態把握や敏速な判断をさらに難しくしている。

①教師の過失の判断に関わって、自然体験などの活動を幼児期から体験することなく、危機予測能力が未熟な子どもたちが多く入学することで、年齢や判断能力の程度が見えにくくなっていること

②多忙を極める教師がどこまでこうした子どもたちを把握し、安全教育・安全管理ができるのかという、学校・教師の置かれている状況と高度なコンプライアンスが求められる学校安全をめぐる悪循環（教師の代理監督義務や具体的な責任の範囲を措定しにくいこと）

③通知を出すだけで具体的な指導や条件整備が不十分な国及び地方公共団体の通達行政における曖昧な責任の所在

　本調査において、安全担当教員以外に、学校事務職員、用務員が児童生徒の安全・安心に関わる業務を担っていることがみえてきた。中央教育審議会答申「子どもの心身の健康を守り、安全・安心を確保するために学校全体としての取り組みを進めるための方策について」（平成20年1月17日）では、これまでの学校経営が校務分掌により様々な用務を振り分け運営するダウンストリーム的傾向があったことへの批判として、予防に重点を置いた学校全体としての取り組み重視の視点が明確にされた。

大川小学校の最高裁判決（最高裁判所第一小法廷令和元年10月10日決定）に関わって自治体や学校の事前防災の不備や校長等の「地域住民よりはるかに高い防災知識」の修得が求められているが、相変わらず、人材不足や専門性不足が課題として挙げられており（「全国自治体アンケート」2021年２月28日）、児童生徒の安全・安心に関わる実態把握の難しさも踏まえて、「チーム学校」として学校全体としての対応の在り方が問われている。

　学校施設に関わる児童生徒の安全・安心の問題を考えるとき、学校全体としての予防的な対応の前提として、教育委員会の役割も問われなければならない。教育委員会では、例えば「絶対空間」としての学校施設に対する教職員や児童生徒の「使い勝手」としての要望をどのように把握しているのだろうか。

　図３は、新築してから３年未満の学校において、教育委員会は学校からの要望をどのように反映しているかを尋ねた本調査結果である。設計者に直接的、間接的に伝えている教育委員会も７割近くあったものの、ここでも「わからない」という割合が28％と高かった。同様に築３年未満の新築の学校において、施工者である教育委員会において設計者の説明があったのかを問うたところ、「わからない」という割合が少なくなかった。新設の学校においても４校に約１校の割合で「わからない」「機会はなかった」（18％＋５％）と

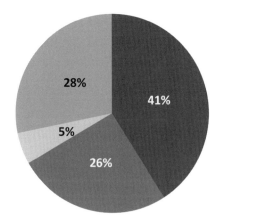

図３　学校の要望の反映（築年数が３年未満の学校、Ｎ＝39）

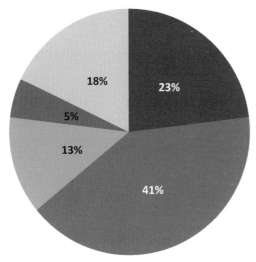

凡例:
- 設計者から説明を受けるとともに、引継ぎにも使用できる分かりやすいマニュアル等の提供を受けた
- 設計者から説明を受ける機会があった
- 教育委員会等の行政機関を通じて、間接的に説明を受ける機会があった
- 機会はなかった
- わからない

23%
18%
5%
13%
41%

図4　設計者からの説明（地区3年未満の学校、N＝39）

いう回答の多さは、今日、築25年以上の学校建築が8割を占め、老朽化が急速に進む状況下において、学校施設に関わる「使い勝手」の要望と教育委員会、設計者と教育委員会との「間」がさらに広がっていくことを危惧させた（図4）。

　「老朽化対策が喫緊の課題」（文部科学省「第3次学校安全の推進に関する計画」2022年3月25日）とされる学校建築において、安全・安心な学習社会構築のためのインフラとして、学校からの要望をどう吸い上げ、また、学校建築に関わった設計者の視点をどのように共通理解させるのか、学校と教育委員会の双方向性をもった意思形成が問われている。

7．学習社会構築のための学校建築と児童生徒の安全・安心

　臨時教育審議会第2次答申（1986年4月23日）において、「教育環境の人間化」の観点に立って、教育条件の改善を図る必要性とその具体的方策として教育方法の多様化に応じられる学校建築に改善することなどが提言された。また、同審議会最終答申（1987年8月7日）では、21世紀のための教育目標実現に向けて重視すべき点として、「生涯学習体系への移行」という視点が明

示され、生涯学習との関わりのなかで学校教育や学校施設の在り方が問われることが多くなった。

　その頃から、国の学校建築補助事業においても量から質へ学校施設整備への転換が図られるようになり、完全学校週5日制実施との関わりにおいて、「学校・家庭・地域社会の連携の発信源としての学校」（学校週5日制時代の公立学校施設に関する調査研究協力者会議報告「子どもたちの未来を拓く学校施設—地域の風がいきかう学校—」1999年7月）の在り方も模索されるようになった。ちなみに、今日、質的な学校施設整備（例えば、「社会に開かれた学校（教育課程）」など）に関わる国の学校施設整備事業として、次のような補助事業がある。

〈新増築に関わる整備事業〉
①地域・学校連携施設整備事業（1/3補助）
　学校の教育活動に家庭及び地域の活力をより積極的に導入、活用していく観点から、学校に保護者や地域住民の意向を把握、反映するための意見交換や交流等の場を整備する事業に対し補助する。
②学校施設複合化推進事業（1/3補助）
　学校施設を高機能化、多機能化するとともに、地域の生涯学習活動等の拠点となるよう他の文教施設や福祉施設との複合化を図ることに伴い、必要となる開放部分について補助する。
〈改築に関わる整備事業〉
③教育内容・方法の変化等に適合させるための内部改造工事補助
　余裕教室を活用した特別教室や多目的スペース等へ転用するための補助や余裕教室を転用して、既設校舎の高機能化、多機能化を図り、併せて、生涯学習のニーズにも応えるために補助する。

　教育方法の多様化に関わって、1984（昭和59）年に「義務教育諸学校施設費国庫負担法」の中に多目的教室（多目的スペース）の整備を国庫負担の対象とする改訂が行われ、学校では多目的スペースが急速に普及した。ただし、これからの学校施設について、「『いつでも』『どこでも』『どんなことで

も』学ぶことのできる、いわゆるユビキタスな学びの場が求められる」（横山俊祐2022）として多目的スペースなど学びの場の拡張や展開を求める建築計画学のアプローチがある一方で、埃をかぶってきた教育機器同様に、学習形態の多様化、学習の個別化・個性化を目指した多目的スペースは必ずしも積極的に活用されているとはいえない現状もある。アクティブ・ラーニングの授業で児童生徒の内なる世界を広げたり、深めたりするには、情緒的な安定や落ち着きのある学習空間が必要であり、多目的スペースを必ずしも必要としないという教育現場からの意見もある。しかし、それなりに整備された学校の施設・設備が使われないのは人的・物的条件の両面から学校経営が捉えられていない現状を示唆している。

　学校における安全管理とは、学校の施設・設備の安全・点検を含みつつも学校にとって重大な問題が発生した場合の対処の仕方すべてを対象としている。これまで学校は、体罰、いじめ、校内暴力、食中毒、インフルエンザ、新型肺炎、火災・地震など学校内外で起こる事件・事故・災害への対応だけでなく、こうした事件・事故・災害に対するマスコミ対策、保護者への説明責任及び連携などにも多くの時間を費やしてきたといっても過言ではない。それゆえに、災害や事件に関わって様々に出されてきた通知・報告書・マニュアルなどで述べられる内容について、教職員自身が当事者意識を持って学校安全の在り方を問い直すことができているか留意されなければならないのは当然のことといえる。

　ただ、文部科学省通知「学校安全に関する更なる取組の推進について（依頼）」（平成27年3月31日）では、平成23年度調査に比べ平成25年度調査において一部学校の取組に後退がみられるとして、学校安全計画の策定、学校安全計画及び危機管理マニュアルの定期的な検証、通学路マップの作成、家庭や地域の関係機関・自治体との会議の開催、災害時における保護者への児童生徒等の引渡しや待機方法に関する手順やルールの取り決めを求めている。本調査でも明らかになったように、学校安全計画や危機等発生時対処要領の策定は学校保健安全法で策定が義務づけられているにも関わらず100％になっておらず、地域との連携が図られていない学校も少なからずある。

　令和4（2022）年3月に策定された「第3次学校安全の推進に関する計画」

では、様々な計画が整備されつつも、必ずしも実効的な取組に結びついていない状況を踏まえて、基本的な方向性として学校や学校設置者において取組がより実効的なものとなるように、危機管理マニュアルの見直しや児童生徒の視点を加えた安全対策、実践的・実効的な安全教育の推進、学校安全の見える化などが示された。

しかし、こうした学校安全に関する実態調査や実態調査を踏まえた取組には、その前提となる学校施設の老朽化などいわゆるインフラ整備の言及がほとんどされていないことが懸念される。

文部科学省における学校施設の在り方に関する調査研究協力者会議「新しい時代の学びを実現する学校施設の在り方について（最終報告）—Schools for the Future『未来志向』で実空間の価値を捉え直し、学校施設全体を学びの場として創造する—」（2022年3月）においても、老朽化した施設の実態について、全国の公立小・中学校で老朽化が主因の安全面における不具合が平成29年度調査で約32,000件発生しており、平成24年度調査に比べて2倍以上になっていることを危惧しているものの、「限られた財源の中で施設を長寿命化しながら維持管理・更新コストの縮減を図り、戦略的に施設整備を進めることが必要である」としている。財政的な問題はあるにせよ、「文部科学省インフラ長寿命化計画（行動計画）」（2021年3月）によって、どこまで児童生徒の安全・安心を保証できるのか見えにくくなっている。

これまで数度にわたって作成され、改訂されてきた「学校施設整備指針」[1]も法的拘束性を伴わず、学校で起こった事故や自然災害の教訓を生かそうとする内容の改正が度々行われてきたものの拘束力はない。国はもとより地方自治体の財政再建が求められている今日、学校建築の質の向上を重視する指導に反して学校建築は単に財政的な問題として片づけられてしまう危険性もある。その点、危機管理マニュアルの見直しとともに、「学校施設整備指針」に法的拘束力を付与することや学校建築などインフラ整備への国の積極的な財政支援が求められよう。

児童生徒の安全・安心を考えるというテーマは、今日の学校経営の基本的な在り方とともに学校を支援する国や教育委員会の役割を問うことなのである。具体的にいえば、安全の主体としての子どもをどうとらえるか、そのた

めの学校・教職員の仕事をどうとらえるかなど学校の教育活動全体を基本的なところから「わかった気になっていないか」「問題への対応がルーチン化していないか」[2]をとらえ返すことが改めて求められている。

　学習社会構築のためのインフラ整備として、老朽化した学校建築とそれに関わる「使い勝手」の「わからない」という意識の問題に留意し、安全・安心な学習社会構築のために学校と行政が一体となって予防に重点を置いた学校安全の取組を行わなければならない。

注

1）例えば、「幼稚園施設整備指針」においては、平成5年に施設整備指針が策定されてから、平成30年の改定まで8回の改定が行われており、以下に示すように事故防止に関わる内容の充実が目指されてきた。しかし、補助事業として奨励されても法的な拘束力が伴わないために事故防止に直結する指針になっているとは必ずしもいえない状況にある。

　　平成14年3月：幼稚園教育要領の改訂や幼児教育振興プログラムの策定等に対応
　　平成15年8月：学校施設の防犯対策の推進、既存学校施設の耐震化の推進、建材等から放散される化学物質による室内空気汚染の防止対策等に関連する記述を追加
　　平成19年7月：特別支援教育を推進するための施設整備の基本的な考え方や、学校施設全体のバリアフリー化に関する記述などを充実
　　平成21年3月：学校施設の事故防止対策に関する記述を充実
　　平成22年2月：多様な生活体験が可能となる環境の整備や、特別支援教育の推進への対応など幼稚園教育要領の改訂や社会状況の変化に対応
　　平成26年7月：東日本大震災において顕在化した課題などに対応するため、学校施設の津波対策の強化、学校施設の老朽化対策などに関する記述を充実
　　平成28年3月：学校施設の複合化、長寿命化対策、木材利用に関する記述を充実
　　平成30年3月：幼稚園教育要領の改訂や学校施設を取り巻く今日的課題に対応するため、幼児教育の場にふさわしい豊かな環境づくり、幼児教育の担い手を支え家庭や地域と連携・協働を促す環境づくり、その他の施設的配慮の観点から記述を充実

２）ワイクとサトクリフは、危機を防ぐマインドを「現状の予想に対する反復チェック、最新の経験に基づく予想の絶え間ない精緻化と差異化、前例のない出来事を意味づけるような新たな予想を生み出す意志と能力、状況の示す意味合いとそれへの対処法に対する繊細な評価、洞察力や従来の機能の改善につながるような新たな意味合いの発見といった要素が組み合わさったもの」ととらえ、「わかっているような気になっている」「問題への対応がルーチン化されている」マインドレス状況の問題を指摘している。カール E・ワイク、キャスリーン M・サトクリフ著、西村行功訳『不確実性のマネジメント―危機を事前に防ぐマインドとシステムを構築する―』ダイヤモンド社、2002年、58～59頁

引用・参考文献

Sanders, D.C., Innovation in Elementary School Classroom Seating, Bureau of Laboratory Schools Publication 1958、ロバート・ソマー著　穐山貞登訳『人間の空間』鹿島出版会　1972年171頁に所収

斉藤喜博全集第３巻『新しい学校づくり・小学校』国土社、1970年、293～303頁

堀井啓幸「学校施設と教育活動―教師の学校施設観を中心に―」『日本教育経営学会紀要』第29号、1987年、133～147頁

堀井啓幸「戦後学校施設整備行政の変容に関する考察―多目的スペース導入の分析を中心にして―」『日本教育行政学会年報』第16号、1990年、255～268頁

堀井啓幸「学校改善を促す教育条件整備―「使い勝手」の視座を参考に―」『日本教育経営学会紀要』第55号、2013年、２～13頁

堀井啓幸「学習社会構築に関わる施策と行政の現状と課題―インフラとしての学校施設整備の視点から―」日本学習社会学会創立10周年記念出版編集委員会編『学習社会への展望―地域社会における学習支援の再構築―』明石書店、2016年、111～123頁

オットー・フリードリッヒ・ボルノウ著（大塚恵一・池川健司・中村浩平訳）『人間と空間』せりか書房、1988年、17頁

宮田丈夫「学級の教室環境」宮田丈夫編『学級教育辞典』帝国地方行政学会、1972年、17頁

『宮田丈夫著作選集　Ⅱ経営編』ぎょうせい、1975年、200頁

横山俊祐「教育の変革を支える学校施設の計画・しつらえ」日本教育政策学会『日本教育政策学会年報第29号　公共性と協働性を支える学習/教育空間』学事出版、2022年、11～12頁

　なお、本稿は、本調査報告書における筆者の寄稿「『使い勝手』の視点からみた児

童生徒の安全・安心と学校空間」（108〜114頁）を大幅に加筆修正したものである。

高等学校教育改革の検証と今後の学校像
—普通科高校のカリキュラム改革を中心に—

小宮　智（横浜薬科大学）

Verification of High School Education Reform and Future School Image: Focus on Reforming the Curriculum of General High School

KOMIYA Satoshi（Yokohama University of Pharmacy）

In January 2021, the Central Council for Education announced, "Aiming to build a ``Japanese-style school education in the Reiwa era"-realization of individualized optimal learning and collaborative learning that brings out the potential of all children-（Report）" was announced. As a result, the School Education Act Enforcement Regulations, High School Establishment Standards, High School Courses of Study, etc. were partially revised, and came into effect on April 1, 2022. Based on this revision, under certain conditions, it became possible to establish departments related to interdisciplinary fields, departments related to local communities, etc., as part of the general education reform, which is a response to modern issues. In this paper, I focus on public high schools, conduct research on nationwide efforts in this regard, and examine the issues that concern me. Concrete proposals were presented regarding the importance of sustainable education that transcends the boundaries of education and how it should be.

1．はじめに

　2021（令和3）年1月26日中央教育審議会より『「令和の日本型学校教育」の構築を目指して〜全ての子供たちの可能性を引き出す、個別最適な学びと、協働的な学びの実現〜（答申）』（以下、令和3年答申という）が発表された。この答申は、2019（平成31）年の「新しい時代の初等中等教育の在り方について」の諮問によるものであるが、第Ⅰ部総論と第Ⅱ部各論から構成されている。総論では、学校教育において、持続可能な社会の創り手となることができるようその資質・能力を育成することが求められている。その資質・能力においては、2016（平成28）年12月21日中央教育審議会『幼稚園、小学校、中学校、高等学校及び特別支援学校の学習指導要領等の改善及び必要な方策等について（答申）』（以下、平成28年答申という）で示され、その後、現在進行している新しい学習指導要領の改訂ポイントとなっている。

　また、学校が学習指導のみならず、生徒指導の面でも主要な役割を担い、子供たちの知・徳・体を一体で育む学校教育を「日本型学校教育」として定義し、諸外国からの高い評価に加え、新型コロナウイルス感染症の感染拡大防止等によって再認識された学校の役割や課題等を踏まえ、新しい時代の学校教育等を実現することの必要性を述べている。

　総論の項目「3．2020年代を通じて実現すべき「令和の日本型学校教育」の姿」においては、第2期、第3期の教育振興基本計画で掲げられた「自立」、「協働」、「創造」の3つの方向性を実現させるための生涯学習社会の構築を目指すという理念を踏まえ、取組を着実に推進し、学習指導要領前文において「持続可能な社会の創り手」を求める我が国を含めた世界全体でSDGs（持続可能な開発目標）[1]に取り組んでいる中でツールとしてのICTを基盤としつつ日本型学校教育を発展させ、2020年代を通じて実現を目指す学校教育を「令和の日本型学校教育」と名付け、その姿を示した。そこでは、「個別最適な学び」と「協働的な学び」を一体的に充実させ、ICTの効果的な活用を含んだ「主体的・対話的で深い学び」の実現に向けた授業改善につなげることを示し、「令和の日本型学校教育」の姿を「全ての子供たちの可能性を引き出す、個別最適な学びと、協働的な学びの実現」とした。そして、各学校段階において示された学びの姿のうち、特に高等学校教育に注目すると、次のよ

うなことを目指すこととされている。

◆社会的・職業的自立に向けて必要な基盤となる資質・能力や、社会の
　形成に主体的に参画するために必要な資質・能力を育成
◆地方公共団体、企業、高等教育機関、国際機関、NPO 等との連携・協
　働による地域・社会の抱える課題の解決に向けた学び
◆多様な生徒一人一人に応じた探究的な学び、STEAM 教育などの実社
　会での課題解決に生かしていくための教科等横断的な学び

　各論においては、９項目について基本的な考え方を示し具体的な取組を述
べており、項目「３．新時代に対応した高等学校教育等の在り方について」
の「⑵高校生の学習意欲を喚起し、可能性及び能力を最大限に伸長するため
の各高等学校の特色化・魅力化」においては、各学科に共通して取り組むべ
き方策として、現代的な諸課題に対応し、20年後・30年後の社会像を見据え
て必要となる資質・能力の育成や各高等学校の存在意義・社会的役割等の明
確化（スクール・ミッションの再定義）、各高等学校の入口から出口までの教
育活動の指針の策定（スクール・ポリシーの策定）、地域社会や高等教育機関
等の関係機関と連携・協働した学びの実現等、学科の特質に応じた教育活動
の充実強化として、「普通教育を主とする学科」の弾力化・大綱化（普通科改
革）、専門学科改革等の取組が示されている。普通科改革においては、「普通
教育を主とする学科」に普通科以外の学科として、設置者が、①学際領域に
関する学科、②地域社会に関する学科、③その他特色・魅力ある学びに重点
的に取り組む学科を設置可能とした。
　筆者は、これまで普通科・総合学科・専門学科と全・定の２課程での教職
経験を活かし、幸いにも公立高等学校改革に関する教育行政を担当した経験
がある。さらには、公立高等学校の管理職として学校経営の職務を積んでき
た経験から指摘すれば、特に普通科改革は、「普通教育を主とする学科」を置
く各高等学校がそれぞれの特色化・魅力化に取り組むことを推進する観点か
ら各学校の取組を可視化し、情報発信を強化するため各設置者の判断によ

り、当該学科の特色・魅力ある教育内容を表現する名称を学科名とした現代的な諸課題への対応等に関する学科の設置を可能とするための制度的な措置として述べられており、この論理展開が全く腑に落ちない。総合学科については、現状の総合学科の成果と課題について言及しておらず、第3の学科として制度化されてから30年ほど経っても全く踏み込んだものになっていない。

　そこで本稿においては、このような課題認識に立ち、特に公立高等学校の普通科改革に関する各都道府県・政令指定都市の教育委員会の取組状況をリサーチした上で整理し、筆者の教育行政の実務経験による視点から懸念される課題を示しながら考察し、こうした先行研究が見当たらない状況をも勘案し、公立高等学校としての現代的な諸課題に取り組む持続可能な教育の重要性とその在り方について1つの提言を行いたい。

2．普通教育についての日本国憲法、教育基本法、学校教育法での記述

　普通教育を法令等で定義しているわけではないが、文部科学省の解説によると、「普通教育とは、通例、全国民に共通の、一般的・基礎的な、職業的・専門的でない教育を指すとされ、義務教育と密接な関連を有する概念である。」と示している。（文部科学省 HP 2022.9.30確認　昭和22年教育基本法制定時の概要における第4条（義務教育）の解説）

　日本国憲法においては第26条（教育の機会均等）、教育基本法においては、第5条（義務教育の目的等）、学校教育法においては、第16条（義務教育の期間等）、第21条（義務教育における教育目標）等に小学校・中学校・高等学校等の設置目的も含め普通教育の記述がある。

3．高等学校教育について
⑴　教育の目的、目標

　高等学校は、「中学校における教育の基礎の上に、心身の発達及び進路に応じて、高度な普通教育及び専門教育を施すこと」を目的としており、中等教育学校の後期課程や、その他の形態の中高一貫校となる高等学校も準じているので、これ以降は、高等学校だけに焦点を絞って論ずることにする。

高等学校教育の目標は、学校教育法第51条により、次の３つになる。

◆義務教育として行われる普通教育の成果を更に発展拡充させて、豊か
な人間性、創造性及び健やかな身体を養い、国家及び社会の形成者と
して必要な資質を養うこと。

◆社会において果たさなければならない使命の自覚に基づき、個性に応
じて将来の進路を決定させ、一般的な教養を高め、専門的な知識、技
術及び技能を習得させること。

◆個性の確立に努めるとともに、社会について、広く深い理解と健全な
批判力を養い、社会の発展に寄与する態度を養うこと。

　ここで押さえておくべきことは、全ての高等学校の共通の教育目標であ
り、学科の枠にとらわれてはならない視点である。この目標は要するに、国
家及び社会の形成者として健全な批判力を含めた必要な資質・能力を育成
し、キャリア教育を推進しながら、個性の確立と社会の発展に寄与する態度
を涵養することである。このことは、高等学校教育の在り方を論じていく上
で重要な根拠となるが、後ほどまた触れることにする。

⑵　新しい時代の高等学校教育の実現に向けた制度改正と普通科改革

　資料のように、「令和３年答申」等を踏まえて、学校教育法施行規則、高等
学校設置基準、高等学校通信教育規程、高等学校学習指導要領の一部改正等
を行い、2022（令和４）年４月１日施行となった。ここで普通科改革に関係
する内容について整理をしておくことにする。

①　各高等学校の特色化・魅力化

　高等学校の設置者は、高等学校が「３つの方針（スクール・ポリシー）」を
策定する前提として、各高等学校やその立地する市区町村等と連携しつつ、
各高等学校に期待される社会的役割等（スクール・ミッション）を再定義す
ることとなり、各高等学校は、入口から出口までの教育活動の指針としての

資料

（出典：「新しい時代の高等学校教育の実現に向けた制度改正等について」（文部科学省）より一部
抜粋）

「3つの方針」である高等学校学習指導要領に定めるところにより「育成を目
指す資質・能力に関する方針」、「教育課程の編成及び実施に関する方針」、
「入学者の受入れに関する方針」を策定・公表することになった。また、同時
に新しい学習指導要領の重点ポイントの1つである「社会に開かれた教育課
程」の実現のために高等学校と関係機関等との連携協力体制の整備に努める
ことになった。これらのことにより、各高等学校の特色化・魅力化の充実を
促している。

② 　普通科改革に係る高等学校設置基準、高等学校学習指導要領一部改正
　文部科学省令の高等学校設置基準は、高等学校を設置するのに必要な最低
の基準としており、学科はここで規定されている。高等学校の学科は、「普通
教育を主とする学科」、「専門教育を主とする学科」、「普通教育及び専門教育
を選択履修を旨として総合的に施す学科」の3つに大きく分類され、普通科

改革は、「普通教育を主とする学科」についての改正によるものとなっている。

〈普通教育を主とする学科〉

　これまで普通科のみであったが、改正施行後は、その他普通教育を施す学科として次のような学科も設置可能になった。なお(1)(2)の学科名は高等学校設置基準で定義されているが、(3)の学科名や各学科の内容は令和3年答申による。

---

(1)**学際領域に関する学科**

　現代的な諸課題のうち、SDGs の実現や Society5.0[2)] の到来に伴う諸課題に対応するために学際的・複合的な学問分野や新たな学問領域に即した最先端の特色・魅力ある学びに重点的に取り組む

(2)**地域社会に関する学科**

　現代的な諸課題のうち、高等学校が立地する地元市町村を中心とする地域社会が抱える諸課題に対応し、地域や社会の将来を担う人材の育成を図るために現在及び将来の地域社会が有する課題や魅力に着目した実践的な学びに重点的に取り組む

(3)**その他特色・魅力ある学びに重点的に取り組む学科**

　その他普通教育として求められる教育内容であって当該高等学校の存在意義・社会的役割等に基づく特色・魅力ある学びに重点的に取り組む

---

　(1)(2)はいずれも現代的な諸課題の対応に取り組む学科であり、(1)については、大学等との連携協力体制を整備するものとし、(2)については地域の行政機関等との連携協力体制を整備するものとなっている。また(1)(2)ともに関係機関等との連絡調整等を担う職員配置等の措置を講じるよう努めるものとなっている。さらに(1)(2)は、同日施行の高等学校学習指導要領の一部改正により、学科の特色等に応じた目標及び内容を定めた学校設定教科に関する科目を2単位以上、総合的な探究の時間と併せて合計6単位以上を全ての生徒に

履修（原則各年次にわたり履修）させるという教育課程編成上の条件が加わった。

〈専門教育を主とする学科〉

　専門学科と呼ばれるものであり、「農業に関する学科」・「工業に関する学科」等からなり、高度な専門教育を施す。

　高等学校学習指導要領の総則によれば、専門学科は、各学科に共通する必履修教科・科目及び総合的な探究の時間の履修に加え、専門教科・科目（主として専門学科において開設される各教科・科目、その教科に属する学校設定科目及び専門教育に関する学校設定教科に関する科目のこと）について、全ての生徒に履修させる単位数は25単位を下らないこととなっており、所定の規定の範囲内では、専門教科・科目以外の各教科・科目の単位を5単位まで25単位の中に含めることができることになっている。

〈普通教育及び専門教育を選択履修を旨として総合的に施す学科〉

　総合学科と呼ばれるものであり、高等学校学習指導要領の総則によれば、総合学科は、学校設定教科に関する科目の「産業社会と人間」を全ての生徒に原則として入学年次に履修させ、標準単位数を2～4単位としている。単位制による課程を原則とし、「産業社会と人間」及び専門教科・科目を合わせて25単位以上設け、生徒が多様な各教科・科目から主体的に選択履修できるようにする必要がある。

4．公立高等学校の普通科改革に係る各都道府県等の取組状況

　公立高等学校の普通科改革に係る各都道府県等の取組状況について、2022.8.1現在のWebサイトで公開されている教育施策を調査した。その結果については、近く公表する別稿の『中教審「令和の日本型学校教育」の構築を目指して（答申）に基づく高等学校普通科改革の取組に関する一考察－現代的な諸課題の対応に取り組む教育の在り方－』を参照されることとするが、66の都道府県・政令指定都市（相模原市は高校を所管していないので除く）の中で、この改正に基づいた普通教育を主とする学科として普通科以外の学科（以下、普通科新学科という）を公立高等学校で設置する教育委員会は、次の**表1**の通りである。

表1

普通教育を主とする学科として普通科以外の学科を設置する公立高等学校（2022.8.1現在）

教育委員会名	学校名	学科名	設置年度	分類
北海道	釧路湖陵高等学校	学科名未定	令和6年度	学際領域に関する学科（予定）
	大樹高等学校	学科名未定	令和6年度	地域社会に関する学科（予定）
岐阜県	坂下高等学校	地域探究科	令和4年度	地域社会に関する学科
島根県	隠岐島前高等学校	地域共創科	令和4年度	地域社会に関する学科
長崎県	松浦高等学校	地域科学科	令和4年度	地域社会に関する学科
京都市	開建高等学校	ルミネーション科 *2022.10.14Web確認	令和5年度	地域社会に関する学科（予定）

表2

令和4年度普通科改革支援事業指定校（20校）（文部科学省）

	管理機関名	指定校		管理機関名	指定校
1	北海道教育委員会	釧路湖陵高等学校	11	和歌山県教育委員会	串本古座高等学校
2	北海道教育委員会	大樹高等学校	12	和歌山県教育委員会	橋本高等学校
3	岩手県教育委員会	大槌高等学校	13	島根県教育委員会	隠岐島前高等学校
4	学校法人北上学園	専修大学北上高等学校	14	愛媛県教育委員会	三崎高等学校
5	学校法人信愛学園	浜松学芸高等学校	15	高知県教育委員会	清水高等学校
6	三重県教育委員会	上野高等学校	16	福岡県教育委員会	八幡高等学校
7	京都市教育委員会	開建高等学校	17	北九州市教育委員会	北九州市立高等学校
8	兵庫県教育委員会	柏原高等学校	18	長崎県教育委員会	松浦高等学校
9	兵庫県教育委員会	御影高等学校	19	宮崎県教育委員会	飯野高等学校
10	和歌山県教育委員会	新宮高等学校	20	熊本市教育委員会	必由館高等学校

　また、文部科学省においては、この普通科新学科の設置に向けた検討等を行う高等学校等として新時代に対応した高等学校改革推進事業の「普通科改革支援事業指定校」を令和4年度より**表2**の通り20校を指定した。

　表2の指定校の公立高等学校の中で、**表1**の学校以外は、2022.8.1現在において教育施策の計画として普通科新学科の設置の学校名を示している管理機関は見当たらないので、指定校の取組状況の成果を踏まえ、今後当該管理機関が判断していくものと考える。**表1・表2**以外の教育委員会には、検討中等もあるが、既存の普通科（コース設置校含む）の教育課程の内容・編成の工夫や、青森県のように県全体の普通科等における教育の質を確保・向上を図るため探究活動等の特色ある教育活動の中核的役割を担う重点校の配置、山形県のように普通科に探究コースを設置したり、学科改編して「探究科」（専門学科「理数科」・「国際科」）を設置するなど、普通科新学科設置以

外の対応を予定しているところは多い。ちなみに東京都では、普通科の一部を専門学科「理数科」に学科改編する方向、大阪府では、普通科総合選択制全19校を総合学科又は普通科専門コース設置校に改編し（2019（平成31）年度改編1校を含む。）、成果が見られることからその内容を充実させる方向と見てとれる。

　神奈川県では、平成28年度から現在継続中の県立高校改革実施計画で普通科・専門学科・総合学科の学科としての在り方を明確に示した。その際、中学生の進路指導にも応えるために、13校14コースの普通科専門コース（3年間で専門科目を10〜20単位履修）の見直しを図り、コースを専門的な深い学びにするために専門学科にして普通科と専門学科の併置とした学科改編（一部の科目の相互履修可能）や、コースで培った特色を学校全体の教育活動に活かした普通科とし、結果としてすべての普通科専門コースを解消した。これは、平成8年度に総合学科として最初に学科改編した県立高校に続き、平成15年度から平成22年度の間に総合学科の設置を増やしていったことによって、普通科の特色・魅力づくりの一環としてきた普通科専門コースとの違いの分かりにくさが表面化してきたことが大きな要因であった。

5．普通科新学科による懸念される課題

　ここで教育行政の実務経験による視点により懸念される課題を示すとする。

(1)　専門学科等との学科の違いのわかりにくさ

　普通科新学科は、現代的な諸課題の解決に対応する学科として学際領域や地域社会に関する探究活動等をより重視した内容となっていて、「探究地域科」などの学科名にしているところがあるが、調査してみると専門学科「理数科」を「探究科」としている学校もあり、違いがわかりにくい。中学校の進路指導の側面から考えると学科の違いは、教育内容も含めて明確でなければならないと考える。さらに後ほども述べるが探究活動はすべての高等学校における命題であるのでわかりにくさの増長が懸念される。

(2)　学際領域や地域社会に関する学科の設置要件の持続可能性

　高等学校設置基準の改正によって大学等や地域の行政機関等との連携協力体制を整備するものとし、関係機関等との連絡調整等を担う職員配置等の措置を講じるよう努めるものとなっているが、公立高等学校での職員配置においては、教員の働き方改革の視点からも、所管の教育委員会が教育内容をコーディネートできる外部人材の配置を進めていくことが不可欠と考える。単なる事務的な調整では、マッチングの点からも実質的な教育をすることは困難であると考える。そのための雇用に関わる人材確保、財政的な確保を持続的に可能にすることができるのか懸念される。さらに学科変更となるので、公立高等学校では設置条例の改正が必要になり、校長の一存ではできない。当然所管の教育委員会の高等学校改革の一環として行うべきものとなる。

　また、高等学校学習指導要領の一部改正により、先述の教育課程編成上の条件が加わったが、特に学校設定教科・科目について、学習指導要領上で示されている既定の教科・科目でないので教科書もなく、教科・科目の目標や内容等を当該学校は予め教育委員会に届け承認を得なければならない。そのため総合的な探究の時間との連関した教育内容を教授できる教員体制を持続的に可能にすることができるのか懸念される。

(3)　高等学校教育全体に要求されている探究活動等との違いの不明確さ

　平成30年告示の高等学校学習指導要領より、高等学校においては、これまでの「総合的な学習の時間」から、より探究的な活動を重視する視点から位置付けを明確にするため「総合的な探究の時間」に改訂され、生徒や学校、地域の実態等に応じて、生徒が探究の見方・考え方を働かせ、教科・科目等の枠を超えた横断的・総合的な学習や生徒の興味・関心等に基づく学習を行うなど創意工夫を生かした教育活動の充実を図ることとされている。

　高等学校学習指導要領（平成30年告示）解説総則編（平成30年7月）の184頁には、「総合的な探究の時間の内容は、各学校で定めるものであるが、目標を実現するにふさわしい探究課題については、例えば、国際理解、情報、環境、福祉・健康などの現代的な諸課題に対応する横断的・総合的な課題、地域や学校の特色に応じた課題、生徒の興味・関心に基づく課題、職業や自己

の進路に関する課題などを踏まえて設定することが考えられる。生徒が、横断的・総合的な学習を探究の見方・考え方を働かせて行うことを通して、このような現代社会の課題などに取り組み、これらの学習が自己の生き方在り方を考えながらよりよく課題を発見し解決していくことにつながっていくことになる。」と述べられている。

　これはまさに普通科新学科の取り組むべき内容と同様であると考える。つまり、現代的な諸課題に対応することは、普通科新学科だけのことではなく学科の枠にとらわれない高等学校教育全体に要求されていることと考えられることから、普通科新学科の存在意義の不明確さが懸念される。

6．課題の改善を含む学科の枠を超えた高等学校教育改革の重要性の考察

　今回の普通科改革は普通教育を主とする学科を従来の普通科以外に一定の要件のもとに普通科新学科等を可能とするものである。しかし高等学校では中学校までの義務教育における普通教育の基礎の上に、心身の発達及び進路に応じて、高度な普通教育及び専門教育を施すことを目的としていることや、学校教育法第51条の高等学校の教育目標の実現を図ることは、学科の枠を超えた共通な視点としてしっかりと押さえなければならない。

　普通科新学科は、現代的な諸課題の対応として学際領域、地域社会に関する学科を示しているが、そもそも高等学校学習指導要領（平成30年告示）解説総則編（平成30年7月）の56頁で述べられているように、現代的な諸課題に対応して求められる資質・能力として、平成28年答申では、「健康・安全・食に関する力」、「主権者として求められる力」、「新たな価値を生み出す豊かな創造性」、「グローバル化の中で多様性を尊重するとともに、現在まで受け継がれてきた我が国固有の領土や歴史について理解し、伝統や文化を尊重しつつ、多様な他者と協働しながら目標に向かって挑戦する力」、「地域や社会における産業の役割を理解し地域創生等に生かす力」、「自然環境や資源の有限性等の中で持続可能な社会をつくる力」、「豊かなスポーツライフを実現する力」などが考えられるとされたところであり、各学校においては、生徒や学校、地域の実態及び生徒の発達の段階を考慮して学校の特色を生かした目標

や指導の重点を計画し、教育課程を編成・実施していくことが求められている。

　つまり、高等学校の教育目標を鑑みれば、SDGs の実現や Society5.0 の到来に伴う諸課題への対応、地域課題の解決等の教科等横断的な学習は、総合的な探究の時間を中核として学科の枠を超えた高等学校教育共通の教育内容であると考える。また、高等学校学習指導要領第 1 章総則第 2 款 2 の教科等横断的な視点に立った資質・能力の育成においては、生徒に「生きる力」を育むことを目指して教育活動の充実を図るに当たって、言語能力、情報活用能力、問題発見・解決能力等の学習の基盤となる資質・能力や、現代的な諸課題に対応して求められる資質・能力を教科等横断的に育成することが重要であることを示していることからも、高等学校教育全体に関わり教育課程編成の工夫によるものとして、その考えを後押ししている。

　やはり、現代的な諸課題の対応を普通科改革として矮小化するのではなく、むしろ学科の枠を超えた高等学校全体の教育内容の改革であるべきと考える。そもそも先述したように「令和 3 年答申」にも現代的な諸課題への対応は各学科に共通して取り組むべき方策に位置付けられている。従来の普通科、専門学科、総合学科の 3 つの学科であることの方が違いが明確であり、より学科の存在意義を高め、中学生やその保護者が学校選択する上でもわかりやすい。例えば専門学科の農業科や商業科においては、地域産業を担う人材の育成の観点から、地域社会に関する課題への対応に向けての教育内容として 6 次産業化[3] も意識した地域活性化方策も考えられ、学科の特色を活かした実践的な内容で取組が明確である。

　表 1 では、普通科新学科のうち学際領域に関する学科が 1 校（予定）しかなかったが、全国的に見ても専門学科「理数科」や「国際科」の学校としての専門教科・科目25単位以上の履修等によって、普通科新学科と類似した学際領域に関する教育内容を提供しているところが多く、学習指導要領上の規定の専門科目が編成されているので、特色がより明確である。

　また、神奈川県教育委員会の取組に注目すると、平成28年度からの県立高校改革実施計画において、生徒の学習意欲や興味・関心、さらには進路希望の実現に向けた学習ニーズに対応するため、大学、短大、専修学校各種学校

協会等の教育機関や企業、経済団体等と教育委員会が「連携と協力に関する協定」を結んで、「県立高校生学習活動コンソーシアム」を形成している。このことによって個別の連携協定をしていなかった県立高校においても、原則無償でコンソーシアムに参加している外部機関と手軽に連携できるようになり、さらに平成31年度よりすべての県立高校はコミュニティ・スクール（学校運営協議会制度）になったことにより、より一層学際領域や地域社会に関する課題解決型の学習内容の展開が可能となり、社会に開かれた教育課程の実現を具体的に推進している。当然学科の枠を超えたすべての県立高校の取組であるので、敢えて普通科新学科を設置する方向性は見当たらない。

　特に、このコミュニティ・スクールとコンソーシアムとの両輪による取組は、学校教育として他の教育委員会では実施していない先進的な取組となっており、普通科新学科のような教育課程編成の制限等もないので、懸念される課題を払拭する学科の枠を超えた現代的な諸課題への対応に向けた高等学校教育全体の質の向上に大いに期待できる。

7．おわりに

　最後になるが、現代的な諸課題への対応については、学科としての問題ではなく、カリキュラム・マネジメントに関わる問題であり、特に総合的な探究の時間の教育内容の構築の問題である。文部科学省は、実効性のある総合的な探究の時間に関する指導用手引き等を作成して高等学校に配付し、指導方法等を助言していくことを提言する。なぜならば、仮説の立て方、調査研究方法、課題解決手法等や現代的な諸課題への対応について共通に取り組むもの、各学校の特色に応じて重点的に取り組むもの等を示すことの方がとても効果的であり、学科の枠を超えた高等学校全体の教育内容の質の向上の担保ができるであろう。学校経営の経験からもその方が現場の教員としては期待値が高く、費用対効果が高いと考える。こうしたことが、特に公立高等学校としての学科の存在意義の明確化と持続可能な教育に向けた財政的な側面及び指導体制の側面からも効果があると考える。

　いずれにしても普通科新学科については、今後、**表1・表2**の学校の取組に期待しながら成果と課題に注視し、令和3年答申によるこの普通科改革が

机上の空論とならず、懸念される課題が杞憂に終わることを期待したい。

注

1）持続可能な開発目標（Sustainable Development Goals）。誰一人取り残さない持続可能でよりよい社会の実現を目指す世界共通の目標のこと。2015年9月の国連サミットにおいて全会一致で採択され、2030年を達成年限とし、17のゴールと169のターゲットで構成。

2）2016年「第5期科学技術基本計画」において提唱。サイバー空間（仮想空間）とフィジカル空間（現実空間）を高度に融合させたシステムにより、経済発展と社会的課題の解決を両立する、人間中心の社会のこと。

3）1次産業としての農林漁業、2次産業としての製造業、3次産業としての小売業等の事業との総合的かつ一体的な推進を図り、地域資源を活用した新たな付加価値を生み出す取組のこと。（1次×2次×3次＝6次）

参考文献・公開資料

菊地栄治（1997）『高校教育改革の総合的研究』多賀出版、山﨑保寿（1999）『高等学校における選択制の拡大と進路指導』協同出版、斉藤武雄ほか（2005）『工業高校の挑戦－高校教育再生への道－』学文社などを参考

高等学校学習指導要領（平成30年告示）解説　総則編（文部科学省、平成30年7月）

高等学校学習指導要領（平成30年告示）解説　理科編　理数編（文部科学省、平成30年7月）

文部科学省HP（昭和22年教育基本法制定時の概要における第4条（義務教育）の解説）
https://www.mext.go.jp/b_menu/kihon/about/004/a004_04.htm

新しい時代の高等学校教育の実現に向けた制度改正について（文部科学省、2021年高等学校改革主管課長会議資料）
https://www.mext.go.jp/content/20210420-mxt_koukou01-000013554_02.pdf

新たな段階を迎えた教員養成と教職課程の充実
―教職イメージ調査の結果を踏まえて―

山﨑保寿（松本大学）

Entering a New Stage of Teacher Training and Enhancement of Teacher Training Courses: Based on the Results of the Survey on Students' Awareness of the Teaching Profession

YAMAZAKI Yasutoshi（Matsumoto University）

The purpose of this paper is to contribute to strengthening the functions of the teaching profession center based on the results of the survey on students 'awareness of the teaching profession in order to enhance the curriculum of the teaching profession course. In order to promote the self-inspection evaluation of the teaching profession course that became mandatory from 2022, it is important to have a core organization that independently handles the planning, operation and management of the teaching profession course. In order to strengthen the governance of the entire university, it is important to strengthen the functions of the teaching profession center linked with EM and IR. The results of the teaching profession image survey of university students revealed that they had little knowledge about welfare of teachers. From the perspective of enhancing the teaching profession, it is important to deal with the content and significance of welfare in "subjects related to the significance of the teaching profession" at an early stage of taking the teaching profession course. High school teachers are required to specialize in subjects, and the individuality and specialization of teachers. For students aiming for a high school teacher's license, the guidance of subject specialization becomes more important.

1. 問題の背景と課題の設定

　教職課程を有する大学では、教職課程コアカリキュラムの遵守など課程認定に関する対応をはじめ、学生の資質、教職志望の状況、目指す教員像等を踏まえ、充実した教員養成を行うことが重要な課題となっている。本稿の目的は、教職課程のカリキュラムを充実させるために実施した学生の教職意識に関する調査結果を踏まえ、養成段階における指導の充実と教職センターの機能強化に資することである。この背景には、大学における教員養成と採用後における研修とを接続的に捉える養成・採用・研修の一体化を図る「学び続ける教員」の考えがある。この考えを近年明確に打ち出したのは、中央教育審議会答申「これからの学校教育を担う教員の資質能力の向上について」（2015年12月）である。同答申の提言を受け、教育公務員特例法の改正（2016年11月）によって、教員採用を行う各自治体において教員育成指標が策定されている[1]。

　また、各科目では課程認定に必要な教職課程コアカリキュラムを遵守したシラバスを作成している。こうした対応は、全国の大学において行われているが、同答申からは教員育成指標を教員の養成段階（学部）も含めて策定する趣旨は読み取れるものの、各自治体においては教員養成の段階に関する指標は概念的・包括的な表現に止まっていることが多い。養成段階に関する教員育成指標を詳細に策定している自治体は、東京都にその例[2]があるが、全国的には僅少である。

　さらに、2021年5月の省令改正（教育職員免許法施行規則）により2022年度から義務化された教職課程の自己点検評価の動きを踏まえれば、教職課程の特色化と質保障の実質化は急務の課題である[3]。とりわけ、開放性の原則に基づく教育学部以外の学部・学科において教職課程を置く大学では、教職センターの必要性とその機能強化に関する検討が必要である。現在、大学における教員養成は新たな段階を迎えているといえる。

　そこで、本稿では全学的な教職センターの必要性に関する動向を踏まえ、教職課程のカリキュラムを一層充実させるために実施した学生の教職意識に関する基礎的調査の結果を示し、養成段階における指導の充実に資することとする。本稿では開放性の原則に立つ教育学部以外の学部・学科の教職課程

の状況を想定している。本稿の課題として、次の3点を設定する。

⑴　全学的な教職センター設置の必要性に関する動向について、その根拠となる答申等における内容について考察する。

⑵　教職センターの機能強化に繋げる基礎的調査として、大学生が入学時に抱いている教職イメージに関する質問紙調査を分析した結果について報告する。

⑶　教職課程の履修を希望する学生と希望しない学生による教職イメージの違いについて、学生が目指す小・中・高校の学校種による違いを明らかにする。

2．全学的な教職センター設置の必要性に関する動向

ここでは、全学的な教職センター設置の必要性に関して、中央教育審議会答申等に見られた指摘について考察する。

まず、中央教育審議会答申「教職生活の全体を通じた教員の資質能力の総合的な向上方策について」（2012.8.28）では、教員養成の修士レベル化や教職大学院の充実を目指す論調の中で、次のように教職センター等の全学的な体制整備の必要性を指摘している。

> 　教員養成の質を全学的に高めるため、一部の総合大学では「教職センター」等の全学的な体制を整備し、教員養成カリキュラムの改善等に積極的に取り組んでいる。こうした取組は、総合大学の有する資源・機能の教員養成に対する活用、教育学部の有する資源・機能の全学的活用等の観点からも極めて有効であり、多くの大学で同様の取組を推進することが必要である。

上記答申の内容のうち、教員養成の修士レベル化については、その後若干後退したが、全学的な教職センター設置の必要性に関しては、中央教育審議会答申「これからの学校教育を担う教員の資質能力の向上について〜学び合い、高め合う教員育成コミュニティの構築に向けて〜」（2015.12.21）におい

て、全学的に教職課程を統括する組織の設置について努力義務化することが
次のように提言された。

> これらの組織は、教職課程の内容、学修量、成績評価基準の統一など、
> 効率的・効果的な教職課程の全学的な実施や教職課程の質の維持・向上
> のために極めて有効である。また、前述の学部等の教育課程全体を通じ
> た教員の養成を行うため、これらの組織が中心となって必要な取組を進
> めていくことが期待される。
> こうしたことから、教職課程を置く大学における教員養成カリキュラ
> ム委員会や教職支援センター等の整備状況を踏まえつつ、全学的に教職
> 課程を統括する組織の設置について努力義務化することが適当である。

　続いて、中央教育審議会初等中等教育分科会教員養成部会教職課程の基準
に関するワーキンググループ第3回資料2（2019.6.28）において、課程認定
後の教職課程の質保証・向上に関する現状として、全学的に教職課程を実施
する体制の構築が重要であることが指摘されている。すなわち、教職課程の
全学的なマネジメント体制を整備するため、教職課程センターといった全学
的な独立の組織の設置や、全学教職課程運営委員会といった全学的な会議体
の設置の重要性である[4]。
　さらに、教職課程認定大学に対する実地視察の結果においても、「教職課程
は教員免許状という資格を授与するための課程であることに鑑み、教育課程
及び教員組織を点検する教職支援センターなど全学的組織体制を充実するよ
う」求めたことが報告されている[5]。
　こうした動向に関して、和泉（2017）[6]は、所属する山口大学の「全学教職
課程の質的水準の向上に関する調査研究プロジェクト報告書」に基づき、「全
学の教職課程を組織的に改善していくためには、その中核となる全学組織と
して、専門性の高いスタッフや事務職員からなる『教職センター』の設置は
不可欠」と提言している。また、長谷（2020）[7]は、「教職課程の運営を学科等
や一部の教職員に丸投げするのではなく、全学的に協力して教職課程を運営

する体制を備えることが必要」として、全学的に教職課程を運営する組織の重要性を指摘している。このように、全学的に教職課程を運営する組織構築の必要性は、様々に指摘されており、とりわけ、開放性の原則に立つ教育学部以外の学部・学科に教職課程を置く大学では、独立した教職センターなどの組織が必要であるといえる。

　一方、2022年度から義務化された教職課程の自己点検評価の推進のために、2021年に文部科学省ガイドラインが公表されている[8]。同ガイドラインでは、全学的に教職課程を実施する組織体制の必要性について、教職課程の企画・運営・管理といった機能・役割を独立的に担う「教職課程センター」などの中核組織、または、全体的な戦略の企画や調整に重点を置いた委員会的組織を置くことを例示している。いずれの例にしても、教職課程の自己点検評価の義務化を契機に、教職課程の企画・管理・運営を担う中核的組織の重要性が増している[9]。

　以上の動向を踏まえれば、教職センターの機能は、大学全体のガバナンス強化としての EM（Enrollment Management）および IR（Institutional Research）の動向を視野に入れ、それらと有機的に関連づけることが望ましい。今後は、EM および IR の動向と連動した教職センターの機能強化が必要とされているといえる。こうした動向を踏まえ、以下では、教職センターの機能強化および教職課程の充実に資するために学生に対する教職イメージ調査の結果について考察する。

３．質問紙調査の枠組み

　教職イメージの調査については、当初毎年の調査を計画し、2018年と2019年に調査を実施した[10]。しかし、2020年〜2022年については、コロナ禍のため実施できなかった。そのため、以下では2018年調査の結果に基づき考察する。また、大学・学部・学科名はアルファベット表記とする。対象とした２つの学部は教育学系ではなく、C 学部は総合経営系、H 学部は健康栄養系である。

(1) 実施時期、調査対象、有効回答率等

実施時期：2018年7月5日・12日

調査対象：M大学C学部（K学科、T学科）およびH学部（N学科、S学科）
　　　　　の1年生

回答者数305（欠席者を除いた数）　有効回答数302（有効回答率99.0％）

(2) 質問項目の概要

　属性（性別、高校時部活動、在籍学科）

　小学校、中学校、高等学校における教師のイメージ14項目（5件法）

　教職の志望度4項目（5件法、多肢選択法）

　自由記述（教職に対するイメージ）

4．質問紙調査の結果Ⅰ（教職を志望する理由としない理由）

(1) 教職志望人数

　教職志望者42／302人（13.9％）、教職課程の履修希望者47／302人
（15.6％）

(2) 教職志望の理由（複数回答）

　図1に示したように、教職志望の理由（複数回答）は、「1．入学前から考
えていた」（37人）が最も多く、「8．部活の指導をしたい」（27人）、「2．や

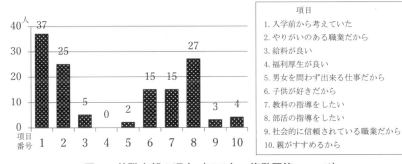

図1　教職志望の理由（2018年、複数回答、n＝42）

りがいのある職業だから」（25人）、「6．子供が好きだから」（15人）、「7．教科の指導をしたい」（15人）が続いていた。「8．部活の指導をしたい」は、教職志望者42人中27人であったが、中でも健康スポーツを専攻するS学科で多く、S学科の教職志望者26人中21人が「8．部活の指導をしたい」を選択していた。

　逆に、「4．福利厚生が良い」（0人）、「5．男女を問わず出来る仕事だから」（2人）、「9．社会的に信頼されている職業だから」（3人）、「10．親がすすめるから」（4人）は少なかった。岡田・梅村・前原・吉本（2018）[11]は、親のすすめによって教職課程を履修する学生の問題を指摘しており、そうした学生の履修状況や教職への意欲については継続的に注意を払う必要がある。

(3) 教職を志望しない理由（複数回答）

　図2に示したように、教職を志望しない理由（複数回答）は、「1．他の職業に就きたい」（135人）が最も多く、「5．自分には向いていない」（84人）、「12．学力が不足しているから」（56人）、「9．保護者への対応が大変そう」（53人）が続いていた。逆に、「4．福利厚生が良くない」（4人）、「3．給料が良くない」（11人）、「2．やりがいがあるとは思わない」（13人）は比較的少なかった。

　以上のように、教職を志望する理由に関しても志望しない理由に関して

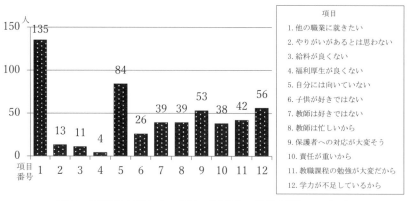

図2　教職を志望しない理由（2018年、複数回答、n＝255）

も、福利厚生を挙げた学生は少なかった。福利厚生に関する回答が少ないのは、調査時期が大学1年の7月であることから、教職の福利厚生に関する知識が乏しいためと考えられる。教員の福利厚生については、教職課程の充実の観点から、教職課程履修の早い段階で「教職論」（教職の意義等に関する科目）などの授業において、教職の使命や責任感といった教職の根幹となる部分を扱ったうえで、福利厚生の内容とその意義についても扱うことが重要であるといえる。

5．質問紙調査の結果Ⅱ（教職イメージ）

(1)　各学校段階における教職のイメージ

　教職のイメージ形成に関する調査は幾つか行われている[12]。教職課程の充実という観点に立てば、自大学における学生がもつ教職イメージを調べておくことは重要である。また、学生の教職イメージは、小学校、中学校、高等学校の各学校段階で異なっていると思われる。

　そこで本調査では、各学校段階における教職イメージを調べるために、学生が各学校段階で接した教師のイメージを、「1．厳しい←→優しい」、「2．不親切←→親切」、「3．威圧的←→受けいれる」、「4．不誠実←→誠実」、「5．突き放す←→寄り添う」など14の観点について双極の質問項目を設定し、それぞれ1～5の5段階で尋ね点数化した。プラスイメージほど点数が高くなる。表1は各項目について学校種別の平均点を表したものである。

　以下では、双極の質問項目に関して、平均点が高い項目はプラスイメージの言葉を平均点が低い項目についてはマイナスイメージの言葉を取り上げる。取り上げる基準は、平均点の離れ具合を考慮し、平均点が高かった項目では3.88以上、平均点が低かった項目では3.23以下とした。

　平均点が高かった項目は、小学校については、「5．寄り添う」（3.92）、「2．親切」（3.90）、「14．仕事熱心」（3.90）、「4．誠実」（3.89）、「8．熱心に指導」（3.89）、中学校については、「4．誠実」（3.90）、「14．仕事熱心」（3.88）、高等学校については、「10．子供の将来を考える」（3.95）であった。

　逆に、平均点が低かった項目は、小学校については、「11．規則でしばる」（3.23）、中学校については、「11．規則でしばる」（3.11）、「1．厳しい」

表1　教職イメージの各項目に関する学校種別の平均点（n =302）

項目番号	1	2	3	4	5	6	7	8	9	10	11	12	13	14
小学校	3.47	3.90	3.77	3.89	3.92	3.45	3.65	3.89	3.72	3.52	3.23	3.55	3.53	3.90
中学校	3.23	3.75	3.59	3.90	3.73	3.36	3.56	3.81	3.59	3.80	3.11	3.47	3.43	3.88
高等学校	3.40	3.67	3.62	3.71	3.58	3.55	3.48	3.53	3.60	3.95	3.17	3.52	3.43	3.71

<table>
<tr><td colspan="2" align="center">教職イメージの項目（観点）</td></tr>
<tr><td>1．厳しい←→優しい</td><td>2．不親切←→親切</td></tr>
</table>

教職イメージの項目（観点）

1．厳しい←→優しい　　　　　2．不親切←→親切　　　　　3．威圧的←→受容的
4．不誠実←→誠実　　　　　　5．突き放す←→寄り添う　　6．お説教的←→耳を傾ける
7．仕事がつまらなそう←→やりがいありそう　　　　　　　8．放任的←→熱心に指導
9．子供の立場を考えない←→考える　　　　　　　　　10．子供の将来を考えない←→考える
11．規則でしばる←→規則の理由を説明　　　　　　　　12．子供の一面のみを見る←→色々な面を見る
13．指導が不公平←→公平　　　　　　　　　　　　　　14．仕事熱心でない←→仕事熱心

表2　学校種別の教職イメージ上位項目

	上位から5項目
小学校	寄り添う、親切、仕事熱心、誠実、熱心に指導
中学校	親切、仕事熱心、熱心に指導、子供の将来を考える、誠実
高等学校	子供の将来を考える、誠実、仕事熱心

（3.23）、高等学校については、「11．規則でしばる」（3.17）であった。いずれの校種においても「11．規則でしばる」の平均点が低く、教師に対して「11．規則でしばる」というイメージが強いことが分かる。また、この中で、中学校の平均点は、項目「1．厳しい」「11．規則でしばる」で他の校種より低い、つまり、マイナスのイメージが強かった。中学生は思春期の多感な時期であり、それが指導する教師に対するイメージに影響していることが示唆された。

　ここで、双極の観点のうちプラス方向の教職イメージは、学生にとっても好ましく受け入れやすい教職イメージであると考えられる。表2は、学校種別に示した教職イメージの上位項目をまとめたものである。教職課程を履修する学生に対しては、教員免許に必要な専門性に加えて、校種に応じたプラス方向の教職イメージを明確に伝えて指導すれば、指導の効果が上がりやす

いと考えられる。

(2) 教職志望度による教職イメージの差（小学校教員に対するイメージ）

　次に、教職志望度により、教職イメージに差があるかを調べた。教職志望度については、質問項目「教師になろうと考えている（教員採用試験を受けるつもりだ）」（5段階）に対して、この質問項目に回答のあった287人（無回答15）に対して、「1」および「2」と答えた学生をL群（n＝183）、「4」および「5」と答えた学生をH群（n＝30）とした。これらの群および人数は、以下の小学校、中学校、高等学校の教員に対するイメージを分析するに際して同一である。

　まず、L群とH群とについて、小学校教員に関する教職イメージの平均点の差をt検定によって分析した。分析には、統計分析ソフトSPSS（ver.23）を用い、等分散性の検定はLeveneの検定によった。

　その結果、表1に示した項目と同じ項目について、項目1～7、9～12、14が5％水準で有意であり、項目8は10％水準で有意傾向、項目13については有意差が見られなかった。項目13は、「13．指導が不公平←→公平」の観点から尋ねたものである。小学校における教職イメージについては、教職志望度のL群、H群間で14項目中13項目において有意または有意傾向の差が見られ、すべてH群の平均点の方がL群の平均点より高かった。しかし、教師の指導の公平・不公平に関しては、教職志望度の高いH群であっても、L群と有意な差ではなかった。

(3) 教職志望度による教職イメージの差（中学校教員に対するイメージ）

　中学校における教職イメージに関するt検定の結果は、項目2～14が5％水準で有意であり、項目1については有意差が見られなかった。項目1は、「1．厳しい←→優しい」の観点から尋ねたものである。中学校における教職イメージについては、教職志望度のL群、H群間において14項目中13項目で有意な差が見られ、すべてH群の平均点の方がL群の平均点より高かった。しかし、教師の厳しい・優しいイメージに関しては、教職志望度の高いH群であっても、L群と有意な差ではなかった。項目1は、小学校・中学校・

高等学校の学校種の中で中学校が最も平均点の低い項目であり、総じて中学校の教員に対しては比較的厳しいというイメージがあるといえる。

⑷ 教職志望度による教職イメージの差（高等学校教員に対するイメージ）

　高等学校における教職イメージに関するt検定の結果は、項目7が5％水準で有意であり、項目8については10％水準で有意傾向が見られた。他の項目については、有意差は見られなかった。項目7は、「7．仕事がつまらなそう←→やりがいありそう」の観点から尋ねたものであり、H群の平均点の方がL群の平均点より有意に高かった。項目8は、「8．放任的←→熱心に指導」の観点から尋ねたものであり、H群の平均点の方がL群の平均点より有意傾向で高かった。

　これら以外の12項目については、必ずしもH群の方がL群より平均点が高いとはいえず、有意または有意傾向の差も見られなかった。総じて、高等学校に関しては、小学校・中学校に比べて、教職志望度による教職イメージの差は少ないといえる。高等学校については、一般的な教職イメージよりも教員の個別性や専門性の影響が強いと考えられる。高等学校の教師に求められる能力として教科の専門性があり、今回の質問紙調査で尋ねた項目については、教職イメージの差が少なかったと考えられる。教職課程のカリキュラム充実の観点からは、高等学校の教員免許を目指す学生には、教科の専門性の指導が重要になるといえる。

6．本稿のまとめと今後の課題

　本稿では、全学的な教職センターの必要性に関する動向を踏まえたうえで、教職課程のカリキュラムを一層充実させるための基礎調査の結果について報告した。本稿の内容は、次の3点にまとめられる。

⑴　全学的な教職センター設置の必要性は、中央教育審議会答申等によって提言されてきた。とりわけ、開放性の原則に立つ教育学部以外の学部・学科に教職課程を置く大学では、独立した教職センターなどの組織が必要である。また、2022年度から義務化された教職課程の自己点検評価の推進のために、教職課程の企画・運営・管理といった機能・役割を独立的に担う中核組

織が重要であり、大学全体のガバナンス強化としての EM および IR と連動した教職センターの機能強化が必要とされている。

⑵　大学生が入学時に抱いている教職イメージに関する質問紙調査の結果では、教職を志望する理由においても志望しない理由においても福利厚生に関する回答が少ないことが明らかになった。教員の福利厚生については、教職課程の充実の観点から、教職課程履修の早い段階で「教職の意義等に関する科目」などで、教職の使命や責任感といった教職の根幹となる内容を扱ったうえで、福利厚生の内容とその意義についても扱うことが重要である。

⑶　教職課程を履修する学生に対しては、学校種によって教職イメージが異なるため、教員免許に必要な専門性に加えて、校種に応じたプラス方向の教職イメージを明確に伝えて指導すれば、指導の効果が上がりやすいと考えられる。また、教職志望度による教職イメージの差については、総じて高等学校の方が小・中学校に比べて有意差のある項目が少なかった。その要因として、高等学校の教師には、教科の専門性がより強く求められ、一般的な教職イメージよりも教員の個別性や専門性の影響が強いためと考えられる。高等学校の教員免許を目指す学生には、教科の専門性の指導がより重要になるといえる。

　また、今後の課題として、2022年度から義務化された教職課程の自己点検評価を実施するに当たり、大学全体のガバナンスの観点から、EM および IR の動向を視野に入れつつ教職課程の自己点検評価を教職課程および教職センターの機能強化にどう連動していくかが、大学の教員養成として重要な実践的・経営的課題になるといえる。

注

1) 中央教育審議会答申（2015.12.21）を受けた各自治体の動向を踏まえ、本学教職センターでは、2019年度から教職課程で育成する教員像の中に、「学び続ける教員」を組み入れている。（山﨑保寿「松本大学教職センターにおける教員養成と教職キャリア形成に関する考察―教員育成指標を踏まえた教員養成と教職キャリアの形成―」『松本大学研究紀要』第18号、2020年３月、pp.139-152）

2）東京都教育委員会『東京都教職課程カリキュラム』2017年10月

3）五島敦子「教職課程の自己点検・評価の義務化に向けた課題―教職課程の教育と運営に関する歴史と現状―」『南山大学教職センター紀要』第8号、2021年11月、pp.1-13

4）同資料（2019.6.28）では、認定課程を有する大学において教職課程センターといった全学的な独立の組織の設置や、全学教職課程運営委員会といった全学的な会議体を設置している大学が多いことを次の調査結果で示している。

　公益財団法人大学基準協会調査（2017年9月実施、一種免許状の認定課程を有する501大学対象）

　・教職課程センターといった全学的な独立の組織を設置（35.7％）

　・全学教職課程運営委員会といった全学的な会議体を設置（78.2％）

　（https://www.mext.go.jp/content/1419013_003.pdf：閲覧日2022年6月30日）

5）中央教育審議会初等中等教育分科会教員養成部会「令和元年度教職課程認定大学等実地視察について」（https://www.mext.go.jp/a_menu/shotou/kyoin/menkyo/shisatu/1420159_00001.htm：閲覧日2022年6月30日）

6）和泉研二（山口大学教育学部副学部長）「教職センターの設置を軸とした全学教職課程の改革～全学センターの果たす役割への期待～」『SYNAPSE』vol.55、2017年2・3月、pp.36-37

7）長谷浩之（文部科学省大臣官房総務課法令審議室長）「教職課程・教職課程認定制度の基礎」『SYNAPSE』No.75、2020年7月、p.20

8）教職課程の質保証のためのガイドライン検討会議『教職課程の自己点検・評価及び全学的に教職課程を実施する組織に関するガイドライン』2021.5.7

　（https://www.mext.go.jp/content/1419013_003.pdf：閲覧日2022年6月30日）

9）森山賢一「教職課程の質保証と自己点検・評価」玉川大学『教師教育リサーチセンター年報』第11号、pp.9-16

10）調査の実施に当たっては、M大学研究倫理に関する配慮事項を踏まえた。

11）岡田圭二・梅村清治・前原裕樹・吉本篤子「愛知大学教職課程の学生における教職の志望度と志望理由の関係について(3)―志望の程度と理由の関係に注目して、2018年度の場合―」『愛知大学教職課程研究年報』第8号、2018年、pp.49-56

12）野口隆子「大学生の学校経験想起による教師イメージ」立教大学教職課程『教職研究』第28号、2016年、pp.87-92

　山﨑準二「教職課程履修学生に関する2018年度調査報告―被教育体験に焦点を当てての考察―」『学習院大学教職課程年報』第5号、2019年、pp.81-93

現職教員研修の現状を改善する今後の在り方
—教育行政と大学との協働による研修に向けて—

吉田佳恵（横浜薬科大学）

Future Ideas for Improving the Current Status of
In-service training of teachers:
Toward Training in Collaboration with
Educational Administrations and Universities

YOSHIDA Yoshie（Yokohama University of Pharmacy）

In-service training of teachers system, the teacher license renewal system was introduced on April 1, 2009 and will be dissolved developmentally on July 1, 2022. As a result, a new teacher In-service training of teachers system will be introduced.

Therefore, we summarized the background and purpose of the introduction of the teacher license renewal system, as well as the background and issues of the developmental dissolution of the system. Problems include the sequential nature of the introduction of the new in-service training of teachers system and the short preparation period. In addition, there are a number of issues that need to be considered in the new system.

In light of these points, future prospects and models are discussed. Three points are mentioned here: enhancement of training based on years of experience and job level, enhancement of research and training by supervisors, and training through collaboration between the educational administration and universities.

1．はじめに

　現職教員の研修制度に関しては、2007（平成19）年6月の教育職員免許法の改正により、2009（平成21）年4月1日から教員免許更新制が導入されて取り組まれてきたが、2022（令和4）年5月の教育職員免許法の改正で、同年7月1日から教員免許更新制が発展的に解消され、新たな転換期を迎えている。

　教員免許更新制の改善を含む研修制度をめぐっては、2021（令和3）年1月26日の中央教育審議会（第10期）答申「『令和の日本型学校教育』の構築を目指して～全ての子供たちの可能性を引き出す、個別最適な学びと、協働的な学びの実現～」において、「『令和の日本型学校教育』を実現するための、教職員の養成・採用・研修等の在り方」は「今後更に検討を要する事項」にとどめられ、課題が先送りされる形となった。次の第11期中央教育審議会には「『令和の日本型学校教育』を担う教師の在り方特別部会」（以下、特別部会と略す）が設置され、その下に設置された教員免許更新制小委員会により、同年11月15日に「『令和の日本型学校教育』を担う新たな教師の学びの姿の実現に向けて（審議まとめ）」が取りまとめられ、教員免許更新制の評価と課題を整理し、併せて教員免許更新制の発展的解消が示された。これを受けて、国では教育公務員特例法及び教育職員免許法の一部を改正する法律（令和4年法律第40号）を成立させ、教育委員会による教師の研修履歴の記録の作成と当該履歴を活用した資質向上に関する指導助言等の仕組み等を規定する内容に改め、同特例法を2023（令和5）年4月1日から施行するものとした。

　一方で、先の特別部会では、2022年10月5日に「『令和の日本型学校教育』を担う教師の養成・採用・研修等の在り方について～『新たな教師の学びの姿』の実現と、多様な専門性を有する質の高い教職員集団の構築～（中間まとめ）」を公表し、その後には答申素案が示され、最終答申に向けた議論が続いている。この間にも、先の改正法による改正後の教育公務員特例法第22条の2に基づく大臣指針の改正等が次々と公表され、2022年8月31日官報告示「公立の小学校等の校長及び教員としての資質の向上に関する指標の策定に関する指針の改正（令和4年文部科学省告示第115号）」、同年同日策定「研修履歴を活用した対話に基づく受講奨励に関するガイドライン」、同年同日改

定「指導が不適切な教員に対する人事管理システムのガイドラインの改定」の発出が続いた。こうした動きを踏まえ、全国の教育委員会には、所管の学校及び域内の市区町村教育委員会等に対して、改正の周知を図るとともに、適切な事務処理に取り組むことを要請した。さらに、新たな教師の学びを早期に実現していく観点から、関係機関等に向けて、当該施行日を待つことなく、研修等に関する記録や資質の向上に関する指導助言等に関し可能なことから着手し、できる限り速やかに今回の制度改正の趣旨を実現する取組を実施するよう促してきたところである。

このように、教員免許更新制の発展的解消に伴い、各都道府県等教育委員会においては、先の中間まとめから答申まで大きな変更が見られないとしても、答申を待たずして、先の大臣指針の改正等に基づき、研修制度等の見直しと構築を図り、遅くとも2023（令和5）年4月1日から実施するという短期間での取組が求められている状況にある。

そこで本稿では、現職教員の研修制度の見直しが急速に進められている現在、今後の教員研修の充実に資する考察に取り組み、筆者の教育行政での現職教員研修に関する研究や実際の研修指導の経験、そして教育委員会での指導主事等に対する指導・助言等の経験をも踏まえて、従前の研修制度の経過と現状における諸課題を整理したうえで、今後の改善の方向性について論究していきたい。

2．教員免許更新制の経緯と課題

(1) 導入の経緯と目的

教員免許更新制は、これまでの経過の中で、その時々で求められる教員として必要な資質能力が保持されるよう、定期的に最新の知識技能を身に付けることで、教員が自信と誇りを持って教壇に立ち、社会の尊敬と信頼を得ることを目指すものであって、不適格教員の排除を目的としたものではないと国は指摘してきた。

遡ること2000（平成12）年12月22日「教育改革国民会議報告—教育を変える17の提案—」において、「4．新しい時代に新しい学校づくりを」として「◎教師の意欲や努力が報われ評価される体制をつくる」観点からの提言の

一つとして教員「免許更新制の可能性を検討する」ことが明記された。そして、2002（平成14）年２月21日の中央教育審議会「今後の教員免許制度の在り方について（答申）」では、教員免許更新制の可能性について、①教員の適格性確保に置く場合と②教員の専門性向上に置く場合とに分けて、その仕組みを想定し検討して、更新制を導入することは慎重にならざるを得ないとした。2006（平成18）年７月11日の中央教育審議会「今後の教員養成・免許制度の在り方について（答申）」では、「２．教員をめぐる現状」として６つを挙げたうえで、５つの具体的方策である「１．教職課程の質的水準の向上」「２．『教職大学院』制度の創設」に続く、「３．教員免許更新制の導入」において、教員免許更新制の導入が適当であると結論づけている。具体的には、「今回提言する更新制は、その時々で必要な資質能力に刷新（リニューアル）することを目的とするものであり、平成14年の答申で検討した更新制とは、基本的性格が異なるもの」で、「教員として必要な資質能力は、本来的に時代の進展に応じて更新が図られるべき性格を有しており、教員免許制度を恒常的に変化する教員として必要な資質能力を担保する制度として、再構築することが必要である」とした。そして、３．(2)の「４．免許更新講習の在り方」の「１）講習の開設主体と国による認定」として、「教員免許状が更新されるかどうかは、資格の得喪に関わる問題であり、また、更新されればすべての都道府県で公証力を有するものとなること」から、「全国的に一定の水準が維持されるよう、あらかじめ、国が免許更新講習の認定基準（例えば、講習内容、方法、修了目標等に係る基準）を定め、開設主体からの申請に基づき、国が認定を行うこととすることが適当」であり、認定後も定期的にチェックを行い、免許更新講習の質の確保に努めることが必要であると指摘している。「５．採用、研修及び人事管理等の改善・充実」では、現職教員研修について次のような役割分担が示されている（筆者整理）。

・都道府県等教育委員会においては、更新制の導入により、生涯にわたり教員の資質能力を保証するという制度的基盤が確立されることから、今後の現職研修は、基本的に個々の教員の能力、適性等に応じた多様な研修を行い、その成果を適切に評価していくという性格を一層強めていくことが必要である。また、信頼される学校づくりを進めていくために

は、校長や教頭等の管理職に優れた人材を得ることが極めて重要であり、教員評価を行う評価者としての能力の向上等が求められていることから、各教育委員会においては、管理職や管理職候補者を対象として、これらの能力向上のための研修を一層充実することが必要である。

・国においては、各教育委員会における研修が多様化する中で、研修の成果の把握や評価方法等についてモデルを作成するなど、全国的な水準を確保するための方策について検討することが必要である。あわせて、多様な経歴を有する教員が増加している状況を踏まえ、個々の教員のキャリアに応じた柔軟な研修体系や研修内容について検討することが必要で、独立行政法人教員研修センターは、全国的な教員の資質能力の向上を担うナショナルセンターとしての役割・機能を、これまで以上に発揮していくことが求められる。

なお、2007（平成19）年1月24日「教育再生会議第一次報告」において、「4つの緊急対応」の一つとして「教育職員免許法の改正（教員免許更新制導入）【平成19年通常国会に提出】」が記された。そして「真に意味のある教員免許更新制の導入」として、導入は必要だが、10年ごとに30時間の講習受講のみで更新するのではなく、厳格な修了認定とともに、分限制度の活用により、不適格教員に厳しく対応することを求めるものとなっている。

その後、同年12月25日の中央教育審議会教員養成部会「教員免許更新制の運用について（報告）」が公表され、講習の開設認定要件などが示された。

こうした経過を経て、2007年6月の改正教育職員免許法成立後から約2年の準備期間を経て、2009（平成21）年4月1日に教員免許更新制が導入されたことになる。5年後には、2014（平成26）年3月18日の教員免許更新制度の改善に係る検討会議「教員免許更新制度の改善について（報告）」により、制度の見直しが図られた。さらに、2016（平成28）年11月に、教育公務員特例法が改正され、十年経験者研修が中堅教諭等資質向上研修に見直されたことなどを踏まえ、各都道府県教育委員会等に対して、教員の負担を軽減する観点から、免許更新講習の科目と中堅教諭等資質向上研修等の科目の整理・合理化や相互認定の促進を図るよう促された。

(2) 発展的解消の経緯と課題

　発展的解消の経緯については、前述のとおりであるが、先の小委員会の審議まとめでは「教員免許更新制の評価と課題」を整理している。そこには、免許更新講習の受講による最新の知識技能の修得効果については、一定の評価を受けている側面もあるが、成果が効率的に上がっていると判断することには慎重にならざるを得ないとしている。また、現代の社会の急激な変化に即応するという観点に立てば、10年に１度限られた期間に講習を受講することで得られる成果は限定的になってきていると指摘された。課題については５点を挙げ、①教員免許更新制の制度設計（免許状が失効する制度に関係者が課題を感じていること）、②教師の負担（教師の多忙化が進む中で、教師が免許状更新講習受講や手続等に時間を割くことの負担が大きくなっていること、学校における「働き方改革」を進めることが急務であるにも関わらず、教員免許更新制に起因する負担が生じていること）、③管理職等の負担、④教師の確保への影響、⑤講習開設者の負担が記されている。発展的解消の理由について、「免許状の効力と関連させながら、10年に１度、２年間の間にすべての教師に一定の学習を求める教員免許更新制は、教師が常に最新の知識技能を学び続けていくという『新たな教師の学びの姿』と整合的とはいえず」かつ「更新しなければ職務上の地位の喪失を招きかねないという制約の上での学びは形式的なものとなりかねない」からであるとしている（先の中間まとめでの表記）。また、これまで教員免許更新制で制度的に担保してきた最新の知識技能の修得については、「平成28年の教育公務員特例法の改正による教育委員会における教員育成指標等に基づく体系的な研修の仕組みの導入や、オンライン教育の飛躍的充実、教職員支援機構の機能強化といった教員免許更新制導入後の取組」に加え、新たに「教育委員会による教師の研修履歴の記録の作成と当該履歴を活用した資質向上に関する指導助言等の仕組みを導入すること」により、総じて代替可能であると結論づけている。

　新たな教員研修制度の導入に向けては、前述のとおり2022（令和４）年８月に大臣指針の改正等がなされ、また同年度の第２次補正予算には「『新たな教師の学び』を支える研修体制の構築」として、「教員研修高度化推進支援事業」（「『新たな教師の学び』に対応したオンライン研修コンテンツ開発」と

「教員研修の高度化モデル開発」）、「研修受講履歴記録システム・教員研修プラットホームの一体的構築」の2事業が計上され、実現を目指している。

　そして、免許更新制の発展的解消に伴う新たな教員研修制度の導入に際して、地方教育委員会には、資質の向上に関する指標の改定、研修履歴の記録の作成等や指導助言等の仕組みの構築、研修主事の設置の有無の検討、それらに伴う教員研修の内容の見直し、さらには「指導に課題がある」教諭等に対する対応の見直しなど、現職教員研修の体系的な見直し及び実施に向けた準備が迫られるところとなり、導入時の約2年間の準備期間に比して、約半年という短期間で行うことになることそのものが大きな課題といえる。それらのうち、研修履歴の記録の作成等や指導助言等の仕組みの構築に関しては、前述のガイドラインでは「できる限り教師個人に負担のかからないような効率的な記録方法とすることも重要」としている。教員免許更新講習におけるアンケートでは、受講にあたっての負担感を「講習時間」「移動、宿泊等にかかる時間」「受講費用」「業務との兼ね合い」「職場の教員への配慮」「受講予約」の6つの観点で度合いを尋ね、「受講費用」（87.0%）「講習時間」（84.7%）の順で「かなり負担に感じた」「やや負担に感じた」の割合が高いという結果となっている（令和3年度「免許更新制高度化のための調査研究事業」による、調査機関：みずほリサーチ＆テクノロジーズ株式会社）。研修履歴の記録等の仕組みを実行性のあるものとしつつも、負担とならないようにするためには、仕組みの構築とともに、指導助言者の育成や教員への事前の周知など、検討・準備事項に比してそのための期間の短さは否めない。ガイドラインには「研修推進体制の整備と同時に、指導主事や主幹教諭の配置充実も含め、国と地方が一丸となって、指導体制の充実を図る」ことにも「十分に留意しなければならない」としている。この実行にも予算確保や人材育成などの時間が必要であり、言い換えれば、体制の充実が十分でないままのスタートとならざるを得ないことも課題である。また、前述のとおり、免許更新講習には一定の成果もあるが課題も少なからずあるとされ、先のアンケートによると受講内容が現在の教育現場で「役立っている」「やや役立っている」との回答は3割程度（33.4%）となっている。希望どおり受講できなかった理由として最も多かったのが「講義の内容が期待していたものではなか

った」(34.1%) で、自由回答には「内容が求めているものとかけ離れていた」
「実務とあまり関係のない内容も多かった」「当たり前の内容が多く、より深
い内容について勉強したかった」などが挙げられていた。このことは筆者自
身の受講経験とも合致する。先の審議まとめには「教育委員会や教職員支援
機構が開設した研修、民間の様々なセミナー等を含め、優良な学習コンテン
ツが数多く存在しており、こうした学習コンテンツを積極的に活用していく
ことも想定」されるが、「個々の学習コンテンツの質が保証されているか一人
一人の教師が判断することは容易ではなく、全国的な観点からその質が保証
されていることが明らかとなる仕組みが機能すること」が求められるとして
いる。免許更新講習等のコンテンツの活用や新たなコンテンツの開発にはな
お時間を有することが想定される。また、オンライン型やオンデマンド型の
研修も想定されているが、どのように視聴時間や課題に取り組む時間を確保
するのか、その仕組みと運用も課題となる。いずれを見ても、できる限りで
の準備によるスタートと、それに伴う同時並行での継続的な検討・見直しが
想定されることは、今回の現職教員の研修制度の見直しにおける最大の課題
と考える。

３．現職教員研修に係る現状と課題

　前述のように免許更新制の発展的解消と現職教員の研修体制の見直し、実
施に向けては多くの課題を残していることから、ここでは文部科学省による
調査データや地方公共団体がホームページ上で情報公開をしている内容に基
づき、現職教員研修に係る現状と課題について整理しておきたい。

(1)　採用と研修の一体化と実行性

　新たな教員研修制度の構築に向けては、前述のように、「研修推進体制の整
備と同時に、指導主事や主幹教諭の配置充実も含め、国と地方が一丸となっ
て、指導体制の充実を図る」ことにも「十分に留意しなければならない」と
されている。地方教育委員会においては、採用と研修の一体的な見直しが必
要であり、研修に掛かる予算と人材確保について、首長との調整が重要とな
る。実行性のある施策とするためには、筆者の経験からも、各教育委員会に

おける教育振興基本計画のみならず、「教育、学術及び文化の振興に関する総合的な施策の大綱」（以下、教育大綱と略す）に位置付け、具体的に取り組むことが肝要となる。そこで、現時点での教育大綱において、採用・研修の記載の有無等について、67都道府県・指定都市を対象にホームページ上で情報公開されている内容を調べた。その結果、人材確保と研修の充実・改善に関して明記している地方公共団体は29.9％にとどまり、この他では人材確保のみ11.9％、研修の充実・改善のみ11.9％であった。人口減少や少子高齢化の加速など、厳しい財政状況や人材不足に置かれている地方公共団体においては、教員の採用・研修に掛かる財源や人材の不足は否めない。各地方公共団体のみでは実現が難しい状況を鑑み、国の第4期教育振興基本計画（2023年度から）の基本的な方針と教育政策の目標・指標において、採用・研修に係る実行性のある内容が示され、国による直接的な予算補助が俄かに行われることを期待したいところである。

　研修を担う指導主事については、その職務が教員の職務内容と密接な関係があるため、大学以外の公立学校教員をもって指導主事に充てることができ、指導主事の職務に従事している間、その教員は教員の職務に従事しないとされる、いわゆる「充て指導主事」が一定数存在している状況にある。教員の大量退職・大量採用に伴い、指導主事の配置に苦慮する状況にあり、育成にも課題が見られる。校内研修をも含む、研修履歴の記録の作成等や指導助言等の仕組みを実行性のあるものとするためには、計画的な指導主事の育成と配置が必須であり、そのための施策・方策が必要であることは言うまでもない。

⑵　教員研修体系と課題

　教員研修の実施体系については、次ページの図のように示されている（文部科学省 https://www.mext.go.jp/a_menu/shotou/kenshu/1244827.htm）。

　都道府県等教育委員会が実施する法定研修のうち、中堅教諭等資質向上研修については、文部科学省の実施状況調査結果（令和2年度）によると、研修の対象となる教職経験年数（単年及び複数年設定を合わせた数）は8年目〜12年目で、どの校種も11年目が最も多くなっている。研修の対象となる教

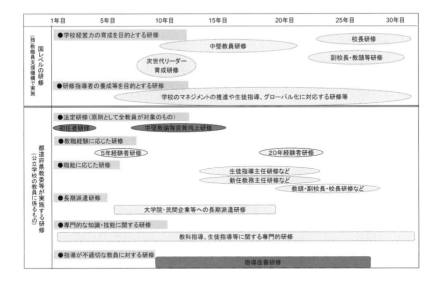

教員研修の実施体系

| | 1年目 | 5年目 | 10年目 | 15年目 | 20年目 | 25年目 | 30年目 |

国レベルの研修（独）教職員支援機構で実施
- ●学校経営力の育成を目的とする研修
  - 中堅教員研修
  - 次世代リーダー育成研修
  - 校長研修
  - 副校長・教頭等研修
- ●研修指導者の養成等を目的とする研修
  - 学校のマネジメントの推進や生徒指導、グローバル化に対応する研修等

都道府県教委等が実施する研修（公立学校の教員に係るもの）
- ●法定研修（原則として全教員が対象のもの）
  - 初任者研修
  - 中堅教諭等資質向上研修
- ●教職経験に応じた研修
  - 5年経験者研修
  - 20年経験者研修
- ●職能に応じた研修
  - 生徒指導主任研修など
  - 新任教務主任研修など
  - 教頭・副校長・校長研修など
- ●長期派遣研修
  - 大学院・民間企業等への長期派遣研修
- ●専門的な知識・技能に関する研修
  - 教科指導、生徒指導等に関する専門的研修
- ●指導が不適切な教員に対する研修
  - 指導改善研修

職経験年数（複数年で設定の場合）の例としては、6、7年目、11年目より5年間、前期：5～7年目と後期：12～15年目などが挙げられている。

　また、研修対象者のいた64都道府県・指定都市のうち、免許更新講習としての認定を受けている割合は20.3%で、免許更新講習の受講により中堅教諭等資質向上研修の一部を受けたこととする取組は40.6%となっている。免許更新制を前提とした研修を設定していることから、その見直しとともに、研修履歴の記録等の位置付けが課題となる。職能に応じた研修に関しては、教職経験者研修・職階研修その他の研修等実施状況調査結果（文部科学省、令和元年度）によると、教職経験者研修は2年目・3年目・4年目・5年目・6年目・7年目・8年目・9年目・15年目・20年目など、実施状況は多様で、大学・大学院との連携も見られ、免許更新講習としての認定など先と同様の取組も見られる。職階研修の実施状況としては、67都道府県・指定都市では、校長（100%）、副校長・教頭（100%）、主幹教諭（58.2%）、指導教諭（29.9%）となっており、主幹教諭と指導教諭については実施状況に差が見られる。先

の受講奨励に関するガイドラインでは、研修履歴を活用して行う対話に基づく受講奨励は、法律上、指導助言者である教育委員会が行うこととされているが、実際上は、校長が行うことが想定されるとしている。また、校長が副校長・教頭などの他の学校管理職と役割分担することも想定されており、場合によっては、当該学校の規模や状況に応じて、主幹教諭など学校管理職以外の者に一部を担わせることも可能であるとしている。また、教員研修制度の見直しに伴う学校教育法施行規則の改正により、学校に研修主事を置くことができ、指導教諭または教諭をもってこれに充てることができるとされた。こうしたことから、主幹教諭、指導教諭の研修の実施と充実が課題となる。あわせて、研修主事の負担を考慮した人的配置など、指導体制の充実を図ることが国及び地方公共団体における喫緊の課題と考える。

　国レベルの研修については、先の審議まとめでは、「我が国における養成・採用・研修の一体的改革を担う中核拠点である独立行政法人教職員支援機構」の果たすべき役割が示されている。これまでにも、学校経営力の育成を目的とする研修、研修のマネジメントを推進する指導者の養成等を目的とする研修が企画・実施されているが、「公立の小学校等の校長及び教員としての資質の向上に関する指標の策定に関する指針の改正」（以下、改正指針と略す）に基づき、教育委員会のモデルとなる、経験年数や職名別の研修プログラムの開発・公開を期待するところである。また、今回の教員研修体制の見直しと連動し、2022（令和4）年5月から「新たな教師の学びのための検索システム」が公開・運用されている。これは、教師がその資質向上のために広く学ぶことのできる機会を提供することを目的とした情報データベースで、各機関が提供している研修、学習コンテンツ等の情報を検索できるシステムである。これにより利便性は向上したが、先の審議まとめにあるように、全国的な観点からの個々の学習コンテンツの質が保証されていることが明らかとなる仕組みの構築・公開に期待するところである。

4．現職教員研修の展望

　ここまでの課題を踏まえ、今後の現職教員研修の展望とモデルについて考察する。地方教育委員会による現職教員の研修制度の構築に当たっては、ま

ず国が指針と研修体系や必須の内容を示し、ナショナルカリキュラムセンターの役割を担う国立教育政策研究所による研究成果も踏まえ、独立行政法人教職員支援機構がモデルプランを示し、国による人的・物的な研修推進体制の整備に係る予算の確保も受け、それらを基にしながら、各教育委員会では新たな研修体系を図り、一定の準備期間を経て導入するといった順序性が保たれることが最も望ましいと考える。社会の在り方が劇的に変わる状況における教員に求められる資質・能力の見直しや、教員の指導力向上は喫緊の課題であるものの、今回の教員研修制度の見直しは、準備期間があまりにも短く、教育委員会間で温度差が生じないことを注視するものである。

　個別の研修履歴の記録の作成等においても、研修の基盤となる地方教育委員会が実施する研修について、これからの研修体系・内容の検討に資するよう改善に向けて対応の推進が図られたいところである。

(1)　経験年数と職名に応じた研修の充実

　先の改正指針においては、職責、経験及び適性に応じた成長段階の設定として、「指標においては、教員等の成長段階に応じた資質の向上の目安とするため、学校種や職の指標ごとに複数の成長に関する段階を設けることとする。その際、必ず、新規に採用する教員に対して任命権者が求める資質を第一の段階として設ける」こととしている。そして、校長の指標としては「学校経営方針の提示、組織づくり及び学校外とのコミュニケーションの3つに整理」されている。教師に共通的に求められる資質・能力は「①教職に必要な素養、②学習指導、③生徒指導、④特別な配慮や支援を必要とする子供への対応、⑤ ICT や情報・教育データの利活用の5つの柱で再整理」されている。なお、中堅段階以降も含めた研修機会の充実として、研修内容の系統性の確保（シリーズ化、グレード化、関連付け等）なども記されている。

　教員の確保等に伴い、採用までのキャリアも多様化しているものの、教員として必要な資質・能力の育成には、各都道府県等教育委員会による求められる教員像を踏まえた選考試験により、初年次研修が重要となることは先の改正指針にも通じる。その後、職責、経験及び適性に応じた成長段階を設定し、経験年数に応じた研修が用意されているが、公立学校の場合には一定期

間での異動により、改正指針の②〜⑤の内容においても、学校や地域の実態、また高等学校においては課程や学科等により異なることから、経験年数に限らず異動に伴う必要な研修内容を選択できるようにすることも必要であると考える。また、職名が変わる可能性のある経験年数等においては、職名ごとの責務や業務内容の概要理解、教職大学院等での研修の仕組み、また教育委員会や首長部局への異動の可能性もあることから、今後のキャリアを考えるうえで、そうした教育行政等の仕組みの概要理解を図る内容を研修に組み込むことを人材育成の観点から検討することも看過されるべきではない。

　そして、職名に応じた研修としては、校長、副校長・教頭、主幹教諭、指導教諭、研修主事の悉皆研修は必須と考える。大量退職に伴い管理職、主幹教諭、指導教諭の人材不足が深刻となる中で、管理職となる前の職名段階から、職名ごとの責務や業務内容の理解、教育行政等の仕組みの理解を図る内容を研修に組み込むことを検討したい。筆者の経験から、所管である市町村教育委員会、都道府県教育委員会の組織、予算や人事に関する理解が十分ではないために、必要な対応がなされていなかったり、不必要な時間を要していたりする場面が少なからず見受けられる。先の改定指針に関わる学校経営方針の作成や組織づくり及び学校外とのコミュニケーションの側面からも、また学校の経営という特殊性もあることから、授業評価のための研修内容とともに、予算や人事の仕組みを理解するための研修内容は、円滑な業務遂行の観点から検討したいところである。

　また、人材育成の観点から、年間を通じた実施と研究成果のまとめを含む研修講座の実施も検討に値すると考える。神奈川県立総合教育センターにおいては、平成13年度から数年間、各学校や地域における特色ある学校づくりや魅力ある授業づくりをコーディネートし、カリキュラムづくりの中心となる人材を育成すべくコーディネーター育成事業が行われていた。平成13年度は「特色ある学校づくり」「授業づくり」「情報化」「外国語教育・国際化」の４つの講座が実施されているが、これは新たな課題を見据えた施策に応じた人づくりに３年前から取り組むというもので、推薦等による受講者が年間10日程度の研修を受け、研究とその発表も行い、受講修了者は拠点となる学校に配置され、学校や地域の中核としての役割を担い、その後は多くが指導主

事や管理職等への道を進んでいる。こうした長期にわたる教育委員会主導の
研修もまた重要であると考える。

(2) 指導主事の研修と研究の充実

　指導主事は専門的教育職員として、地方教育行政の組織及び運営に関する
法律第18条第3項により「上司の命を受け、学校における教育課程、学習指
導その他学校教育に関する専門的事項の指導に関する事務に従事する」とさ
れている。そして、同法同条第4項により「教育に関し識見を有し、かつ、
学校における教育課程、学習指導その他学校教育に関する専門的事項につい
て教養と経験がある者でなければならない。指導主事は、大学以外の公立学
校の教員をもって充てることができる」とされている。大量退職・大量採用
といった教員採用におけるひずみの中で、指導主事の人材不足は教育委員会
における課題となっている。こうしたことから、指導主事を対象とした研修
を教員研修体系に位置付け、計画的な研修の実施が人材育成や今回の研修履
歴の記録の作成等に伴う指導助言等の仕組みにおいては重要であると考え
る。そのためにも、都道府県市町村等の教育研究所や教育センター（以下、
教育センターと略す）のシンクタンクとしての役割が重要となる。かつては
カリキュラムセンターの設置や機能充実が進められ、教育センターで研究を
進め、その成果を生かした研修が行われていたが、現在では研究機能の縮減
が見られる。筆者の調査によると、67都道府県・指定都市のうち、独立した
部署として研究部門を有する教育センターは32.8％にとどまり、この他で事
業体系等に研究の明記がある割合は49.3％であった。指導主事の研修におい
ては、教育研究の実施方法や施策立案に係る内容を含めることを考えたい。
指導主事が教育研究論文を作成できてこそ、国の研究開発学校や都道府県等
指定研究校での指導が可能であると考える。指導主事や教員の負担軽減とい
った側面に留意しつつも、国や地域の大学等との連携により、また教員を調
査研究協力員として、先を見据えた研究や最新の知識・技能の活用に当たっ
ての事例研究、成果をまとめた研究集録や手引きの作成、研究発表会の実施
は、指導主事としての力量を高め、研修や研究における指導助言の充実、校
内研修の充実、ひいては次の指導主事となる教員の育成にもつながる。

⑶　**教育行政と大学との協働による研修**

　前述の指導主事の研修を支える研究機能の充実とも相まって、研究においてはスーパーバイザーとして、また研修においては講師として、国や大学との連携は、研修の質の向上や充実において重要であると考える。

　一方で、各大学では、大学所在地の都道府県以外からも学生が集まり、卒業後も所在地の都道府県の教員になるとは限らないことは周知のことである。大学ではまず、教職課程コアカリキュラムに基づき、教員の養成を行うことが責務である。教職課程については、2019（平成31）年4月1日から、全国の大学において、新たに履修内容を充実した教職課程が実施された。これは、履修すべき事項を約20年ぶりに全面的に見直し、作成されたコアカリキュラムに基づくもので、実施に向けては法令改正に対応した授業科目や専任教員などの体制を整えているかどうかについて、全ての教職課程を対象に、中央教育審議会で審査（いわゆる再課程認定）が行われた。実施から数年たった現時点でも、教職課程の認定の際に留意すべき事項が付された大学に対する事後調査対応が完了していない状況が見られる。これは担当する教員に当該科目に関する10年以内の研究業績等として、活字業績が求められていること等による。さらに、新コアカリキュラムが作成され、2022年度入学生から新たな科目も実施されることになる。こうした状況も踏まえ、地方教育委員会が研修体系を構築し、研修内容や研究に関して連携可能な大学及び大学教員を検討し、依頼することが必要であると考える。

　前述のように、国、都道府県教育委員会、市町村教育委員会が担うべきこと、また各学校が担うべきことを明確にしたうえで、都道府県等教育委員会として新たな現職教員の研修体制を構築・実施する。大学等の学習コンテンツを教育委員会が実施する研修体系に位置付けて活用する際には、教育委員会が精査・提示する。研修成果の評価についても、大学及び大学教員による評価を連携の一環として導入する場合でも、研修履歴の記録の作成等に伴う指導助言等は、教育委員会が責任をもって行う。そして、定期的に検証を行い、不断の見直しに取り組む。こうした教育行政と大学との協働による研修の実現と検証が今後待たれるところである。

　なお、先の改正指針では、「学校現場においては、近年の教員の大量退職・

大量採用等を背景に、公立学校教員採用選考試験の採用倍率の低下や臨時的任用教員等の確保ができず欠員が生じる事態が全国的に見られるほか、年齢構成や経験年数の不均衡から従来の学校組織において自然に行われてきた経験豊富な教員から若手教員への知識及び技術等の伝達が困難となるなど、教員を巡る環境が大きく変化」していると記されている。各学校における教職員の標準定数は法律により定められ、学級数・生徒数の減に伴い教員数も減となる。財源や教員確保が厳しい状況にある地方公共団体は、独自の増加配置は難しく、学級減となっても校務の種類は総体として変化はなく、教員減に伴い一人の担当する職務内容やその量が増えることにもつながり、少子化に伴う学級減による教員減は教員の多忙化につながる。国による教職員定数の見直しや人件費への補助などの検討は、現職教員の研修制度にも関わる喫緊の課題であると考える。

5．おわりに

　教育は人による人づくりであり、人材確保のための採用と併せて現職教員研修はその基盤となるものである。そうした現職教員の研修制度の今回の見直しは、施策の提示や予算確保といった順序性や準備期間の確保に伴う課題を残すものとなった。高等学校においては、新学習指導要領が本格実施（2022年度入学生から年次進行で実施）となり、学校の設置者によるスクール・ミッションに基づく各学校におけるスクール・ポリシーの作成・運用、普通科改革といった特色化・魅力化に向けた改革が進められる中で、今回の現職教員研修の実施を迎えることとなる。教員の資質・能力の向上は喫緊の課題であるからこそ、共通で必須の研修内容・研修プログラムが示され、その他にどのような内容を実施するかは地方教育委員会が検討・実施することで、全国的な教員の資質・能力の向上とともに、地方公共団体ごとの実態に応じた研修が可能となると考える。2023（令和5）年4月から新たな現職教員の研修制度が導入・実施される中で、実際の状況や課題について情報収集に取り組むとともに、広く学校現場の声を聞きながら不断の検証・見直しが行われる状況を注視していきたいと考えている。なお、本稿で詳述できなかったデータや考察については、近く別に稿を改めて紹介する予定である。

付記

　本稿執筆後に、「『令和の日本型学校教育』を担う教師の養成・採用・研修等の在り方について～『新たな教師の学びの姿』の実現と、多様な専門性を有する質の高い教職員集団の形成～（答申）」が2022（令和4）年12月19日に取りまとめられた。また同日に、「『令和の日本型学校教育』を担う教師の養成・採用・研修等に関する改革工程表（案）」が提示され、その中では2025（令和7）年度までの各工程が記載されている。

参考文献（本文中に示した引用文献は除く）

F・コルトハーヘン編著、武田信子監訳（2010）『教師教育学　理論と実践をつなぐリアリスティック・アプローチ』学文社

今津孝次郎（2017）『新版　変動社会の教師教育』名古屋大学出版会

梶輝行（2018）『学校のカリキュラム開発と経営をサポートする新たな教育指導行政　カリキュラムセンター・ハンドブック』糸岡書肆

国立教育政策研究所（2020）『教員環境の国際比較 OECD 国際教員指導環境調査（TALIS）2018報告書［第2巻］——専門職としての教員と校長』明石書房

文部科学省「『教師不足』に関する実態調査」（令和4年1月31日公表）https://www.mext.go.jp/a_menu/shotou/kyoin/mext_00003.html

日本教師教育学会（2022）『日本教師教育学会年報第31号』学事出版

地方教育行政の機能検証と改善に向けた論究
—総合教育会議と大綱の取組みを中心に—

梶　輝行（横浜薬科大学）

A Study to Verify and Improve the Function of Local Educational Administration: Focusing on the General Council on Education and the General Principles

KAJI Teruyuki（Yokohama University of Pharmacy）

In April 2014, MEXT submitted a bill regarding the Partial Revision of the Act on the Organization and Operation of Local Educational Administration（Hereinafter called Revision Act）, and it passed in June 20, 2014. The Revision Act was enforced in April 1, 2015. This law was amended to（1）clarify the responsibilities of educational administration,（2）establish a General Council on Education and formulating General Principles, and（3）. Points such as a review of the national government's involvement in Local Governments were organized.

In this study, we conducted surveys and research on the current state of Local Educational Administration after the revision of the law and future directions for improvement, targeting the period from 2015 to 2021. In particular, in order to verify the actual state of educational administration led by the mayor, I paid attention to the holding of General Council on Education and the formulating General Principles.

Then, how should local educational administration be in the future? In order to study this, it is necessary to reexamine the role and results of the board of education system that was established during the educatioal reform in Japan after World War Ⅱ. Therefore, it is necessary to carefully consider the future image of Japanese educational administration.

1．はじめに

　地方教育行政は、2014（平成26）年6月20日に「地方教育行政の組織及び運営に関する法律」（以下、地教行法と略す）の一部を改正した法律（以下、改正地教行法と略す）が公布され、翌2015年4月1日以降、全ての地方公共団体に、首長による「大綱」の策定、及び首長と教育委員会で構成する「総合教育会議」を首長が設置することの義務付けが規定され、首長主導の新たな教育行政機能と教育委員会との新会議体に基づいて取り組まれてきた。この改正地教行法のもとで教育委員会制度は、改正前の制度上の課題が解決されたのか、教育政策や教育実践に対して如何なる機能的効果が現れ、かつ所期の目的を達成できているのか。筆者はそれらの検証の必要性と新たな課題の整理と解決の方途を探る、次の改革の時期を迎えているものと考える。

　第10期中央教育審議会は、2021（令和3）年1月26日、「『令和の日本型学校教育』の構築を目指して〜全ての子供たちの可能性を引き出す、個別最適な学びの実現〜」の答申をまとめ、その使命を終えた。けれども、同審議会は、①教職員の養成・採用・研修等の在り方、②教育委員会など教育行政の推進体制の在り方、この2つの課題を残したことを答申の最後に明記している。答申内容を実施する前提として極めて重要な教職人材と教育行政の2つの改革基盤の方向性が提起されなかったことは、たとえば教科「情報」の教員免許状取得者の採用配置や教員の働き方改革等を背景にした教員免許更新制度の改善に伴う教員の育成・研修等に関する目前の問題を見送ったことで、今日の教育改革に大きな歪みが生じる要因になったといえる。特に、後者②に関しては、前述の改正地教行法以来の地方教育行政の検証と改善の方向性を示唆するという点で答申への関心を集めていたが、それが果たされないまま「令和の日本型学校教育」の構想が示されるところとなった。

　そこで、本稿では、改正地教行法以降の地方教育行政の現状と今後の改善方向に関する研究の一環として、首長主導型の教育行政の実態を検証するうえで「総合教育会議」の開催状況と「大綱」の策定に注目し、地方公共団体での教育問題の捉えと教育施策とのつながりを分析することで、改正地教行法がねらいとした教育行政の責任体制の明確化と実効性のある施策の推進が果たされているかを考察し、今後の地方教育行政の方向性を整理してみた

い。

　考察に当たっては、文部科学省による地方教育行政に関する調査データ（後掲）と、全国の都道府県及び指定都市の教育委員会がホームページ上で情報公開している内容の他、筆者が独自に地方の行政機関等へ聞き取り調査した内容をも活用することにした。考察の成果等については、紙数の関係で、本稿では調査内容も精選して簡潔にまとめて掲載するに留めることにした。

２．地方教育行政の抱える諸課題とその解決を図る改正地教行法の意義

　2014（平成26）年の改正地教行法は、従前の教育委員会制度をめぐる問題を捉え、諸課題の解決を図るための法改正の実現となった。改正前の問題点は大別して次の４点が整理された。

- ・教育委員長と教育長のどちらが責任者か明確でない
- ・いじめ等の問題事案に対して必ずしも迅速に対応できていない
- ・地域の民意が十分に反映されていない
- ・地方教育行政に問題がある場合、国が最終的に責任を果たせるものになっていない

　改正の発端となった教育問題は、2011（平成23）年滋賀県での中学生いじめ自殺事件と翌年大阪府での高校生体罰自殺事件の２事案であり、その際の地方教育委員会の事案対応への不適切さなど、加熱した報道等により、様々な情報が全国に拡散した出来事として周知の内容といえる。これら事案により、いじめ・体罰を防止して児童・生徒等の安全・安心を確保することを急務のねらいとして、2013（平成25）年に「いじめ防止対策推進法」が俄かに制定され、学校教育環境の健全化の対応が図られた。そしてもう一つの懸案が地方教育委員会をめぐる問題であり、これは改正地教行法で結実された。

　2014年の改正地教行法による教育委員会制度の改善点は、従前の「政治的中立性の確保」、「継続性・安定性の確保」、「地元住民の意向の反映」という３つの趣旨を前提としたうえで、抜本的な改革を次の４項目で行い、地方教育行政の権限と責任を明確にし、全国の地方教育行政体制の再構築を目指すものとした。

① 教育行政における責任体制の明確化 （第4条・第5条）
　➡教育委員長と教育長を一本化した新教育長（任期3年）を、首長
　　が議会同意を得て任命
② 地方公共団体に首長と教育委員が協議・調整する場として総合教育
　会議を設置 　（第1条の3・第1条の4）
　➡同会議を必置とし、「大綱の策定」、「教育の条件整備など重点的に
　　講ずべき施策」、「児童・生徒等の生命・身体の保護等緊急の場合
　　に講ずべき措置」について協議・調整
③ 教育長の事務執行に対する教育委員会のチェック機能の強化
　➡教育委員が会議の招集を求めること、教育長が委任された事務の
　　執行状況を教育委員会に報告すること、会議の議事録の作成と公
　　表を努力義務とすることなど
④ 児童・生徒等の生命又は身体の保護のため、国が教育委員会に指示
　ができる規定の加筆 　（第50条）
　➡いじめによる自殺等が発生した後においても、再発防止のための
　　指示ができることを明確化することなど

　文部科学省は、2015（平成27）年4月1日の改正地教行法の施行に対応し
て、同年度より地方教育行政の実態調査の内容を改善し、「新教育委員会制度
への移行に関する調査」を実施した。①の新教育長の任命に関しては、施行
初年度の2015年12月段階では67の都道府県・指定都市においては新教育長の
任命は44.8％、移行措置による旧教育長の在職が55.2％であったが、その後
の経過で2018（平成30）年9月段階で新教育長の任命への移行が100％となり
達成された。全地方公共団体での新教育長の任命が完全達成されたのは2019
（令和元）年度のことであり、5年の歳月を要したことになる。
　改正地教行法は、現在、権限強化と責任体制の明確化を基調に、首長の任
命による新教育長のもとで教育委員会の運営と、地方教育行政の活性化を実
現したとされる。それではこの改正で新規の取組みとなった総合教育会議の
設置や大綱の策定など、突如パンデミックとなった2020（令和2）年から続

く新型コロナウイルス（COVID-19）感染症の流行等の社会的動向を踏まえ、改善された地方教育行政の機能がどのような役割を果たし、また如何なる課題が生じているのかを順に見ていきたい。

3．総合教育会議の実態と機能検証
（1）　開催状況と運営主導

　改正地教行法の第1条の4の規定による総合教育会議は、首長主導型の教育行政を象徴する一つとして、全国の地方公共団体で設置が進められてきた。前述のとおり、総合教育会議の設置目的は、「大綱の策定」、「教育の条件整備など重点的に講ずべき施策」、「児童・生徒等の生命・身体の保護等緊急の場合に講ずべき措置」について協議・調整する場とすることである。同会議は、地教行法第29条にある首長が予算編成や教育関連の条例案の提出等の際に教育委員会に意見聴取を行わなければならないとする規定に対して、従前の取組み状況として首長と教育委員会との意思疎通が十分に行われていなかったことを背景に、一層民意を反映して地域の教育のあるべき姿や諸課題を共有し、解決に向けた対応を相互の連携を通じて取り組んでいくために設置されたものである。

　全国の地方公共団体は、2015（令和27）年度から知事等の首長と教育委員会委員等で構成する総合教育会議を開催してきた。67の都道府県・指定都市では、文部科学省の調査（前掲）によれば、初年度の2015年度6月段階の上半期までで46の地方公共団体で総合教育会議を開催して68.7％であったが、同年11月末までに100％の実施率となった。因みに、指定都市以外の1,718市町村では同年12月段階で90.7％の実施率であり、2018（平成30）年度に漸く全地方公共団体で総合教育会議が開催されるところとなった。

　各年度の開催回数に注目すると、発足年度は、総合教育会議の設置と運営、そして大綱の策定を主な議題として年平均3回程度の開催が認められた。都道府県別では、年間の開催として三重県が11回と突出し、次いで高知県が7回、徳島県と滋賀県が6回、静岡県が5回、それ以外のところが2回ないしは3回という状況であった。次の2016（平成28）年度以降は年平均1ないし2回程度の開催となり、2019（令和元）年度から2021（令和3）年度までの

３カ年間を統計データから俯瞰すると、年平均1.7回であり、この間は新型コロナウイルス感染症の流行もあってオンライン開催での工夫も見られたが、１度も開かれなかったところもあるなど、総じて開催回数は縮減の傾向が確認できた。一方でコロナ禍にあっても総合教育会議を定例化してコンスタントに回数を重ねているところもあり、富山・静岡・三重・滋賀・高知の５県は注目できる。また大綱の改定年度を迎えた地方公共団体では年３回程度の開催が確認できたものの、大綱の策定・改定以外の年度は年１回あるいは２回の開催に留まり、総じて年２回程度の開催で定例化している傾向が認められる。

　新型コロナウイルス感染症が流行し始めた2020（令和２）年度間に注目すると、この年度間での総合教育会議の開催は、都道府県・指定都市で年平均1.8回、その他の市町村では年平均1.4回であり、３回以上の複数開催を行ったところは前者で22.3％、後者で9.2％であることが判明した。また、総合教育会議をオンライン開催した状況は、都道府県・指定都市で22.9％、その他の市町村で1.8％と、ICT環境の問題も考えられるが低調であった。会議内容に注目すると、67の都道府県・指定都市の約60％で「ICT環境の整備」や「学校における１人１台端末環境の利活用」が協議され、約30％が「大綱の策定に関する協議」であり、同会議での３つの協議・調整の場として「児童・生徒等の生命・身体の保護等緊急の場合に講ずべき措置」を議題にしたところは約７％と１割に満たない状況であり、新型コロナウイルス感染症への児童・生徒等の安全・安心の協議の場となっていないことが調査データにより判明した。コロナ禍にあって、児童・生徒等の学習保障に向けたオンラインでの教育活動の実現に向けた協議に関心が集まっているが、感染防止に向けた安全・安心に対する登下校や休校の措置への緊急性のある議案や、生涯学習や学校外の学習の場としての社会教育施設等の来館や閉館の措置への対応など、ある意味平常ではない緊急時としての認識が求められるという判断に至っていない傾向が読み取れ、法的かつ総合教育会議の目的にも抵触し、開催回数も低調であり、地方公共団体の迅速な危機管理体制や地方教育行政上の緊急措置対応への機能性に大きな課題が認められ、問題視せざるを得ない。

因みに、改正地教行法以前の2012（平成24）年度から2014（平成26）年度の３カ年間における67の都道府県・指定都市の首長と教育委員との意見交換実施の年間回数は年間で平均して１回以上の実施が59％、未実施が41％であり、そのうち年３回以上の開催が12％である。この数値を見る限り、確かに、改正地教行法で首長主導型に移行して常置となった総合教育会議は、これまでの首長と教育委員との意見交換未実施の状況を解消し、地方行政の長として教育分野への執行権限やイニシアチブを明確にするなど、所期の目的を達成して一定の成果を上げたといえる。けれども、総合教育会議の開催は、2015（平成27）年度以降の改正地教行法下での経過を見ると、初年度の３回以上開催の複数傾向を除くと、大綱の策定や改定等に該当しない年度の開催数が年平均１回ないし２回程度の実績で、2017（平成29）年度以降では地方公共団体によっては定例化と縮減化の傾向もうかがえる。このことは、法改正前の意見交換の機会を３回以上実施してきた地方公共団体が約12％に達していたのに対して、2021（令和３）年度に至っては全体で約４％の開催へと激減していることから読み取れる。すなわち、全国的に首長と教育委員との会合・協議は総合教育会議の設置により、会合の場・機会が位置付いて飛躍的な改善がなされた一方で、全国の地方公共団体では概ね年１回程度の開催となり、法改正前の意見交換の取組み実態と比較しても全体的に低調で消極的であり、会議の在り方も発足年度と比較すると年々機能性も後退し、首長と教育委員の不安定な関係性も見受けられ、形骸化の様相と意識の減退化が顕著になっているといわざるを得ない。

　次に、総合教育会議の運営主導の在り方について考察すると、改正地教行法では同会議を首長が招集するものになっていることから、首長部局が運営を行うことが原則になっている。地方自治法の「委任及び補助執行」を定める第180条の２に基づけば、各地方公共団体の実情によって教育委員会事務局に会議事務を委任又は補助執行させることも可能である。そこで、総合教育会議の運営の現状について筆者が調査したところ、47都道府県では首長部局が33で70％、教育委員会事務局が12で26％、また首長部局と教育委員会事務局と合同での運営が２で４％であった。また20指定都市では、首長部局が13で65％、教育委員会事務局が７で35％であった。約７割が首長部局が担当

しており、運営を所管する組織は概ね①総務局、②政策局、③その他文化スポーツなどの部局が担当となっている。各地方公共団体では運営部局の調整をどのように行ったのかを聞き取り調査した結果、首長が招集・議事進行を行うことから首長部局が所管することで円滑に決まったところが約5割であり、それ以外のところは知事部局の所管当該局が教育委員会事務局と協議・調整したうえで決定したところが約2割、残りの約3割は運営の所管をめぐり首長部局の所管当該局と教育委員会事務局との協議を重ねた結果となっており、特に後者の場合は難航の末に決まったという状況であることが明らかになった。都道府県の中には首長部局と教育委員会事務局が相互に協力し合って運営しているところが2県あるなど、恐らく半数以上の地方公共団体では運営の所管局をめぐり調整が遅れるなど、総合教育会議の開催に影響を及ぼしたと認識しているところが約3割あることも確認できた。教育委員会事務局が運営を担当している地方公共団体の関係者からは、「首長部局に教育行政の専門が不在のため」、「運営上で教育の専門的知識を要するので教育委員会に依頼したい」、「大綱の策定や教育施策・予算の協議は教育行政の所管事務局で担当されたい」などの回答があり、一般行政職員にとっては教育行政の特殊性や教育予算と教職員等の広範規模の点で、運営担当になることの負担や課題が大きいという不安意識が高いことも理解できた。地方教育行政を円滑に進めるうえで、地方公務員として採用される行政職員にとって、教育行政に対する意識や専門的な知識・スキル等の面で不安感や職務負担感が多い実態を聞き取り調査からうかがい知れ、筆者の行政等の経験からもその点を容易に理解でき、地方行政の人的課題が浮き彫りになった。

（2） 議事内容

　総合教育会議での議事内容に関しては、既にコロナ禍の令和年度間における議事傾向に注目して紹介したところであるが、ここでは初年度の2015（平成27）年度から2019（令和元）年度の5カ年間に注目して整理したい。

　文部科学省が2019年9月段階で2015年度からの議事内容を調査（「新教育委員会制度への移行に関する調査」令和元年9月1日現在）した結果に基づき、議事件数の多かった内容順により各年度の上位3位までを示すと次のよ

うに整理できる（〇数字は順位、なお「その他」は順位外とした）。

2015（平成27）年：①大綱の策定　②会議の運営　③学力の向上
2016（平成28）年：①学力の向上　②いじめ防止対策
　　　　　　　　　③地域に開かれた学校づくり
2017（平成29）年：①学力の向上　②教職員の働き方改革
　　　　　　　　　③いじめ防止対策
2018（平成30）年：①学力の向上　②大綱の策定　③ ICT 環境の整備
　　　　　　　　　③いじめ防止対策　（③は同位の2項目）
2019（令和元）年：①大綱の策定　②学力の向上
　　　　　　　　　③幼児教育・保育の在り方

　上記の整理を見ると、初年度の2015年度は、大綱の策定と総合教育会議の運営に関する議事がほとんどである。5カ年度間を通じては、学力の向上が毎年度の議事としてあがっている他は、いじめ防止対策が注目できる。またそれ以外では年度ごとの特色ある教育施策の実施に連動した項目が議事になっていて、たとえば法改正に伴う学校運営協議会の設置の努力義務化に関連して2016年度に地域に開かれた学校づくりが、また中央教育審議会での「学校における働き方改革」の審議に連動して2017年度に教職員の働き方改革がそれぞれ議事になっている。2019年度は、国の第3期教育振興基本計画の策定を受けて、大綱の改定協議など各地方公共団体における教育振興基本計画の改定に連動した議事により総合教育会議が開かれていることに注目できる。国の教育振興基本計画の改定年度に基づいて、総合教育会議では大綱を改定するための協議が定期的に行われることが次第に慣例的になりつつある。一方で、前述のコロナ禍での緊急性に伴う議事案件に代表されるように、児童・生徒等の安全・安心を脅かす事案に対しては、危機管理意識を高めて首長主導で地方教育行政が敏速に反応し、総合教育会議を開いて教育委員と協議・調整する意識の醸成と実践的な行動が肝要であり、ここに大きな課題がある。

（3） 成果と課題

　既に成果については指摘した内容も踏まえ、①新教育長が首長の任命により配置されて教育委員長をも兼ねることで教育委員会の運営と教育行政の責任体制が明確化されたこと、②総合教育会議の設置によって首長と教育委員との協議・調整の場が常態化するところとなったこと、③地元住民の教育に関する意向を反映するなどして大綱を策定して教育の方向性が明示されたこと、などがあげられる。

　一方で、課題については、各地方公共団体により異なる点もあるが、概ね全体に共通していえる点は、国の教育振興基本計画の改定に伴い、大綱の策定・改定等を協議・調整する場としての認識が深まり、複数回の開催を重ねる状況が定着しつつあるものの、2017（平成29）年度以降の総合教育会議の開催が縮減化し、協議を重ねる必要性のある議事内容があるにもかかわらず継続性が認められず、協議の単発化と開催の定例化の傾向もうかがえるなど設置目的と乖離した実施状況にあると指摘できる。全国の地方公共団体では概ね年１回程度の開催となり、会議の在り方も発足年度と比較すると年々機能性も後退し、首長と教育委員の不安定な関係性が見受けられるところもあり、年々形骸化の様相と意識の減退化が顕著であり、今後早急に諸課題を整理して解決の方途を検討し、改善策を明示する必要があると考える。

　総合教育会議では、策定した大綱に示された地方公共団体としての教育、学術及び文化に関する総合的な施策の目標や施策の根本となる方針などを、具体的な施策の進捗と達成状況等に基づきながら推進上の諸課題を協議するとともに、課題解決のうえで必要となる総合的な施策と予算、条例提案等の首長の有する権限にかかる事項などを、不断に協議を重ねていくことが運営の在り方とともに改善が求められるところである。その点では、総合的な施策の目標や施策の根本となる方針を内容として策定する大綱の在り方がそもそも重要であり、それについて次に論じていきたい。

４．「大綱」策定の実態と機能検証
（1）　策定の状況と改定への取組み

　大綱は、教育基本法に基づいて国が策定する教育振興基本計画における基

本的な方針を参酌して定めることと改正地教行法で規定されている。参酌すなわち参考（文部科学省の説明見解）にするのは、第2期の教育振興基本計画（2013-2017）では主に第1部と第2部の4つの基本的方向性とそこに示された成果目標の部分、また第3期の教育振興基本計画（2018-2022）では主に第1部と第2部の5つの基本的な方針とそこに示された目標と指標の部分が対象であることが、文部科学省による説明で周知のところとなっている。

　大綱の策定に当たっては、2014（平成26）年7月17日付の文部科学省初等中等教育局長による「地方教育行政の組織及び運営に関する法律の一部を改正する法律について（通知）」の中で、「地方公共団体において、教育基本法第17条第2項に規定する教育振興基本計画その他の計画を定めている場合には、その中の目標や施策の根本となる方針の部分が大綱に該当すると位置付けることができると考えられることから、地方公共団体の長が、総合教育会議において教育委員会と協議・調整し、当該計画をもって大綱に代えることと判断した場合には、別途、大綱を策定する必要はないこと。」を通知した。これにより、地方公共団体が先行策定していた教育振興基本計画その他の既存の計画がある場合、その中の目標や施策の根本となる方針の部分が大綱に該当すると位置付けることができると判断した場合は、大綱を策定する必要がないことを明確にした。

　2015（平成27）年度以降、全国の地方公共団体においては、総合教育会議を設置して、大綱の策定に向けた検討協議を始めた。都道府県・指定都市では2017（平成29）年度までに全てが策定を完了した。

　筆者が2022（令和4）年9月段階で67の都道府県・指定都市を対象に調査した結果、大綱の策定状況は都道府県では新規に大綱として策定したところは37で79％、既存の計画等をもって充てたところは青森県・茨城県など10で21％という状況である。指定都市では、新規に大綱として策定したところは16で80％、既存の計画等をもって充てたところは静岡市や京都市など4で20％という状況である。その他の市町村では、新規に大綱として策定したところが約66％で、既存の計画等をもって充てたところが約34％の状況である。

　国の教育振興基本計画が第2期から第3期へと改定がなされたことを受け

て、2017（平成29）年度から大綱ないしは既存の計画等の新規策定あるいは改定に取り組むところが多く、67の都道府県・指定都市では2021年度までの間に61で91％に及んでいる（着手していない6の地方公共団体は策定した大綱を改定しない方針を示しているところと、これから改定の作業に入る予定のところとなっている）。

（2） 大綱と具体的な教育施策との関係

　総合教育会議で協議して策定された大綱等の内容は、国の教育振興基本計画を参酌した内容と地方教育の実情に応じた内容とで概ね整理されている。大綱の内容構成は、地方公共団体ごとにそれぞれ工夫が見られるが、大綱を比較して共通する柱立てを整理すると、「策定の趣旨」、「対象（計画）期間」、「教育の現状と課題」、「基本理念（目指す将来像）」、「基本方針」、「施策の方向性（展開）」の順で構成されている。中には、教育施策の概要に数値目標を付記しているところも見られる。

　策定した大綱の内容は、既存の教育振興基本計画や地方公共団体の総合計画に位置付けられた教育施策の方に関連付けを図り、ロードマップや達成目標等も明示された形で詳述されている。大綱と既存の計画等との整合は、大方の地方公共団体において改定時に行われている。大綱の改定作業では、点検・評価などの検証作業を通じて達成度と課題の整理を行っているところも見られるが、前述のとおり、総合教育会議の開催回数の定例化・縮減化の傾向などに懸念の様相がうかがえる。各地方公共団体では、大綱の検証と改定の協議・調整を行うための総合教育会議の開催の機会を十分に確保するとともに、議事内容の協議・調整の在り方をも深化させることを期待したい。

（3） 成果と課題

　大綱の策定に関する成果は、全国の地方公共団体における教育方針が地元の人々に向けて明示されるとともに、地方教育行政における首長の主導性が発揮されることにもつながるなど、首長権限の強化が前面に出て教育委員会の役割が見え辛くバランスが悪くなったことは否めないが、教育の地方分権化を代表する所産の一つになったことは確かである。このことは、既に多く

の学識者が論じているところでもある（参考文献参照）。

　大綱策定以前には、東京都や神奈川県など多くの地方公共団体において独自の教育ビジョンが策定されてきた。そこには教育の基本理念や基本方針などが明確に整理され、まさに大綱と性格・機能が類似する内容で整理されている。たとえば、神奈川県の場合は「ふれあい教育」以来の教育理念の形成に向けて、県民との参画・協働による議論を経て教育ビジョンを策定したが、そこに示された考え方や教育施策は国の教育改革や施策の方向性と連動させた内容と県独自の教育施策の内容とで構成され、まさに県民の意向を踏まえた策定を成し遂げている。今回、既に教育ビジョン等を策定している地方公共団体においても首長と教育委員との協議により大綱を策定しているが、内容的に新規で大綱を策定したところと比較すると、国の教育振興基本計画との向き合い方が「参酌」と「位置付け」との度合いの差が生じるところとなっている。その他、既存の計画等を大綱の代替としているところでは、国の教育振興基本計画の改定時期との関係から、国の取組みとの齟齬を調整する点からも改定時期を変更して整合性を図るなど、諸課題を克服していく必要があるといえる。

5．今後の地方教育行政と教育委員会制度の改善の方向

　地方分権改革は1990年代以降、基本的に地方公共団体の権限強化として進められ、2011（平成23）年以降は学校でのいじめ・体罰による生徒の自殺等をめぐる教育問題に端を発し、2014（平成26）年には改正地教行法により首長の権限を強化し、主導性を発揮できる改革が行われた。一方で、地方自治法第180条の5に規定された行政委員会としての教育委員会は、責任体制の不明確さ等が問われ、本来の制度的な意義と特性が脅かされる事態に陥った。

　首長への権限集中を回避して分掌処理する執行機関の多元主義の原則は、地方教育行政においては行政委員会としての首長から独立した執行機関として合議制により取り組む教育委員会が、首長など一定の機関への権力集中を排除し、行政運営の公正性や妥当性を期するとともに、教育に関する地元住民の意向や意見を反映できる、地元住民を代表する教育委員によって構成さ

れていることが重要である。教育委員会制度は「首長からの独立性」・「合議制」・「住民による意思決定（レインマンコントロール）」の３つの特性を有する行政委員会としてこれまで以上に重要な存在として再認識される必要がある。首長主導による総合教育会議の設置や大綱策定等の具体的な取組みは、首長の地方教育行政におけるステイタスを高めるものとなり、その象徴的な出来事として、ひと頃「劇場型」とか「改革派」と呼ばれた首長主導の教育改革が行われ、現在では様々な視点から成果と課題の検証が進められている。また改正地教行法で首長主導により取り組まれてきた総合教育会議や大綱も前述の考察結果により制度的疲労や定例化・縮減化の諸相も読み取れ、新たな改善の必要性が生じている実態となっている。

　国が進める教育改革は、全国の教育水準を維持向上することが目的であり、そのためには国の教育振興基本計画において地方公共団体と協働して取り組む施策を明確にし、各地方公共団体の教育振興基本計画にも明確に位置付けて国と地方が一体化して目標を達成していくよう、策定の在り方を改善する必要がある。また地方の教育実態に応じた課題解決のための地方独自の施策を国として尊重し支援する連携体制も重要であり、地域間での教育格差等が生じることのないよう国の教育政策を企画立案し、各地方公共団体と連携・協力して取り組んでいく教育行政体制の刷新を図っていくことが求められる。

　次に、現在の教育委員会制度に関しては、多くの学識者が論及するとおり、存続と抜本的な改善が必要である。常勤の新教育長を除き、他の全ての教育委員は非常勤の状態となっている。改正地教行法以前は、非常勤の教育委員の中から教育委員長を選任し、また教育長を任命する人事権限が認められていたことから、首長からの独立性を担保し、地元住民の意向・意見を反映する代表者で、かつ教育の専門家としての教育委員の選任は、政治的な中立性や継続的な安定性の確保が図られ、組織された委員の立場も同等と意識され、等しく地方教育行政を担う使命感と責任感を共有し職務の遂行に当たる環境が整えられ、任命制の教育委員会制度以降、長年にわたり地方教育行政を担ってきた重責と成果は看過できないものがある。任命された教育委員はそれぞれの専門性や立場をいかして合議制の運用に貢献してきた。様々な教

育上の問題が発生した際に注目されるのは、むしろ教育委員会事務局職員による事案への危機管理の意識と対応に課題がある点であると筆者は理解するものである。確かに、教育委員長の最終判断が重要となるが、むしろそこに至るまでの事案処理に課題があり、今もって事案が起こるたびに大事になるのはその対応過程に問題が見出せ、筆者も教育行政の現場にあって長年そうした状況を見聞きしてきたところである。教育委員会制度は改正地教行法以前の体制に戻すべきであるというのが、筆者の現状を考察しての結論である。教育委員会事務局の職員への聞き取り調査でも、「新教育長のもとでの教育委員会は発足当初は教育委員の間でも如何に運営していくのか、何がどう変わったのかなど不安が多くあった」、「新教育長のもとで委員会が運営されて5年が経過したが、事務サイドから見ていると、年々、教育委員の委員会に対する議論が消極的となり、使命感や委員としての役割について疑問の表情や、協議に対する意識も低くなっている状況がしばしば見られる」、「事務局職員の異動が概ね3年であり、年々職員の教育行政に対する理解や事務処理対応のスキルが低下している傾向が見られ、県民トラブルの処理も円滑に進まないことも少なからず散見されるようになった」など同様の意見が複数寄せられた。また、改正地教行法下での教育行政の実態に関しては、「知事と新教育長との調整が多くなり、少なからず教育委員会での協議に知事の意向が強く表れ始めていると感じる」、「教育施策は全てにおいて予算を伴い、またそこに人事が発生するものであり、予算権とともに予算に付随する教員採用などの人事も全ては首長と首長部局に予算的な権限の背景があることから、首長の権限が拡大したことで、従来よりも教育委員会の権限が少なくなった印象が否めない」、「新教育長の任命や大綱の策定など首長の権限で行われていることで、議会のチェック機能が高まらなければ全て首長の思いと願いが通る状況で、教育と政治の在り方を改めて考えさせられる」、「近年、教育委員の任命に際し、相応しい人材の候補を探すのに苦労し、人材不足の感が強い」など、類似の意見を含め複数聞かれた内容の一部を紹介したが様々な課題が内在していることがわかった。

　総合教育会議については、首長と教育委員との協議・調整の場を定例化した点で効果を上げているので存続に異論はないが、形骸化することなく、重

要な協議・調整の場であることの意識の醸成が相互に必要であると考える。

　大綱については、従前の教育委員会で審議して形成してきた教育振興基本計画、及び各地方公共団体の総合計画を尊重し、それらを上位の計画として位置付けたうえで、特に緊急性のある事案をはじめ、予算措置を伴う施策や条例案等の首長の執行権限にある内容のものを当面の課題として大綱に整理するとともに、毎年その進捗管理と点検・評価を総合教育会議において協議するなど、その在り方の方向性を示唆し、改善を要するものとして指摘をしておきたい。このことは、教育行政の担当職員からも「様々な教育の方針や計画があり、地方教育行政上で何を最も優先して取り組むのか混乱が生じている」、「県民からも大綱や教育振興基本計画、それに県独自の総合計画があるなど複雑でわかりにくいと指摘されている」、「知事は大綱を掲げ、教育委員会は教育振興基本計画を掲げて、地元教育の在り方を説明しているが、ダブルスタンダードになっていて、教育行政上も細かく配慮して対応せざるを得ない」など同様の意見が複数聞かれたことにある。地方教育行政における現場の職員の声に真摯に耳を傾け、混乱状況を改善していくことで改正地教行法の検証を俄かに行うことを強く論じておきたい。

6．おわりに

　教育振興基本計画に基づく国の教育行政の推進にとって、全国の地方教育行政とは連携・協力から参画・協働の関係性をもって、教育基本法に規定された目的・目標に照らし、「教育の機会均等と教育水準の維持向上」を図るうえで、国として地方分権化の在り方を見直し、地方公共団体と共に歩調を合わせ、教育施策の達成を地方任せにせず、協働して取り組んでいくことを提案したい。改正地教行法の第50条により国は緊急性のある場合には速やかに地方公共団体への指導等を行うものとなったが、このことは地方においても首長が教育行政の最終的な責任権限を有する立場にあって、行政委員会としての教育委員会の役割と権限を十分に認識し、一体的な地方教育行政を推進することで地元の教育をより良くすることができると期待するものである。

　最後に、本研究に聞き取り調査等で協力をいただいた地方公共団体の職員の方々、並びに日頃お世話になっている勤務先の横浜薬科大学図書館の司書

の皆様にもこの場を借りて厚く御礼申し上げる。なお、本稿で詳述できなかった考察の成果については、近く別に稿を改めて紹介する予定である。

引用・参考文献

文部科学省「地方教育行政の現状―新教育委員会の現状に関する調査」
　　https://www.mext.go.jp/a_menu/chihou/1411792_00003.htm
有馬晋作（2011）『劇場型首長の戦略と功罪』法律文化社
高橋寛人（2013）『危機に立つ教育委員会』クロスカルチャー出版
河野和清（2013）「教育委員会制度の現状と課題：「教育委員会制度に関する全国調査」を手
　　がかりに」『教育学研究』第80巻第2号、222-234頁
日本教育行政学会研究推進委員会編（2014）『首長主導改革と教育委員会制度』福村出版、
　　84-115頁の掲載論文
日本教育政策学会編（2015）『新教育委員会制度と地方自治』八月書館
坪井由実編（2015）『地方教育行政法の改定と教育ガバナンス』三学出版
林紀行（2017）「教育委員会制度改革とその課題」『法政治研究』第3号
村上祐介・本田哲也・小川正人（2018）「新教育委員会制度とその運用実態に関する首長・
　　教育長の意識と評価」『東京大学大学院教育学研究科紀要』第58巻、535-562頁
村上祐介・橋野晶寛（2020）『教育政策・行政の考え方』有斐閣
青木栄一（2021）『文部科学省』中公新書2635

特集論文 ●

Ⅱ部　子どもをめぐる
「教育」と「学習」の未来像

GIGA スクール構想への産学官の協働に関する研究
—高崎先端 ICT 教育協議会の取り組みを通して—

栗原幸正（高崎健康福祉大学）村田美和（高崎健康福祉大学）
大橋　博（高崎健康福祉大学）石原敬久（高崎市教育委員会）

Research on Industry-Academia-Government Collaboration for the GIGA School Concept: Through the Efforts of the Takasaki Advanced ICT Education Council

KURIHARA Yukimasa（Takasaki University of Health and Welfare）,

MURATA Miwa（Takasaki University of Health and Welfare）,

OOHASHI Hiroshi（Takasaki University of Health and Welfare）,

ISHIHARA Norihisa（Takasaki Board of Education School Education Division）

Beginning in 2019（the first year or Reiwa）, ICT education was introduced to public schools under the GIGA school program presented by the Ministry of Education, Culture, Sports, Science and Technology. With the spread of the coronavirus, ICT education instantly spread all over the country, and there is a strong impression that ICT education has been emphasized, with results often reported by the media. Has ICT education really been smoothly introduced into each school? Have effective educational practices started immediately? Also, what kind of efforts were there behind the scenes to make ICT education a reality?

In this paper, with the cooperation of the Takasaki City Advanced ICT Education Council（Gunma Prefecture）, we clarified the actual situation at schools when ICT education was introduced, and report on the difficulties in immediately creating excellent practices. A research survey was conducted on how the Takasaki Advanced ICT Education Council demonstrated its strengths toward the realization of ICT education, and in particular, what effects the cooperation between schools and universities had on each other. It also indicates the direction of how universities and schools could work together to promote ICT education in the future.

1．はじめに

　文部科学省が児童生徒一人一人に対応した情報ネットワークを整備し、多様性に応じた教育の具現化を目指して「GIGA スクール構想」を示したのは、令和元年12月のことである。そして、構想が示されてわずか数か月後には新型コロナウイルスの感染が拡大し、学校の一斉休校や感染防止のための個別学習が推進されたことが追い風というよりも突風となり、瞬く間に情報端末が児童生徒のもとに行き渡り、どの学校においても ICT 教育が一斉に実施されることになった。

　学校現場においては、コロナ禍への対応に追われると同時に、ICT 教育への実施に向けて教員たちが悪戦苦闘を続けたのはいうまでもない。しかし、学習指導要領改訂期にも見られないようなあまりにも早い導入と実施であり、ICT 教育に取り組む中で何が重要で、どのような取り組みが学校現場の周辺で必要なのかについての検討よりも、効果的な ICT 教育の具体的実践を中軸にした方法論が、学校現場の議論の主軸になっていった。「教育は実践ありき」とよく言われるが、果たして ICT を使えば教育的効果は上がるという大前提のもと、ICT ありきの教育実践を積み上げていくだけでよいのであろうか。多くの市町村がそうであるように、学校に情報端末と情報ネットワークをとにかく整備し、教員たちの自助努力で ICT 教育を実践させることで、本当に子どもたちに「個別最適な学び」を具現化できるのであろうか。本論における問題意識はまさにここにある。　　　　　　　　　　　　　（栗原）

2．本論の主旨

　ICT 教育という教育用語は、平成15年に水越・久保田の「ICT 教育の実践と展望」[1)]において、学習指導要領に沿った「情報教育」と区別された ICT 機器を活用する教育として教育界に登場した。同書の中で、水越は海外の ICT 教育の状況を紹介しつつ、日本での ICT 教育の必要性を指摘したのである。と

ころが、情報機器の進歩は目覚ましく、わずか5年後の平成20年に水越は「ICT教育のデザイン」[2]として新たなICT教育の方向性を示すことになった。特徴的なことは、同書の中から外国の事例は姿を消し、国内の実践とそれをもとにしたICT教育を運用するための方策が示され、ICT教育の紹介書から指導書へと書籍の性格を大きく変えていたことである。つまり、5年で日本のICT教育が革命的に大きく進展したということができるであろう。この流れに呼応するように、筑波大学附属小学校[3]、新潟大学附属新潟小学校[4]、春日井市立出川小学校[5]、葛飾区立本田小学校[6]等から、学校における実践書が次々と出版されるのである。そこにはICT教育を具現化するための理念構築、環境整備、授業研究、カリキュラム・マネジメントが具体的に示され、ICT教育を各校で実践する方策と、その教育効果へのメリットが発信されていたのである。

　そして、令和を迎え、日本中の公立学校において怒涛のGIGAスクール化が推進され、それまでに生み出されてきたICT教育に係る言説は、ICTの教育的効果を後押しする傾向がどうしても強くなるのである。そのため、教育メディアや研修会等で華やかなICT教育の実践が語られる陰で、学校や教員たちのICT教育の具現化に向けての地道な努力や苦悩、学校教育に直結する教育実習や教育研究への影響についての見取りが、十分行われて来なかったと言えるであろう。

　そこで、本論では産学官が連携してICT教育の推進に向けてコロナ禍の中で取り組んだ事例をもとに、華々しいGIGAスクール化が推進される中で見落とされてきた、教育委員会や学校がどのような取り組みを行い、どのような課題に直面したのかを明らかにしていく。そして、ICT教育推進に係る教育課題について大学がどのような支援を学校や教育委員会に行うことができたのか、また、連携がどのよう影響を大学自身に与えたのかについての調査を通して、「個別最適な学び」の具現化に向けてICT教育を推進するために、大学として、教育委員会として、学校として、どのように取り組んでいくべきかについて提言するものである。

（栗原）

3．GIGA スクール構想と大学・企業による支援

⑴　高崎先端 ICT 教育協議会の発足

　教育現場に ICT 教育が導入された背景としては、Society5.0[7]に対応可能な人材育成を行うことにある。サイバー空間とフィジカル空間を高度に融合させたシステムにより、経済発展と社会的課題の解決を両立することが Society5.0 である、と定義されていることから、サイバー空間とフィジカル空間を融合させた ICT 教育の導入は必須のスキルとなっている。また、平成29年告示の学習指導要領では（小学校は令和２年度、中学校は令和３年度に全面実施）、各教科の見方・考え方を生かした主体的・対話的で深い学びを実現するために、言語能力と情報活用能力が学力の基盤として示され、法的な意味においても ICT を活用した授業実践は不可欠なものとなったのである。

　そのような中、デジタル教科書やプログラミング教育の流れを適切に理解し、現場の教員とともに、高崎市の小中学校を中心として ICT 教育の基盤を作っていくために、平成31年４月５日に株式会社ドコモビジネスソリューションズ、群馬大学、高崎健康福祉大学、高崎市教育委員会が協定を結び、「高崎先端 ICT 教育協議会」（以下「本協議会」）を発足させた。本協議会では、３者がそれぞれもっている強みを最大限に生かし、産学官が連携した協働的な事業を展開することを目標とした。具体的には株式会社ドコモビジネスソリューションズは端末やインフラの提供及び保守、ICT 活用の施策提案及び実施、過去実績のノウハウの提供、教員研修のフォローなどを行い、群馬大学と高崎健康福祉大学はカリキュラムの開発や策定、プログラミング教育の推進、教員研修の監修、モデル校へのPDCA サイクルによる支援等を行った。それらを受けて高崎市教育委員会は先行的な実践を行うモデル校の選定や情報提供、各学校における情報教育の核となる教員を推薦し本事業に参画させ、継続的支援体制の整備を行ってきた。このように、それぞれの蓄積や経験、ノウハウを

写真 1　　高崎先端 ICT 教育協議会締結式

生かして、本事業はスタートしたのである。

(2) 本協議会の取り組み

　本協議会では、現場教育の ICT 化のサポートとともに、先端的な技術を取り入れた授業を開発し、ラーニング・マネジメント・システム（LMS）により共有した子どもたちの学びのデータを分析したりする取組を展開している。具体的には高崎市内の公立小学校 2 校（金古小、上郊小）、公立中学校 1 校（倉渕中）の合わせて 3 校をモデル校とし、端末（iPad）の導入方法や授業での効果的な活用などについて、協議会参加 4 団体の協働的な取組により授業実践を行ってきた。そして、大学教員の協力のもとモデル授業の構築を行い、成果については授業公開等を通して広く市内に還元してきたのである。

　以上のような本協議会を主体とする先進的な取り組みが実施されて半年が過ぎた令和元年12月、文部科学省は、Society5.0 時代を生きる全ての子どもたちの可能性を引き出す個別最適な学びと協働的な学びを実現するためには、学校現場における ICT の積極的な活用が不可欠との観点から「GIGA スクール構想」を推進し、「1 人 1 台端末」及び「高速大容量の通信環境」のもとでの新しい学びを推進するよう全国の教育行政や学校に求めたのである。本協議会はこれよりも早く発足していたため、多くの実践研究を行ってきたノウハウを生かし、高崎市は端末整備や教育実践を焦ることなく行うことができたのである。

(3) コロナ禍との対応

　新型コロナウイルス感染症の感染拡大防止の観点から臨時休業となったことをきっかけに、1 人 1 台端末の導入が前倒しとなり、教育現場では劇的で急激な ICT 化が起こったのである。そして、臨時休業後には学校現場や児童生徒、保護者のコロナ禍における教育へのニーズも大きく変化し、オンライン学習やソーシャルディスタンスを保った交流活動を行うために、端末をさらに活用した学習形態へと転換することが強く求められたのである。本協議会では、モデル校においてオンラインによる授業の在り方の研究や、学校間をつないだ授業実践も行うことを既に先行実施していたことから、教育的ニーズの急激な変化にも十分対応することができたことは言うまでもない。

⑷ 高崎市 GIGA スクール研究会との連携

　GIGA スクール構想導入に際しての教育現場での混乱が予想される中、高崎市では、これまでの本協議会が取り組んだ研究成果も活用し、子どもたちの発達段階や各教科等の内容に応じた ICT の活用方法を検討し、活用モデルを作成するとともに、これからの高崎市を担う子どもたちにデジタル化が進む社会に対応した情報活用能力の育成を推進するため、「高崎市 GIGA スクール研究会」（以下「スクール研究会」）を立ち上げ、高崎市の子どもたちにとって望ましい ICT 教育の在り方について検討を重ねた。また、本協議会の有識者にも協力してもらいながら、教育効果を高める端末活用の在り方の研究も開始している。ここでも本協議会が先行的に積み上げたノウハウを生かし、スムーズな導入に向けた準備を行うことができたのである。さらにスクール研究会の下に、教職員からなるワーキンググループを設置し、次の４つの視点から実践研究を実施することとした。

　①高崎市の ICT 教育の現状の成果と課題に関すること

　②１人１台タブレット端末の活用に関すること

　③各教科等におけるコンピュータ活用スキルや教科等の単元における活用
　　計画の作成に関すること

　④小・中学校の９年間における ICT 教育の在り方に関すること

　その後、端末導入に向けて、令和２年12月に「高崎市 GIGA スクール構想における授業実践～１人１台タブレット端末の活用事例～」を高崎市教育委員会として発行し、高崎市における端末活用のガイドラインを示すことができたのである。

　さらに本協議会では、大きく教育の在り方が変化した令和元年・同２年の２年間で実施したモデル校事業の実践の取組をまとめ、令和３年３月に「産学官連携事業高崎先端 ICT 教育協議会研究・実践事例集」を発行し、各モデル校での実践を始め、海外の中学校とのオンライン交流、学習障害・聴覚障害・視覚障害における iPad の活用法、LMS 活用授業実践報告等、学校現場が抱える諸課題の解決に向け、多面的に現場に役立つ情報を提供し、成果還元を行った。

⑸　**本協議会参加団体相互の連携**

　令和 3 年度は GIGA スクール構想元年としてスタートを切ったが、学校現場における導入時の混乱に対応するため、本協議会の強みを最大限に発揮させていた。例えば、iPad を各校に一斉導入する際、その初期設定等に教員も苦労することが十分予想されたため、既に iPad を全学生に貸与して使用していた高崎健康福祉大学の学生ボランティアを市内全校に派遣し、初期設定の際の支援に貢献した。また、NTT ドコモとコミュニケーションズによる教員に対する導入研修等を実施するなど、学校のニーズの変化に対応した取り組みが可能であったことは本事業の一番の成果と言っても過言ではないであろう。さらに、学校現場の ICT 教育最前線で努力する教員たちの課題や疑問等に対応するため、本協議会で大学との連携のもと「高崎 ICT しゃべり場！」を立ち上げ、オンラインによる放課後のミニ研修を行うなど、現場のニーズに応じた対応ができる機関としての機能を果たしている。

⑹　**今後の方向性への期待**

　このように本協議会は、高崎市の ICT 教育の推進の一翼を担い、高崎市における ICT 教育は的確に時代の変化に対応し、現在も各校で工夫や試行を繰り返しながら、授業改善や業務改善を進め、子どもたちに情報活用能力を育成している。また大学の学生ボランティアには教員を目指す学生もおり、変化する教育現場の生の姿に触れることで刺激を受け、研究実践や調査推進の場としても活用できるなど、大学教育の推進にも大きく寄与したと考えられる。企業においても現場のニーズを直接把握し、より良いサービスの提供に向けた情報収集の場、マーケティングを行う場としての側面も見られた。それぞれの立場の強みの発揮と得られる恩恵による互恵関係が築けており、さらにこの連携を活用し、子どもたちにとってより効果的な ICT 教育の具現化を目指していく試みも続けていく必要があると考える。　　　　　　　　（石原）

4．本協議会による教員支援（しゃべり場）

　ICT 端末導入に対する教員の不安をよそに、令和 3 年春に、高崎市にも ICT 端末が導入された。現場の教員には、思考錯誤しながら ICT 端末を活用していくことが求められたが、コロナ禍の終わりが見えない日々多忙な教員

表1　2021年度に開催された「しゃべり場」におけるミニレクチャーの内容

	開催日	ミニレクチャー題目	担当者
第1回	10月1日（金）	iPadの基本操作と便利機能、不安はここで一挙解決！	高崎健康福祉大学
第2回	10月14日（木）	GoogleClassroomって何ができるの？	企業
第3回	10月26日（火）	今さら聞きにくいロイロノートの基礎！	高崎健康福祉大学
第4回	11月4日（木）	職員室と教室を繋ぐ、便利で簡単Googleドライブ	企業
第5回	11月17日（水）	ロイロノートの実践事例を共有しよう！	高崎健康福祉大学
第6回	12月1日（水）	eライブラリは、こんなにすごい！	企業
第7回	12月14日（火）	iPadの活用の幅を広げよう！〜学校と家庭をつなぐ端末活用〜	高崎市教育委員会
第8回	1月6日（木）	冬休みスペシャル「目指せ！業務改善！！〜ICTを活用した学校改革〜」	高崎市立中学校
第9回	1月19日（水）	これであなたもMetamojiマスター！	企業
第10回	2月16日（水）	新年度に向けて何を準備したらいい？	企業

業務の中で、教員同士で教え合ったり、尋ねたりということが思い通りに出来ないまま、半年が経過したのである。本協議会としては、現場教員の、端末に関する漠然とした不安を払拭し、市内の小中学校における ICT 端末の活用を促進するために何が出来るのかについて検討した。そして令和3年度秋より、教員が気軽に端末について話が出来る場の開催を試みたのである。堅苦しい会にならぬよう、「しゃべり場」と命名をし、教員が、日々感じている ICT 端末に関する疑問や質問を解消する場として設定した。

　「しゃべり場」は、市内の小中学校に勤務する教員であれば、誰でも参加可能であり、気軽に参加できるようにするために、形式は Zoom にて、ミニレクチャー15分、しゃべり場15分、まとめ5分の合計35分間という、短時間構成とした。ミニレクチャーは、本協議会のメンバーである、高崎市教育委員会、高崎健康福祉大学、株式会社ドコモビジネスソリューションズの担当者を中心に行い、また高崎市が導入しているアプリケーションの企業開発担当者が担当することもあった（表1）。

　「しゃべり場」は、3〜5人ずつ Zoom のブレイクアウトルームに分かれて、特にテーマを設けず、自由な話が活性化するように高崎健康福祉大学の教員や高崎市教育委員会の指導主事がルームのファシリテーターを務め、会話促進に努めた。また、毎回、記録係として学生ボランティアが各ブレイクアウトルームに入り、記録をしつつ、出てきた質問については、本協議会メンバーを呼び出し回答していくという流れで対応した。

　毎回の「しゃべり場」のミニレクチャーは、録画し、市内の教員がいつで

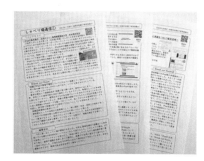

図1　しゃべり場通信

もアクセスできるクラウドに保管した。また、毎回の「しゃべり場」終了後に、「しゃべり場」通信を作成し、内容を公開することで、気軽に参加できる雰囲気を発信していくことを目指したのである（図1）。

参加者は、各回10〜20名程度で、毎回参加する人と、ミニレクチャーの内容により単発で参加する人がいた。延べ人数は約100名である。参加の動機としては、「ミニレクチャーの内容を聞きたい」、「使っているアプリの開発者と話したい」、「専門的な人たちに質問したい」「しゃべり場で他の学校の様子を聞きたい」、「教育委員会の方針を確認したい」というものが多かった。

「しゃべり場」では、普段不安に感じていることや、不満に感じていること、他の学校との情報交換が行われ、またそれに対して、本協議会からのヒントやフィードバックなども行われていた。出てきた内容としては、「職員間で使える機能を教えてほしい」、「職員室のパソコンとクラウドで共有する手順を知りたい」、「ロイロノートと紙のノートの使い分け方が難しい」、「データの整理整頓をどの様にしているか」、「体育で動画撮影するのはお勧めだ」、「校内研修でジャムボードで意見をまとめた」、「学校に来られない子どもにメタモジクラスルームでコミュニケーションをとった」、「クラスの子どもの進度の差が広がってしまっている」、「持ち帰りの際の注意点」、「特別支援学級との連携」、「外付けキーボードの使用場面について」など、多岐に渡る内容であった。また、参加者の中には、ICT端末の操作と活用が得意であり、積極的に活用できている状態で、更に発展的な活用をしたいという教員も参加していた。彼らは、発展的な活用方法を相談する相手が、身近におらず、この「しゃべり場」を通して、他校の同様な立場の教員と交流することで、より飛躍した活用方法へのヒントを得ている様子であった。

年間を通して「しゃべり場」を開催することにより「しゃべり場」が市内の教員に認知されるようになり、「しゃべり場」に関する質問等も出てくるよ

うになってきた。教員には、いつでも質問や相談が出来る場が本協議会によって用意されているという安心感と、ICT 端末を使って行くことの重要性を、メッセージとして伝えることが出来たように感じている。また、教員にも一人一台の ICT 端末があり、移動時間を気にせず各自で Zoom で参加できる環境も、本事業の成功には不可欠な要素であった。新たな端末が導入された教育環境に移行していくためには、教員や学校が様々な試行錯誤を積み重ねていく必要があるが、本協議会として、この様な支援が出来たことは、高崎市の ICT 端末の利活用の促進に大きく寄与できたのではないかと考えている。 (村田)

5．学生の意識調査

2．で述べたように、本協議会の学校教育支援事業の一環で、高崎健康福祉大学人間発達学部子ども教育学科の学生が、高崎市予算付けの有償ボランティアとして高崎市内の小・中学校の ICT 教育支援を実施している。特に令和2年度の年度末に高崎市内の全校に iPad が導入される際には、支援を希望する学校に初期設定等の支援のために学生が高崎市教育委員会のコーディネートで派遣され、導入時の混乱低減と教員の不安払拭に大いに貢献している。これが実現した背景には、高崎健康福祉大学が大学教育の ICT 化をいち早く予見し、本協議会への具体的支援体制の確立も見越して、令和元年度の入学生から購入代金の6割を大学が支援する形で、学生全員に iPad を付与する取り組みを行っていたことがある。そのことにより、他地域には見られない、GIGA スクール構想導入時での大学とその地元学校教育との連携が実現したのである。

では、学校教育を支援した学生が学校の ICT 教育の導入時に大きな貢献を果たしたことは先に述べたが、支援した学生にはどのような影響を与えたのであろうか。その実態を調査するため、本学の学生363人を対象にメールでアンケート調査を実施し、ICT 教育が学生にもたらす影響について考察を行った。

(1)　調査方法

調査は、令和4年9月1日～10日の10日間、本学の学生363人を対象にメー

ルにてアンケートの依頼をし、web にて回答を得た。回答を得たのは170人であり、内訳は1年49人、2年49人、3年32人、4年40人で、回答回収率約47％となった。アンケートの質問内容は次の通りである。

1　学年を教えてください

2　全国で GIGA スクール構想のもと、公立小中高校に一人1つの ICT 端末が児童生徒に配付されていることをご存知ですか

3　令和3年度、令和4年度、春に募集・実施した高崎市の ICT 教育支援ボランティアに参加しましたか

4　実施したボランティアの内容を教えてください（いくつでも）

・ICT 端末の梱包の取り出し

・アカウント等の登録などの ICT 端末の初期設定作業

・机間巡視をしながらの児童の ICT 端末の操作支援

・担任の先生と一緒に前に出て、ICT 端末の操作方法レクチャー

・担任の先生の代わりに前に出て、一人で ICT 端末の操作方法レクチャー

・その他

5　ご自身が教員になった際、教育の場での ICT 端末の活用に不安はありますか

6　教育の場での ICT 活用について不安に思っていることを具体的に書いてください（いくつでも）

・ICT 端末を自分が使いこなせるか

・ICT 端末を児童生徒に使わせることができるか

・ICT 端末を使った授業を行うことができるか

・ICT 端末を使った授業準備等で勤務時間が長くならないか

・ICT 端末の利用により児童生徒との直接的な関わりの減少

・ICT 端末の使用による児童生徒のトラブル

・ICT 端末使用による授業工夫の難しさ

・ICT 端末の購入費用

・ICT 端末による学力の低下

・その他

7　ご自身が公立学校教員となって ICT 端末の活用を進めるためには大学でどのような取り組みがあれば良いと思いますか

・ICT 教育に関する講義の増設

・ICT 端末を用いた講義の実施

・講義内で ICT 端末を学生が使う機会の増加

・現場の教員による ICT を活用した授業のレクチャー

・企業によるアプリや ICT 端末の講座

・ICT 教育充実ためのハードの充実

・ICT 教育充実のためのソフトの充実

・その他

8　ICT 教育や ICT 端末活用についての疑問や思いがありましたらご記入ください（自由回答）

（2）　調査結果

　回答学生の学年に大きな差はないが、質問 2 の「高崎市 ICT 教育支援ボランティア募集に参加したか」の回答に対して「参加しなかった」134 人（79％）「知らなかった」17 人（10％）「参加した」19 人（11％）であった。このうち「参加した」19 人中 9 人が 2 年生で多かった。これは、高崎市の GIGA スクール構想に係る端末が全小・中学校現場で使われ始めた令和 3 年度、2 年生が 1 年時に「コンピュータ実習」という授業がスタートし、その授業で大きく ICT 教育支援ボランティアを募ったということが影響していると考えられる。

　学生へのアンケート実施に際し我々は「ICT 教育支援ボランティア」に参加することで、学生が教職現場で ICT 端末を活用することに対する不安が払拭されるのではないかという予想を立てていた。しかし、質問 5「ご自身が教員になった際、教育の場での ICT 端末の活用に不安はありますか」の回答結果は図 2 にあるように、ボランティア参加学生と不参加学生を比較すると、大きな違いは無く、むしろ不参加者に「不安なし」の回答が少し見られ

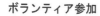

ボランティア参加

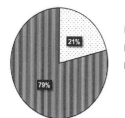

ボランティア不参加

図2　ボランティア参加者と不参加者のICT端末利活用に対する不安

ボランティア参加者

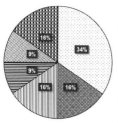

ボランティア不参加者

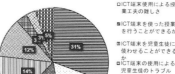

図3　ボランティア参加者と不参加者の不安の具体

た。

　では、ボランティア参加学生と不参加学生の違いは何なのか。それは、質問6「教育の場でのICT用について不安に思っていることを具体的に書いてください」の回答結果図3に見ることができる。ボランティア不参加学生に多い「ICT端末を自分が使いこなせるか」に対して不安である学生が31％に対し、ボランティア参加学生は9％であり、22％の差を見ることができる。一方、ボランティア参加学生の不安で多いのは「ICT端末使用による授業工夫の難しさ」が34％、「ICT端末を使った授業を行うことができるか」が16％である。この2つの不安項目を合わせると50％となっており、授業という教育現場での具体的な場面でICT端末を使用することを想定した不安が高くなっていたと考えられる。それに対して、ボランティア不参加学生の2項目を合わせた回答は32％であり、18％の差がある。このことから、ボランティ

ア参加学生は「ICT端末を授業で活用できるようになる必要がある」という具体的な教育現場を想定した問題意識が生まれていると考えられる。一方、ボランティア不参加学生は教育現場におけるICT端末使用に関する様々な不安が漠然と浮かんできていると考えられる。

　教職を目指す学生が教育現場でICT端末をどこでどう活用すればいいのかという具体的な問題意識をもつことは、学修目標が明確化され、大学でのICT端末についての学びを効率的に進める可能性があると考える。　（大橋）

6．考察

　GIGAスクール構想のもと、教育界にICT教育の成功事例としての実践が流布し、教育メディアもその効果を競って報道する中、新型コロナウイルスの感染拡大という想定外の事態に襲われ、学校が学びの場の機能を停止したことで、ICT教育にそれまで以上の期待が寄せられたことは周知の事実である。そして、その期待を寄せた主体はまさに保護者や子ども自身であった。学校一斉休校や、分散登校等の取り組みは、学力的にも身体的にも、そして心理的にも子どもの成長に影響を与えると感じ、もし新型コロナウイルス感染拡大が起らなければ、それまでの「プログラミング学習」や「アクティブ・ラーニング」などの教育言説に対した時と同様にあまり関心を払わなかったかもしれないが、今回は全く異なる過剰とも言うべき関心を示したのである。そしてメディアは当然そこに飛びつき毎日のように報道がなされ、瞬く間にICT教育に対する期待は高まっていった。

　その期待に真っ向から応えなくてはならなかったのが教育委員会や学校現場である。そして、期待に応えるべく悪戦苦闘する状況が、本協議会や高崎市教育委員会のコロナ禍の取り組みの裏側に見えてくる。高崎市は教育委員会や大学、企業の先見性が効を奏しコロナ感染拡大前に本協議会を立ち上げ、産学官による協働体制を立ち上げることができたのだが、その取り組みの方向性が徐々に保護者や子どもの期待にどのように応えていけば良いかに苦悩する教職員の不安の払拭に舵を切っていく様子が見て取れる。それは、行政主導の施策としてのGIGAスクール構想から、教職員の手によるICT教育の具現化への転換とも見ることができる。高崎市がスクール研究会を立ち

上げ活用事例集を作成したり、モデル校の実践を本協議会と協働してまとめ上げ実践事例集を発行するなど、教員が ICT 教育に取り組む際の具体的な羅針盤を示し、教職員の不安の軽減に努めたと言うことができるであろう。

　さらに、大学と連携することにより、教職員の不安の軽減に向けての支援が加速していく。それは iPad 導入時のボランティア学生の希望校への一斉派遣が象徴している。端末導入と初期設定を市内小中学校で同時期に一斉に行うことは、一大事業である。しかし、保護者たちはその取り組みに大いに期待を寄せていたこともまた事実である。大学が iPad に慣れた学生を配置することで、その難題をクリアし、保護者や子どもの期待に応えたという取り組みは、教職員に大きな安堵を与えたに違いない。それは、その後に続く大学が主体となって企画運営された「しゃべり場」につながっていくのである。

　「しゃべり場」のような取り組みは教育委員会や教育センターなどが行うことではあるが、学校現場にいる教職員と教育行政側との微妙な権力構造が存在するため、なかなか継続することは難しく、一部の意識が高い教職員だけが参加する場となってしまう傾向が存在する。しかし、大学との連携に興味関心を持つ教職員は幅広く存在し、その教職員のニーズに沿った形態で、大学の社会貢献活動の一環として維持運営され、教職員の ICT 教育推進に係る多様な不安の軽減に、大いに役立っていると言うことが、延べ約100名の教職員の参加という事実から推察することができるのである。

　では、大学側にはどのようなメリットをもたらしたのであろうか。第一義的には、大学が高崎市の小中学校と対面的な関係性を構築できたことが挙げられる。これまでも地域貢献として講演や学校訪問などを行ってきたが、どれも単発的な取り組みとなる傾向が強かった。しかし、現在では大学の教員、公立小中学校の教員、指導主事等が、顔を知る関係での連携が構築され、それは ICT 教育にとどまらない状況にまで広がっていることは大きな成果と言えるであろう。それに加え、教職を目指す学生の多い大学において、アンケート調査から見えてきたように ICT 教育に係る学生の意識を根底から変える経験を生み出したことは、想定外の価値ある教育活動を大学側にも生み出すことができたのである。

科学技術基本計画に示された Society5.0 の実現のための質の高い ICT 教育を具現化するためには、教育行政と各学校という枠組みに、企業や大学が協力するというスタンスではなく、本稿で示したように教育行政と各学校・大学・企業が協働して新たな教育活動を創造していくという方向性が不可欠であり、その取り組みの過程自体が Society5.0 を生み出す原動力になることを、本事例は具体的に示しているのである。　　　　　　　　　　　　　　（栗原）

注

1）水越敏行・久保田賢一・黒上晴夫『ICT 教育の実践と展望』2003年2月　日本文教出版

2）水越敏行・久保田賢一『ICT 教育のデザイン』2008年8月　日本文教出版

3）筑波大学附属小学校　情報・ICT 活動研究部『筑波発　教科のプロもおすすめする ICT 活用術』2016年6月　東洋館出版社

4）新潟大学教育学部附属新潟小学校『ICT 思考ツールでつくる「主体的・対話的で深い学び」を促す授業』2017年2月　小学館

5）堀田龍也・春日井市教育委員会・春日井市立出川小学校『学習規律の徹底と ICT の有効活用～わかりやすい授業の実現を目指して～』2015年2月　教育同人社

6）葛飾区教育委員会・葛飾区立本田小学校『教室に ICT がやってきた～本田小学校のフューチャースクール導入から定着まで』2014年7月　NTT 出版株式会社

7）平成28年1月22日に閣議決定された、科学技術基本法（平成7年法律第130号）第9条第1項の規定に基づく、5か年の科学技術基本計画の中で日本が目指すべき未来社会の姿として初めて提唱された。

コミュニティ・スクールの導入促進の戦略と質的向上を目指した行政支援の在り方

鈴木廣志（栃木市地域政策課）

Strategies for Promoting the Introduction of Community Schools and Administrative Support for Quality Improvement

SUZUKI Hiroshi（Regional Policy Division, Tochigi City）

In September, the Ministry of Education, Culture, Sports, Science and Technology （MEXT） released the latest information on & quot; the status of implementation of community schools and localschool collaboration activities in FY2022. According to the report, the number and rate of increase in the number of community schools introduced in each prefecture over the previous year are the highest ever. Among public schools, 15, 221 （42. 9％） have community schools, and among public schools, 20, 568 （57. 9％） have community school headquarters. Certainly, community schools are expanding. However, although they have been established, some appear to have become a formality, with no difference seen between them and meetings of school councilors. Regarding issues in promoting their introduction and operation, some have pointed out the need for further promotion of understanding among those involved, pointing to confusion with similar systems, formal meetings, and school support activities. In this study, the author examined the strategies of cities and towns that are considering the introduction of CS and the MEXT's new proposal for push-type support, based on examples of cities and towns where the author has been involved as a CS Meister, and examined the current state of administrative support and training for school sites that are promoting the introduction of CS. The report discusses the challenges and direction of CS.

1．はじめに

　文部科学省は9月「令和4年度コミュニティ・スクール及び地域学校協働活動実施状況について」の最新の情報を発表した。それによると、都道府県でのコミュニティ・スクール導入が、対前年度比増加校数・増加率ともに過去最高。公立学校のうち、コミュニティ・スクールの導入校は15,221校（42.9％）となり、前年度調査から3,365校（9.6ポイント）増加。特に、小学校・中学校・義務教育学校の導入校は、13,519校（48.6％）と約半数の学校で導入となったとあった。また、公立学校のうち、地域学校協働本部を整備している学校は20,568校（57.9％）となり、前年度調査から1,097校（3.2ポイント）増加し、公立学校のうち、コミュニティ・スクールと地域学校協働本部をともに整備している学校は11,180校（31.5％）となり、前年度調査から2,652校（7.5ポイント）増加したことを公表した。このことから、コミュニティ・スクール（以下CSと表記）は、確実に広がりをみせている。

　しかしながら、設置はしたものの学校評議員の会議との違いが見られず、形骸化している様子も見られる。また、導入促進上の課題や運営上の課題についても、類似の仕組みとの混同や形式的な会議、学校支援活動との混同等を指摘し、関係者の更なる理解促進が必要であるとの指摘もある。

　これらの点を踏まえ、「コミュニティ・スクールの在り方等に関する検討会議」の最終まとめ（R4.3.14）では、これからのCSの在り方について、以下の3つの方向性を示している。

(1)　コミュニティ・スクールの導入促進

　①教育委員会による導入計画の策定②国や都道府県等の丁寧な説明等により類似の仕組みからの段階的な移行を促進③高校、特別支援学校、幼稚園等においても、学校種の特性を踏まえつつ導入を推進

(2)　コミュニティ・スクールの質的向上

　①学校と地域をつなぐ総合的な企画・調整役を担う地域学校協働活動推進員の配置促進・機能強化②都道府県教育委員会のアドバイザーの配置等、教育委員会の伴走支援体制の構築③適切かつ多様な学校運営協議会委員の人選

(3)　コミュニティ・スクールと地域学校協働活動の一体的推進

①両取組の相乗的な連携・協働の推進②学校と地域が連携・協働した教育活動により、放課後等の学習支援等、多様な課題への対応を推進③子供たちの地域社会への参画や大人の学び等、地域課題解決のプラットフォームとしての活用

そこで本研究では、これらから CS の導入を検討している市町の戦略と文部科学省の新たな提案であるプッシュ型支援について、筆者が CS マイスターとして関わってきた市町の事例を元に、CS の導入を進める学校現場の現状と行政支援・研修の在り方を検討し、その課題と方向性を考察したい。

２．プッシュ型支援とは

文部科学省は、令和 4 年度から CS の導入が進んでいない自治体に対し、導入に向けたコンサルティング等を行う CS マイスターを都道府県教育委員会又は政令指定都市教育委員会に派遣するプッシュ型支援を実施している。CS マイスターは、全国を 5 ブロックに分け37人を委嘱し、教育委員会等に対して派遣する制度である。派遣する CS マイスターは、文部科学省が選定するとしている。CS マイスターの任務は、①教育委員会からの依頼に応じた助言及び支援② CS の導入促進と質の向上③都道府県教育委員会（指定都市を含む）の推進体制構築を支援することである。従来は、都道府県立学校のCS 設置や市区町村教育委員会への導入促進、伴走支援体制構築の支援を行っていたが、令和 4 年度以降は、CS の導入を加速するために、導入が進んでいない自治体や都道府県立学校に対しても、CS の十分な理解を促し、導入に向けた積極的な働きかけを行う戦略的な役割を担うこととなった。

①プランニングサポート
・都道府県教育委員会が主体となり導入促進計画を立てる。CS マイスターはアドバイザーとして関与する。
②アクションサポート
・CS の導入が進んでいない自治体や都道府県立学校において、説明会や関係者による協議等を実施する。
③フォローアップサポート

・アクション後の効果を確認し次の強化プランへの助言・支援を行う。

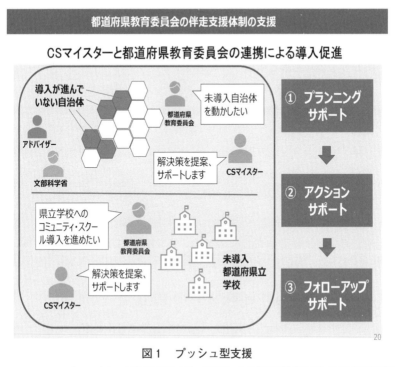

図1　プッシュ型支援

3．CS 導入のストラテジー（戦略）（茨城県つくば市を事例に）

⑴　教育振興計画・教育ビジョンへの位置づけと教育委員会をあげての対応

　つくば市は人口約25万の学園都市。小中一貫教育を目指し、18の学園を形成し、2022年度1学園から順次導入し、2023年度8学園、2024年度6学園、2025年度までに18学園50校すべての学園に導入を目指している。CS の設置について、「つくば市教育大綱」（R2.3）において、明確に位置づけられている。具体的には、基本方針1「未来をひらく力を育む」：「持続可能な仕組みをもった小中一貫教育を支える学園・学校運営協議会の推進を図っている。」と明記されている。

　このように教育委員会が教育振興計画や教育ビジョンなどに CS を明確に

示し、教育政策として位置づけることで、目指す児童・生徒像が明確となり、CS 導入を後押しし、学校を核にした地域づくりの担い手の発掘や養成、活動の活性化につながる。

⑵ 実態の丁寧な把握と学校へのヒアリング

　学校の困り感を丁寧にヒアリングし、問題の共有化を図っていくことで、学校の新たな事業や活動に対する負担感を減らすことができる。例えば、学校・地域への丁寧なアンケート調査では、①協力団体などの名称：○○児童見守り隊・親父の会・読み聞かせ・市民の会など②協力の活動内容：校内奉仕作業・学校行事の準備・授業支援・講演会③ CS への期待・校長の意見：「地域と連携した取組が組織的に行えること」「地域の学校理解と関心」「職員の働き方改革になることや負担軽減」「コーディネーターの配置」「双方に取って負担のないもの」「第三者が入ることで学校の意識改革に繋がること」など学校現場の生の声を拾い説明や改善に努めている。

⑶ ロードマップの作成と教育委員会の伴走支援

　令和 4 年つくば市版『コミュニティ・スクールのつくり方』を作成予定で、つくば市が目指す CS の姿やロードマップを明確にしている。具体的には、ステップ 1 （制度準備）からステップ 6 （CS 導入・設置後の運営協議会の持ち方）を学校・地域・教育局に分けてやるべきことを明確に示している。さらに、市の特色を活かして、ふるさと科（つくばスタイル科）での実践等「社会に開かれた教育課程」の実現を目指した導入を検討している。

　このことにより、学校・市教育委員会・地域ボランティア、コーディネーターがいつまでに何をすべきかの役割分担を明確にもち、その進捗状況を確認しあうことができる。また、CS に関する想定される Q&A も解説されている。こうした目指す方向性を確認し、丁寧な教育委員会の伴走支援は、運営に関わる関係者には、とても安心感がもてる。

⑷ それぞれの立場からの CS 研修会の開催

　校長・教頭等管理職、教職員、地域コーディネーター、ボランティアなど

のCSを担うそれぞれ立場の研修会の開催を計画実施している。まず大切なのは、学校長のCSの理解である。「地域に人材がいない」「今の地域連携で十分」「学校評議員がいるから」などの認識を改め、経営参画の仕組みやグランドデザインに位置づけることが必要である。

(5) 学校運営協議会委員の学校理解と当事者意識

これには、長いスパンが必要であり、参画の戦略も必要と考えている。とくに、地域学校協働活動を推進し、コーディネートする地域の人材の確保と育成、予算措置に力を入れている取組は、持続可能なCSの実践にもつながってくる。

(6) モデル校指定・段階的指定・全校指定等の実施校の決定

CS導入を予定している学園では、担当者が打合わせや相談に応じ、会議の様子やCSの設置についての動画配信を行うなど丁寧な伴走支援を行っている。また、先進地視察や研修講師を招いての情報提供をこまめに実施。特に先進校の取組を幅広く紹介し、実践現場を見学し、具体的な切り口を示すことで、CSの理念だけではなく、学校や地域の活き活きと活動する姿を通して、具体例な実践をイメージできCSのメリットを実感できる。

(7) CSと地域学校協働活動の一体的推進のための「チームCS」

行政間の連携として、生涯学習推進課、学び推進課との連携、小中一貫教育やICT活用の土台があることも強みの一つ。大学、研究機関など人材や地域の教育資源の宝庫であり、出前授業・未来塾など地域側の受け皿となる組織づくり、ボランティアの募集は、既存の組織を生かしながら多様な団体や個人のネットワークを目指す。そのために、行政間で担当者の横の連携を行い「チームCS」を目指し首長部局への働きかけも重要である。

4．プッシュ型派遣の実際（栃木県のCS導入の現状）

栃木県はCSの導入率が（令和4年5月現在）小中義務教育学校において39.1%、地域学校協働本部の整備率は65.7%の現状である。また、地域学校

協働推進員、または地域コーディネーターの自治体の配置率は96.2％、類似の仕組みを持つ割合が23.0％である。高校・特別支援学校のCSの設置率が低いのも特徴である。平成13年から教育事務所にふれあい学習課を組織し、学校と地域の連携、協働、子どもたちに豊かな体験や交流活動、地域づくりを進めてきた。さらに、学校側のコーディネーターとして、平成26年から地域連携教員を配置し、社会教育主事有資格者を充てるなど特徴的な施策を推進してきた。

(1) 栃木県教育振興基本計画2025―とちぎ教育ビジョン―（2021～2025）

　栃木県は2021年2月に振興基本計画を策定した。計画の中で、地域コミュニティの変化について、「平成29年度の全国学力・学習状況調査の結果によると、本県の保護者の学校行事参加率は、小学校が全国1位（97.8％）、中学校が3位（92.2％）。また、住んでいる地域の行事に参加していると回答した児童生徒の割合も全国平均を上回っている。この素地を生かして、学校と家庭、地域が一層連携・協働して、地域全体で子どもたちの学びや成長を支えるとともに、地域住民のつながりを深め、地域社会の活性化を図る『学校を核とした地域づくり』の取組を推進していく必要がある」と述べている。また、基本施策「家庭・地域の教育力の向上、学校との連携・協働の推進」では、社会に開かれた教育課程の実現に向けて「地域とともにある学校づくり」「地域学校協働本部」等の学校を支える地域の組織体制整備の支援や地域コーディネーター、地域学校協働活動推進員の養成について推進指標として地域学校協働活動のカバー率の目標値を2025年に80％以上と設定している。

　さらに、CS設置については、施策「魅力ある県立学校づくりの推進」において、「CSの導入により、地域の連携・協働を深め、学校経営を充実させるとともに、地域を支える人材を育成し、地域の期待に応える学校づくりを進める」と述べている。

　以上のことから、CSの具体的な推進計画はないもののその目指す教育の方向性にCSの推進が見られることが、今回の推進計画の特徴である。

(2) CS導入率と本部設置率の現状　（令和4年5月1日現在）

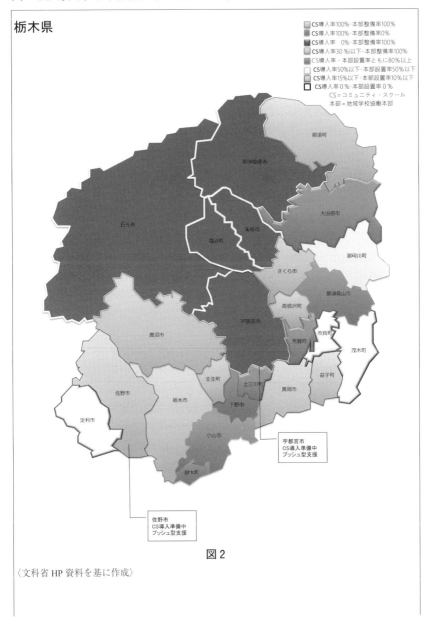

図2

〈文科省HP資料を基に作成〉

〈CSの導入率〉県内全25市町
　・0〜20%…11市町・21〜40%…2市町
　・81〜100%…12市町
〈CSの導入率と本部の設置率を合わせて〉
CS導入率100%・本部設置率100%・・・・・5市町
CS導入率100%・本部設置率0%・・・・・5市町
CS導入率　0%・本部設置率100%・・・・・5市町
CS導入率　30%以下・本部設置率100%・・・1市町
CS導入率　80%・本部設置率80%以上・・2市町
CS導入率　50%以下・本部導入率50%以下・・1市町
CS導入率　15%以下・本部導入率10%以下・・3市町
CS導入率　0%・本部導入率0%・・・・・3市町

　市町ごとのCS導入率は、上に示す通り市町間の差が大きい現状である。この状況を鑑みて、県教育委員会とともに、プッシュ型支援を行い、9月にCS導入の支援を目的としてCS説明会を実施し、11月から12月に2つの市町のコンサルテーションを予定している。その結果、CS説明会の後のアンケートから見えてきた市町の現状は以下の通り。

〈市町説明会でのアンケートから抜粋〉
(1)各市町が導入に向けての課題と必要としている情報について
①学校現場のCS理解と説明が難しい（特に校長会での同意）
②小中一貫CSのメリット・デメリット
③他市町との情報交換の場
④学校の統廃合とCS導入の両立を進めるための具体的な方策
⑤CSを設置している地区内の小中学校との連携
(2)質的向上に向けての戦略
①管理職研・地域CS研・合同研修会などを定期的継続的に実施する
②学校運営協議会の熟議…教職員の参画・児童・生徒の参加・ファシリ
　　テーション力

③学校の教育機能の地域への開放…施設・児童生徒・事業・関係性

④学校を核にした地域づくりの戦略・ビジョンをもつ

⑤首長の理解と予算の確保・チームCS

(3)プッシュ型支援の要請について

○宇都宮市…類似の仕組みをもっていることからCS未設置であった。しかし、今年度、地域からの要望や地域連携教員の研修等でも積極的にCSとの一体的推進を呼びかけてきた経緯もあり、担当者からプッシュ型支援の要請があった。

○佐野市…義務教育学校が今年度からCS導入をスタートし、来年度開校予定の義務教育学校がCS導入を検討していることから、小中一貫教育を踏まえたCSの実践を視野に導入を検討することから、プッシュ型支援の要請があった。

(3) 学校と地域の連携推進モデル事業

　栃木県教育委員会では、令和2年度から「頑張る学校・地域！応援プロジェクト」を実施している。この事業は「社会に開かれた教育課程」を実現するため、「地域とともにある学校づくり」及び「学校を核とした地域づくり」への支援を一体的に行うことにより、子どもたちの豊かな人間性や主体的に考える態度を育むとともに、子どもの学びを支える地域の教育力の向上を図ることを目的としている。

　各教育事務所単位で、学校と地域との連携・協働に関する知見を有する者を「地域連携マイスター」として委嘱し、社会教育主事・指導主事等をメンバーとする「学校と地域の連携支援チーム」を編成し、併せて、学校と地域の連携推進モデル事業実践校（モデル校）として各教育事務所管内から2校ずつ計14校を指定し、学校と地域の求めに応じて支援チームを派遣することにより、体制づくり、連携活動、研修等の支援を行っている。

　これらの実践校からの成果は、CSの運営委員会の組織への移行をスムーズに行うことが可能となる実践であり、組織体制、人選、熟議の在り方、地域学校協働活動のネットワーク、学校のニーズ・困り感を把握できるなど、

CS への移行を円滑に行うことを可能にしている。いくつかの市町では、モデル校の指定から CS への導入につなげている。しかし、連携・協働のポイントは明らかになるが、学校運営への参画の視点は、弱いことも指摘できる。連携・協働が目的となっていないかを改めて考える必要がある。

⑷　令和 4 年度　地域学校協働活動推進員養成研修

　「頑張る学校・地域！応援プロジェクト」では、地域学校協働活動推進員の育成・地域コーディネーターの力量形成にも力を入れている。その概要は以下の通りである。

　1．事業のねらい

　　地域学校協働活動推進員としての資質向上を目指して、地域と学校の連携・協働の在り方について理解し、地域学校協働活動の推進に必要な知識や技術を身に付ける。

　2．研修概要

　①地域学校協働活動推進員の役割の理解

　②ファシリテーションスキルの向上

　③コーディネートの手法を学ぶ　④地域学校協働活動の企画・立案

　3．研修日　全 5 回（6/15〜10/12）

　4．受講者43名

　・地域学校協働活動推進員・地域コーディネーター経験者・がんばる学校・地域！応援プロジェクト　モデル校コーディネーター

　5．研修の実際

　　講話（コーディネーターの役割・学校と地域の現状・CS 理解）グループワーク・地域学校協働活動の計画・立案などを組み合わせて研修会を実施

　6．受講者の気づき・学び

　〇自分のことを知り、行動パターンを知ることで、組織として動く際の役割や他者の活用について参考になった。

　〇学校とコーディネーターのつながりだけでなく、公民館、自治会、民

生委員など視野を広げて地域とのつながりを持って活動すべきだ。

〈令和4（2022）年度〉
地域学校協働活動を支えるコーディネーターを目指して

地域学校協働活動推進員養成研修　開催要項

◇対　象　○地域学校協働活動推進員及びその委嘱予定者
　　　　　○がんばる学校・地域！応援プロジェクト事業モデル校コーディネーター
　　　　　○地域コーディネーター等の経験者
◇定　員　50人

ねらい	地域と学校双方にとって望ましい協働関係を築くには、地域資源や住民等をよく理解するとともに、学校との円滑なコミュニケーションを図る地域人材の存在が重要です。 　本研修では、地域学校協働活動推進員としての資質向上を目指して、地域と学校の連携・協働の在り方について理解し、地域学校協働活動の推進に必要な知識や技術を身に付けます。

研修プログラム

回	期日・曜日	内　容　・　講　師		会場
1	6/15（水）	開講式 説明 「地域学校協働活動推進員の役割」	生涯学習課職員	総合教育センター
		情報交換・協議 「地域と学校をつなぐために」	総合教育センター職員	
		講話 「今、なぜ地域と学校の連携・協働が求められるのか」 ※「地域とともにある学校づくり」推進フォーラムを兼ねています。	国立教育政策研究所 総括研究官 志々田　まなみ　氏	
2	7/13（水）	講話・演習 「協働活動の質を高めるための話合い 　～ファシリテーションスキルを高めよう～」	宇都宮大学地域デザイン科学部 准教授　石井　大一朗　氏	
3	8/25（木）	講話・演習 「協働活動を支えるためのつながりづくり 　～コーディネートの手法を学ぼう～」	NPO法人 まなびのたねネットワーク 代表理事　伊勢　みゆき　氏	
4	9/16（金）	講話 「地域全体で子どもの成長を支えるために 　　～子どもを取り巻く現状と課題～」	栃木市地域政策課 社会教育指導員 鈴木　廣志　氏	
		講話・演習 「地域づくりにつながる活動について考えよう」	とちぎ市民協働研究会 事務局長　土崎　雄祐　氏	
5	10/12（水）	演習 「地域学校協働活動の企画・立案」	総合教育センター職員	
		講話 「これからの地域学校協働活動の在り方」 閉講式	作新学院大学女子短期大学部 教授　青木　章彦　氏	

研修時間は、10:00～15:30 です。

図3　研修プログラム

その他にも、各教育事務所主催の地域連携教員と地域コーディネーターの合同研修も実施されている。地域学校協働活動の中心となるコーディネーターの力量形成と養成は、一体的推進には欠かせない。講話・演習を基本にしつつ、学校運営のマネジメント研修の視点も今後の研修のプログラムに導入することも検討課題の一つである。

(5) CS 導入率100％・本部事業設置率100％の市町の事例 1 （那須町）

①人口約38,000人。CS 推進計画有り：生涯学習推進計画（H30～H34）
・現在、小学校 6 校、中学校 2 校に CS を導入。那須町コミュニティ・カレンダーの発行・水曜講座等を実施
②コミュニティ・スクールの導入について
・平成24年、学校適正配置計画と並行して、コミュニティの中心となる学校がなくなる地域が出てきたことを契機に、17校の小中学校に CS を導入。現在は、統廃合され、小学校 6 校、中学校 2 校に CS を導入。CS がスタートして 6 年目。
③CS の特色について
・自分たちで学校の課題を見つけ、熟議を重ね、やり方を探る。下部組織としての学校支援委員会の存在あり。学校運営協議会がブレーンとなり、学校支援委員会が活動部隊で活動している。
・必要に駆られて CS が始まったので、CS を頼りにし、CS に期待されている部分が大きい。また、教育長の熱い思いもあり他の市町よりも動き易い。
④コミュニティ・スクールが形骸化しないための工夫
・様々な立場の研修会や学習会の開催を通して、各校の CS 同士の連携、他団体との連携や情報共有を図っている。関係者が一堂に介する「和い輪い学習フォーラム」ではアンケートで得られた課題解決のために行政が動き、広報活動にも力を入れる。
⑤CS の広報や情報発信について
・2021年度広報誌で CS の活動を紹介。CS カレンダーの配付。

・学校便りに地域連携関係の記事を掲載。学校運営協議会便り発行。

⑥学校運営協議会委員の選出・参画について

・小学校の学校運営協議会の話合いに、卒業生の中学生を選出。

・学校運営協議会の話合いに小学生の意見表明の場を設定。

・総合的な学習の時間で中学生が学校運営協議会でプレゼンを行う等。
R4那須中 CS 水曜講座プロジェクト文科大臣表彰

⑦高校との連携

・町内唯一の県立那須高校と連携し、県内初の高校魅力化コーディネーターを配置し、総合的な探究の時間の学習に「地元友だちプロジェクト」「地域づくり人物図鑑」等を実践。公民館・社会福祉協議会・地元の企業等が協力。県立校での CS 設置校。

(6) CS 導入率100%・本部事業設置率100%の市町の事例2 （栃木市）

①人口約156,000人。CS 推進計画有り「栃木市教育計画（2018〜2022)」

②コミュニティ・スクールの導入について

・平成24年「とちぎ未来アシストネット」（学校支援本部事業）をスタートさせ、学校支援ボランティア活動延べ人数423,000人（平成27年度）の実績から平成28年に24校（希望校）で CS スタートし、平成29年に44校全校設置。

③CS の特色について

・学校評議員からの移行・分離型の小中一貫教育・公民館を拠点にした地域学校協働活動「とちぎ未来アシストネット」と CS を一体的に推進。

・令和２年から公民館が首長部局に移管後も学校を核にした地域づくりの視点をもち活動を展開している。

④コミュニティ・スクールが形骸化しないための工夫

・年間６回の様々な立場の研修会や学習会の開催。特に、地域コーディネーターと学校コーディネーターの合同研修会や地域教育協議会、ボ

ランティア交流会・事例発表会を通して、各校の CS 同士の連携、他団体との連携や情報共有を図っている。公民館職員が学校とコーディネーターの相談窓口となり新たな人材の紹介や事業の展開を支援している。(大学・専門機関・市民活動・NPO との連携・協働等)

⑤ CS の広報や情報発信について

・学校便りでの活動の記事を掲載。生涯学習課、公民館の「とちぎ未来アシスト便り」の発行(各学校の活動を紹介)・地域連携マップの作成、HP で運営協議会の紹介等

⑥学校運営協議会委員の選出・参画について

・地域政策課の主管であるまちづくり協議会の委員や実働組織に CS 委員が参画し、学校の課題を地域の課題として共有している。また、各

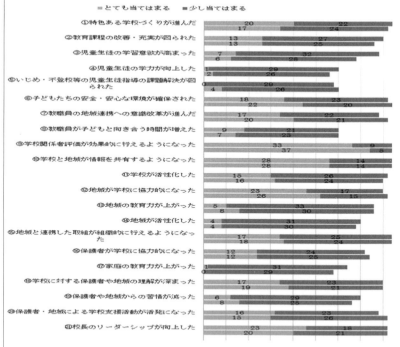

図4　令和3年度栃木市学校運営協議会実績報告より

公民館ごとの地域教育協議会での協議や中学校区ごとの校長・CS会
長・地域コーディネーターによる小中一貫ブロック会議は実践の情報
共有、課題解決、学校評価の貴重な機会となっている。
⑦令和3年度各学校運営協議会実績報告から （上段がR3年度、下段が
R2年度）
・CS導入の成果評価を実施しいずれも高い評価（特色ある学校作り）
・感染症対策や学校の働き方改革について熟議から具体的実践、改善が
見られる。
・児童生徒の地域への参加・ボランティア活動等の実践が議論される。
⑧令和4年度CS具体的推進について
・CSについての関係者への理解及び保護者・地域住民への更なる周知
・CSを核にした各学区での「とちぎ未来アシストネット」の推進
・教職員の多忙化解消（働き方改革）中学校区での学校運営協議会の連
携

5．考察・まとめ

　CSの導入と質的向上を巡る行政支援の在り方について事例を紐解きなが
ら検討してきた。その結果、行政支援の在り方について次の5点を考察し、
整理した。

(1)コミュニティ・スクールの設置促進について、教育振興基本計画への位置
づけなど教育委員会としてのビジョンの明確化と推進目標の明示は、CS
の設置をゴールにしないことや協働活動を目的化せずに、目指すべき学校
像、児童生徒像、さらには地域の未来像を明確にすることにつながり、CS
の質的向上にもつながる。

(2)文部科学省が進めるプッシュ型支援は、設置を目指す市町村教育委員会と
都道府県教育委員会、文部科学省が一体となり、CS設置に向けて、情報を
共有し大いに成果を上げる手立てとなりうる。また、持続可能なCSの運
営にもつながっている。実践事例から、CS導入の阻害要因の一つに、学校
への説明やイメージを伝えることが難しいことやCS導入の手順や戦略に

も苦慮している実態もわかった。設置後の丁寧な伴走支援と行政担当者のための説明会、研修会も有効である。

(3)CS導入率と地域学校協働本部事業の設置率が市町により大きな地域差がある。この実態を是正し、CSの導入と本部の一体的推進を目指すためには、一体的推進の効果を具体的に見える化することが求められる。導入によって、学校や地域の課題の解決、学校と地域のこれからの姿を語りあうこと、地域の担い手を育てることなどを学校運営協議会の議論と地域学校協働活動の実践により実現し、成果を示していくことが求められる。その意味で、今後、CSポートフォーリオの活用の事例を注視したい。

(4)学校運営協議会の形骸化を防ぐために、委員に多様な人選と熟議についての方法の見直しが必要であり、人選の任期や方法についても議論が必要である。また、実践事例から、必要に応じて学校運営協議会に、教職員（地域連携教員等）がファシリテーターとして参加したり、児童生徒がオブザーバーとして参加することによって、学力向上や校則の見直し、地域の未来像などについて熟議を行う事例も見られた。こうした実践は、今後、教職員の学校運営への参画意識の向上や児童・生徒の地域への愛着や地域貢献の意識の育成にもつながる。

(5)地域学校協働活動推進員や地域コーディネーターは、学校と地域をつなぐ総合的な企画・調整の役割を担っている。また、学校運営協議会の委員として学校運営にも参画することから、学校運営協議会と地域学校協働活動を一体的に推進する上で重要な役割を担うキーパーソンである。そのため、教育委員会はその配置や待遇、力量形成のための研修や相談の機能を強化することが求められる。事例からも、研修の機会の提供や情報交換の場、学校や公民館等の社会教育施設等を活用した連携・協働する場を設けることで、日常的な情報の共有や多様な団体や個人の新たなネットワークづくりにもつながっていることがわかる。特に、大学、企業、市民活動、まちづくり団体、NPO等との連携は、新たな課題解決の糸口となっている。さらに、コーディネーターの負担軽減のために、応分の報酬の予算化、グループコーディネーション、NPO等への委託もその一つの提案である。

参考文献

文部科学省「令和4年度コミュニティ・スクール及び地域学校協働活動実施状況について」
　　（令和4年9月14日発表）

文部科学省「コミュニティ・スクールの在り方等に関する検討会議最終まとめ」（令和4年
　　3月）

文部科学省「令和4年度CSマイスター全体会議」資料（令和4年4月）

つくば市教育局「コミュニティ・スクール導入計画」資料（令和3年6月）

栃木県教育委員会「栃木県教育振興基本計画2025—とちぎ教育ビジョン—」（令和3年2
　　月）

森美佑紀「栃木県総合教育センター内地留学成果報告」（令和4年9月）

栃木市教育委員会「令和4年度栃木市コミュニティ・スクールの推進について」（令和4年
　　4月）

栃木市教育委員会「栃木市教育計画-後期計画-2018-2022」（平成30年3月）

栃木県総合教育センター研修資料「地域学校協働活動推進員養成研修」要項（令和4年4
　　月）

鈴木廣志「コミュニティ・スクール・地域学校協働活動の一体的推進による新たな学びの
　　創造」日本教材文化研究財団（令和4年3月）

学校図書館の蔵書の整備に関する現状と課題
―文部科学省「学校図書館の現状に関する調査」の結果から―

鈴木　守（常葉大学）

Status and Issues of Collections of Public Elementary and Junior High Schools in Japan: Analysis of the Data of Survey on the Current State of School Libraries by the Ministry of Education

SUZUKI Mamoru（Tokoha University）

For education in the post-corona era, school libraries are expected not only to provide e-books but also to maintain collections of books. The purpose of this research is to examine regional disparities in school library collection by comparing urban municipalities（cities and wards）with rural municipalities（towns and villages）and comparing municipalities with public libraries with municipalities without public libraries. Analysis of the data of survey on the current state of school libraries by The Ministry of Education, Culture, Sports, Science and Technology （2006-2020）revealed the following:（1）In rural area only 67. 2% of public elementary school libraries and 52. 6% of public junior high school libraries have met a standard which have a standard for school library collections according to the number of classes.（2）In municipalities without public libraries only 66. 1% of public elementary school libraries and 53. 4% of public junior high school libraries have met this standard. Support from public libraries and social education facilities is essential for public elementary and junior high school libraries, which have insufficient collections. it will be necessary to further collaborate with schools, public libraries, and social education facilities.

1. はじめに

　新型コロナウイルス感染症（COVID-19）のパンデミックを期に、With コロナ、After コロナにおける学校図書館の在り方が問われている。新型コロナウイルス感染症感染拡大防止への対策とともに、教育の情報化や GIGA スクール構想の進展のもと、電子図書館や電子書籍の導入への関心が高まっている。堀田（2020）は「次第に紙資源がデジタルに移行する今日、図書館教育とはどのようにあるべきかといった大きな転換点にある」と指摘し、野口（2020）は「学校図書館における電子書籍利用環境構築を With コロナ対応としてとらえるのでなく、学校図書館機能の整備・充実の一環として、After コロナをも見据えて取り組んでいくことが必要」と主張している。

　学校図書館の電子図書館や電子書籍の導入に関する議論や事例がみられる一方で、学びの場としての学校図書館や、電子書籍とともに従来の紙の書籍を活用する効果等について調査研究や実践等が報告されている。岩瀬（2021）は「急速に進む GIGA スクール構想で、関心は一気に学校あるいは学校図書館における ICT 活用に向かっているように見える」としながら、身体を介した質感を伴うやりとりにこそ学校図書館の存在価値があると述べた。小野ほか（2021）は、高校生を対象とした調査から「図書館は学習空間としての位置づけが強く、資料やコンテンツの遠隔サービスだけでは、その代替になりえない」とした。富永（2022）は小学校等での実践から、GIGA スクール構想において、学校図書館と ICT 機器双方を同時に活用することによって子どもたちの情報活用能力の向上が期待できると述べている。伊吹（2021）は、コロナ禍における生徒の読書活動について、学校の臨時休校期間と通常の学校開校時との比較検証から、紙の書籍と併用しながら電子書籍を活用した読書の可能性について述べている。濱田・秋田（2022）は、小中高生を対象とした調査から「紙での読書を行う習慣があり、さらに新たなツールを活用することのできる小中高校生は、論理的思考への自覚と社会情動的スキルが高いことが示唆される」とした。

　2021（令和 3）年、中央教育審議会の「『令和の日本型教育』の構築を目指して〜全ての子供たちの可能性を引き出す、個別最適な学びと、協働的な学びの実現〜（答申）」においては「紙という媒体の利点や必要性は失われない

一方で、デジタルを利用する割合は増えていくであろうし、学校図書館における図書等の既存の学校資源の活用や充実を含む環境整備の在り方、校務の在り方や保護者や地域との連携の在り方、さらには教師に求められる資質・能力も変わっていくものと考えられる」とし「新時代の学びを支える教室環境等の整備として、学校図書館における図書の充実を含む環境整備など既存の学校資源の活用も併せて進める必要がある」とされている。これからの教育において、学校図書館は、電子図書館や電子書籍の導入とともに、従来の紙の図書を中心とした蔵書の整備が引き続き求められている。

　学校図書館の蔵書整備の全国的な状況については、文部科学省が実施している「学校図書館の現状に関する調査」の結果報告により明らかにされている。米谷（2021）は、同調査の2002（平成14）年度から最新の2020（令和2）年度までの全12回の調査結果の経年変化等の分析を行っており、学校図書館の蔵書について「学校数は減少傾向にある一方、蔵書冊数はほぼ横ばいか若干増加傾向にあり、よって1校あたりの蔵書冊数は増加している」「公立の小学校及び中学校の学校図書館で備えるべき図書の冊数を定めた『学校図書館図書標準』の達成状況が、小・中学校いずれも右肩上がりの上昇傾向を示している」等を明らかにしている。しかし、現実には、蔵書の整備が遅れている学校が依然として存在するように見える。

　公共図書館については、内田ほか（2017）が地域間格差、特に町村における厳しい格差について明らかにしている。学校図書館についてもこのような格差はないのであろうか。また、蔵書が十分整備されていない学校図書館を支援すべき公共図書館が設置されていない自治体が、特に町村部に多いとされている。そこで、本稿では、学校図書館の蔵書の整備の現状と課題を明らかにし、これからの学校図書館の在り方を検討するための示唆を得ることを目的として、市部（特別区含む）と町村部、公共図書館が設置されている市町村と公共図書館が設置されていない市町村における学校図書館の蔵書の整備状況の比較と検討を行った。

　なお、本稿では、学校図書館の蔵書の整備状況に関するデータは、文部科学省によりWebサイト上で公開されている「学校図書館の現状に関する調査」のデータを二次利用した[1]。

2．学校図書館の蔵書の整備状況

　文部科学省「学校図書館の現状に関する全国調査」は各都道府県教育委員会を通じて実施され、調査対象は小学校、中学校、高校、特別支援学校、義務教育学校および中等教育学校である。調査項目は、学校図書館における人的整備、蔵書の整備等を含む物的整備、学校図書館の活用及び読書活動の状況である。蔵書の整備については、蔵書冊数や学校図書館図書標準（以下、図書標準）の達成状況等が報告される。図書標準とは、学校図書館の蔵書の数量に関する基準である。公立義務教育諸学校の学校図書館に整備すべき蔵書の標準として、1993（平成５）年に文部科学省が定めた[2]。蔵書冊数の標準は学級数により定められる。例えば、18学級の小学校は10,360冊、15学級の中学校は12,160冊である[3]。蔵書冊数の標準は学級数が減少すると低く、学級数が増加すると高くなる。なお、少人数編成の特別支援学級も、学級数に数えられる。図書標準を達成するためには、新規の図書の購入や寄贈等により、図書の冊数を増加させる必要がある。一方、古くなった図書を廃棄せずに蔵書を更新しないことでも、図書標準の達成率の上昇につながるが、蔵書の量的基準は満たしても蔵書の質が低下する可能性がある。

　学校図書館の蔵書の整備に関する国の施策としては「学校図書館図書整備５か年計画」が1993（平成５）年度、2002（平成14）年度、2007（平成19）年度、2012（平成24）年度、2017（平成29）年度、2022（令和４）年度からの６次にわたり実施され、図書標準の達成等のための地方財政措置が講じられている。しかし地方財政措置は使途を特定しない一般財源として措置されており、学校図書館の図書購入費等に充てるためには、各自治体において予算化が図られる必要がある。文部科学省では、2006（平成18）年度・2007（平成19）年度の学校図書館の地方財政措置に関する予算措置の状況を調査しているが、予算措置率が100％以上の市町村等の割合は2006（平成18）年度に48.7％、2007（平成19）年度に17.7％に止まった。予算措置率が100％未満の自治体の約９割が財政事情を理由に挙げている[4]。1993年度の学校図書館図書整備５か年計画から既に30年近くにわたって図書標準達成のための地方財政措置が講じられているが、財政事情を理由に予算措置が十分でない自治体があり、図書標準の達成率がいまだ不十分とされる状況となっている。

3．市と町村の図書館図書標準の達成率

　図書標準達成率100％以上に達している公立小・中学校の学校数の割合は、先述の通り全体的に増加傾向にあるものの、図書標準が未だ達成できていない学校が少なくない。2020（令和2）年度の「学校図書館の現状に関する調査」では「図書標準を達成している学校の割合は小・中学校でそれぞれ71.2％、61.1％であり増加しているものの、その割合はいまだ十分ではない状況」と報告されている[5]。

　2006（平成18）年度以降の「学校図書館の現状に関する調査」では、全国市町村について、前年度末時点の図書標準の達成率1）25％未満、2）25〜50％未満、3）50〜75％未満、4）75〜100％未満、5）達成（100％以上）の5つの区分毎に学校数が公開されている。なお、「学校図書館の現状に関する調査」において市町村毎の調査結果が公開されている調査項目は、図書標準の達成状況のみである。

　2006（平成18）年度から2020（令和2）年度の「学校図書館の現状に関する調査」のデータについて、図書標準達成率の区分毎の公立小・中学校の学校数を市（政令指定都市および特別区を含む）と町村別に集計を行った（表1　「自治体種（市部／町村部）別　図書標準達成率別　学校数」参照）。

　市部、町村部とも公立小・中学校全体で学校数が一貫して減少しているが、図書標準の達成校（達成率100％以上）の学校数はいずれも増加している。市部と町村部とを比較すると、公立小・中学校いずれも町村部の方が市部よりも図書標準の達成率100％以上の学校数が占める割合が低くなっている。特に町村部の公立中学校は、図書標準を達成した学校数の割合が低い。経年変化を見ると、市部と町村部では公立小・中学校とも2006年の時点で図書標準を達成している学校数の割合に大きな差がみられないが、2020年に至るまで、図書標準を達成している学校数の割合を見ると両者の差が広がっている。

　図書標準が達成されていない学校の割合では、市部の公立小・中学校よりも町村部の公立小・中学校の方が、蔵書達成率75％未満に区分される学校の割合が高くなっている（図1　「自治体種（市部／町村部）別　図書標準達成率の学校数の割合　参照）。このように、市部と比較して町村部の方が、学校

表1 自治体種（市部／町村部）別 図書標準達成率別 学校数

	2006	2007	2008	2010	2012	2014	2016	2020
公立小学校								
市部（特別区含む）								
25%未満	81	54	49	52	61	60	52	12
25～50%未満	922	758	618	351	275	213	117	60
50～75%未満	3,921	3,601	3,312	2,625	1,859	1,655	1,273	876
75～100%未満	5,752	5,900	5,703	5,641	5,205	4,663	4,033	3,559
100%以上	7,092	7,409	8,004	8,855	9,884	10,272	11,075	11,499
計	17,768	17,722	17,686	17,524	17,284	16,863	16,550	16,006
達成校の割合	39.9%	41.8%	45.3%	50.5%	57.2%	60.9%	66.9%	71.8%
町村								
25%未満	46	43	35	24	37	30	29	11
25～50%未満	346	289	251	176	121	102	63	48
50～75%未満	1,013	903	781	584	475	441	286	225
75～100%未満	1,234	1,214	1,171	1,006	896	793	722	639
100%以上	1,810	1,849	1,850	1,831	1,833	1,801	1,924	1,892
計	4,449	4,298	4,088	3,621	3,362	3,167	3,024	2,815
達成校の割合	40.7%	43.0%	45.3%	50.6%	54.5%	56.9%	63.6%	67.2%
公立中学校								
市（特別区含む）								
25%未満	47	47	43	49	45	41	38	13
25～50%未満	539	451	391	267	199	178	129	95
50～75%未満	2,024	1,914	1,762	1,547	1,262	1,013	878	694
75～100%未満	2,582	2,625	2,604	2,639	2,578	2,592	2,339	2,032
100%以上	2,865	3,008	3,241	3,511	3,860	4,027	4,417	4,747
計	8,057	8,045	8,041	8,013	7,944	7,851	7,801	7,581
達成校の割合	35.6%	37.4%	40.3%	43.8%	48.6%	51.3%	56.6%	62.6%
町村								
25%未満	47	44	39	23	26	29	21	13
25～50%未満	237	216	208	158	116	101	89	63
50～75%未満	536	488	422	361	336	304	278	233
75～100%未満	536	538	543	549	492	457	411	370
100%以上	654	679	685	647	704	683	733	752
計	2,010	1,965	1,897	1,738	1,674	1,574	1,532	1,431
達成校の割合	32.5%	34.6%	36.1%	37.2%	42.1%	43.4%	47.8%	52.6%

文部科学省「学校図書館の現状に関する調査」のデータより筆者が作成

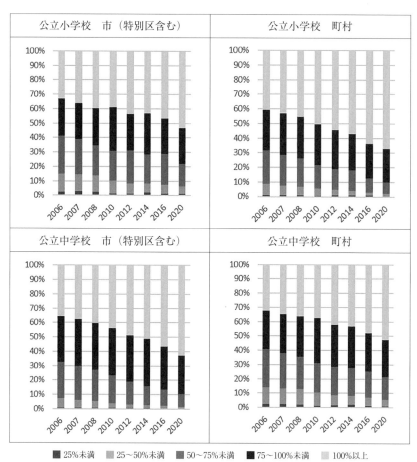

■ 25%未満　■ 25～50%未満　■ 50～75%未満　■ 75～100%未満　░ 100%以上

図1　自治体種（市部／町村部）別　図書標準達成率の学校数の割合

文部科学省「学校図書館の現状に関する調査」のデータより筆者が作成

図書館の蔵書の整備が不十分である学校数の割合が高い。

4．公共図書館の設置／未設置自治体の図書標準達成率

　蔵書が十分に整備されていない学校図書館にとって、公共図書館等との連携が重要となる。2020（令和2）年度の「学校図書館の現状に関する調査」によると公共図書館と連携している学校は公立小学校の86.0％、公立中学校

の65.4％であり、これらの学校の内、小学校の95.6％、中学校の88.7％で公共図書館の資料の貸出が行われている。しかし、全ての都道府県には都道府県立図書館が設置されているが、市町村レベルでは公共図書館が設置されていない自治体がある。日本図書館協会の図書館統計によると2005年の市区町村立図書館を設置する市区と町村の割合は、2005年で市区98.2％に対して町村46.6％、2020年は市区99.0％に対して町村57.6％であり、市区と町村で差がある[6]。学校図書館と公共図書館との関係について米谷ほか（2004）は近畿2府4県92市対象の調査から「公立図書館が充実していない市の学校図書館の充実度が低い傾向がみられたが、こうなるとどこに行っても本がないという状況が考えられ、自治体によって学習環境に大きな格差があることになる。これは公教育という面から大きな問題である」と指摘する。

　日本図書館協会の『日本の図書館−統計と名簿』[7]により公共図書館設置、未設置の市町村をそれぞれ特定し、2006（平成18）年度から2020（令和2）年度の「学校図書館の現状に関する調査」のデータを再利用して、公共図書館設置、未設置の自治体について、図書標準達成率の区分毎に公立小・中学校の学校数の集計を行った（表2　「公共図書館設置市町村別　図書標準達成率別の学校数」参照）。

　図書標準達成の学校数の割合は、公立小学校の場合、2020年に公共図書館設置の市町村において71.3％に達しているのに対し、公共図書館未設置の市町村では66.1％にとどまっている。公立中学校でも、公共図書館設置の市町村において61.3％に達しているのに対し、公共図書館未設置の市町村では53.4％であり、いずれも公共図書館未設置の市町村の方が、図書標準を達成している学校数の割合は低い。2006年から2020年までの経年変化をみると、公共図書館が未設置の市町村における図書標準達成の学校数の割合は、公共図書館が設置されている市町村ほどには増加していない。

　また、公共図書館が未設置の市町村の公立小・中学校は、公共図書館が設置の市町村と比較して、図書館が蔵書達成率100％以上の学校数の割合が低いとともに、蔵書達成率75％未満に区分される学校数の割合が高くなっている（図2　「公共図書館設置別　図書標準達成率別の学校数の割合」参照）。

　このような公共図書館が未設置の市町村では、都道府県立図書館等からの

表2　公共図書館設置市町村別　図書標準達成率別の学校数

	2006	2007	2008	2010	2012	2014	2016	2020
公立小学校								
公共図書館が設置されている市町村の学校数								
25％未満	230	173	148	140	179	167	153	44
25〜50％未満	2,395	1,991	1,626	994	746	592	337	203
50〜75％未満	9,426	8,649	7,876	6,187	4,497	4,048	3,010	2,117
75〜100％未満	13,415	13,696	13,258	12,902	11,855	10,651	9,271	8,180
100％以上	16,955	17,655	18,878	20,609	22,712	23,487	25,324	26,185
学校数計	42,421	42,164	41,786	40,832	39,989	38,945	38,095	36,729
達成校の割合	40.0%	41.9%	45.2%	50.5%	56.8%	60.3%	66.5%	71.3%
公共図書館が設置されていない市町村の学校数								
25％未満	24	21	20	12	17	15	10	2
25〜50％未満	143	103	112	64	46	40	23	14
50〜75％未満	444	365	320	231	174	152	109	85
75〜100％未満	567	534	512	399	355	284	243	218
100％以上	861	869	862	787	741	706	698	622
学校数計	2,039	1,892	1,826	1,493	1,333	1,197	1,083	941
達成校の割合	42.2%	45.9%	47.2%	52.7%	55.6%	59.0%	64.5%	66.1%
公立中学校								
公共図書館が設置されている市町村の学校数								
25％未満	174	173	162	144	139	132	110	45
25〜50％未満	1,455	1,250	1,114	787	597	530	407	295
50〜75％未満	4,863	4,585	4,181	3,674	3,038	2,513	2,194	1,782
75〜100％未満	5,985	6,095	6,053	6,151	5,970	5,935	5,357	4,682
100％以上	6,728	7,053	7,496	8,063	8,857	9,195	10,072	10,777
学校数計	19,205	19,156	19,006	18,819	18,601	18,305	18,140	17,581
達成校の割合	35.0%	36.8%	39.4%	42.8%	47.6%	50.2%	55.5%	61.3%
公共図書館が設置されていない市町村の学校数								
25％未満	26	27	26	9	10	13	9	8
25〜50％未満	127	114	113	70	49	41	37	26
50〜75％未満	271	237	213	157	165	136	133	87
75〜100％未満	263	241	260	231	181	188	153	136
100％以上	340	349	404	296	310	285	288	294
学校数計	1,027	968	1,016	763	715	663	620	551
達成校の割合	33.1%	36.1%	39.8%	38.8%	43.4%	43.0%	46.5%	53.4%

文部科学省「学校図書館の現状に関する調査」のデータより筆者が作成

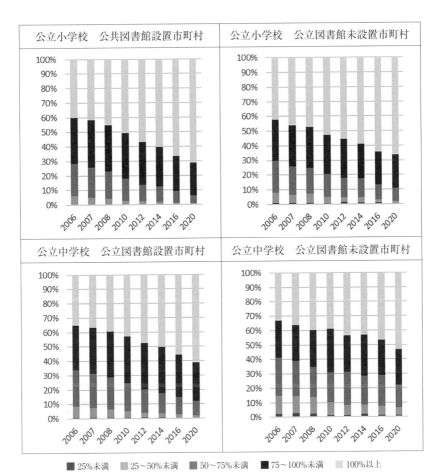

図2　公共図書館設置別　図書標準達成率別の学校数の割合

文部科学省「学校図書館の現状に関する調査」のデータより筆者作成

図書館サービスの提供とともに、公共図書館的な役割を公民館等の社会教育施設が担う場合がある。青山（2020）は、公民館図書室は制度的基盤が脆弱で、公共図書館と比較して蔵書・設備・職員体制・サービス等が貧弱と指摘するが、公共図書館が未設置の市町村では地域の社会教育施設と連携し、学校図書館の蔵書を補うことも現実として必要であろう。

5．まとめにかえて

　2020（令和2年）の新型コロナウイルス感染症感染拡大から現在まで既に2年以上が経過しているにもかかわらず未だ感染拡大の可能性が懸念されているが、現在もAfterコロナを見据えた学校図書館の在り方に関する議論や実践が積み重ねられている。「個別最適な学び」と「協働的な学び」を一体的に充実し「主体的・対話的で深い学び」を実現すべく、GIGAスクール構想による1人1台端末の導入等、教育の情報化と学校におけるICT環境の整備が続けられている。学校図書館においても従来の学校図書館の活用とICTの活用の「ベストミックス」を目指した実践が様々な学校で行われており、タブレット型PC等の端末によるインターネット検索とともに百科事典のような参考図書等の紙の書籍の活用等がみられる[8]。また、先述の通り、学校図書館分野等の調査研究から、学びの場としての学校図書館や、タブレット型PC等の端末とともに従来の紙の書籍を活用する効果等が明らかになっている。例えば、先述した濱田・秋田（2022）の研究においては、紙の本を読む習慣を身につけたうえで、デジタルデバイスを活用している情報収集を積極的に行うという子供を増やしていくことが課題として掲げられている。これらの事例や研究成果から、今後の学校図書館において、タブレット型PC等の端末に代表されるようなICTの導入とともに、伝統的な図書を中心とした学校図書館の蔵書の整備がさらに必要になると考えられる。

　文部科学省は、2022（令和4）年度からの第6次学校図書館整備5か年計画の目標として、全ての小・中学校等において図書標準の達成を目指すことを掲げている[9]。厳しい財政事情の中、蔵書の整備が十分でなく、支援を求めるべき公共図書館が設置されていない市町村の学校においては、地方財政措置等による学校図書館の蔵書の整備を進めていきながら、都道府県立図書館や公民館図書室等の社会教育分野との一層の連携が今後も必要とされるであろう。また「社会に開かれた教育課程」の実現という点でも、地域の実情に応じた学校と地域、社会教育施設等との連携がますます重要となる。

　さらに、GIGAスクール構想における1人1台端末を社会教育施設において利活用する学習支援が求められ[10]、公共図書館の電子書籍貸出サービスのIDを児童生徒に対して一括で発行するなど、電子書籍等の活用に関しても、

学校と公共図書館との連携の事例が検討されるようになっている[11]。これからの学校教育の支援のため、学校図書館の蔵書等の整備に加えて、公共図書館や社会教育施設等の整備や連携を進めていくことが求められる。

　しかしながら、このような公共図書館や社会教育施設等による学校への支援や連携と協力が行われるとしても、本来的には学校図書館および学校図書館の蔵書自体の整備が第一に進められなければならないことは論を俟たない。また、学校図書館整備5か年計画によって学校図書館の蔵書が今後一層整備されていくことが期待されるが、学校図書館の蔵書は図書標準のような量的な基準を達成するだけでは十分ではない。学校図書館が「読書センター」、「学習センター」、「情報センター」としての機能を発揮することを可能とする図書館資料によって蔵書が構成されなければならない。学校図書館にICTを導入し活用するとともに、適切な資料構成と十分な資料規模を備えた蔵書を整備し活用しながら、さらに公共図書館や社会教育施設等とも連携を図ることで、これからの学校教育にも学校図書館が貢献し続けることができるのではないかと考える。

注

1）文部科学省　学校図書館の現状に関する調査結果　URL: https://www.mext.go.jp/a_menu/shotou/dokusho/link/1360318.htm 2022/09/27参照

2）文部科学省　学校図書館図書標準. URL: https://www.mext.go.jp/a_menu/sports/dokusyo/hourei/cont_001/016.htm 2022/09/27参照

3）文部科学省　学校図書館図書標準算定早見表 URL: https://www.mext.go.jp/a_menu/shotou/dokusho/link/080617/006.pdf 2022/09/27参照

4）文部科学省「学校図書館図書関係予算措置状況調べ（平成18、19年度）」の結果について（概要）URL: https://www.mext.go.jp/b_menu/houdou/20/04/08041815/001.pdf 2022/09/27参照

5）文部科学省　令和2年度「学校図書館の現状に関する調査」の結果について URL: https://www.mext.go.jp/a_menu/shotou/dokusho/link/1410430_00001.htm 2022/09/27参照

6）日本図書館協会　日本の図書館統計 URL: https://www.jla.or.jp/library/statistics/tabid/94/Default.aspx 2022/09/27参照

7）日本図書館協会『日本の図書館：統計と名簿』日本図書館協会、2006、2008、2010、2012、2014、2016、2020年版.

8）全国学校図書館協議会『どう使う？学校図書館と1人1台端末はじめの一歩』全国学校図書館協議会 2022. 76p.

9）文部科学省　第6次「学校図書館図書整備等5か年計画」 URL: https://www.mext.go.jp/a_menu/shotou/dokusho/link/mext_01751.html 2022/09/27参照

10）文部科学省 GIGA スクール構想の下で整備された1人1台端末の積極的な利活用等について（通知）（2文科初第1962号）URL: https://www.mext.go.jp/a_menu/shotou/zyouhou/detail/mext_01350.html　2022/09/27参照

11）文部科学省　事務連絡　1人1台端末環境下における学校図書館の積極的な活用及び公立図書館の電子書籍貸出サービスとの連携について 2022年8月2日付 URL: https://www.mext.go.jp/content/20220803-mxt_jogai01-000003278_1.pdf　2022/09/27参照

引用・参考文献

青山鉄兵（2020）社会教育の立場からみた公民館図書室. 現代の図書館. Vol.58, no.1 2020 pp.10-15.

伊吹侑希子（2021）電子書籍に対する生徒の読書活動の一考察：新型コロナウイルス感染症拡大防止による臨時休校期間と通常開館時との比較. 学校図書館学研究. vol.23. pp.67-76.

岩瀬直樹（2021）学校全体が大きなライブラリー：軽井沢風越学園の子ども主体の探究を形にした学校建築. 図書館雑誌. vol.115, no.12 pp.755-757.

内田良、長谷川哲也、上地香杜（2017）公共図書館の地域間格差：『日本の図書館：統計と名簿』2016年版のデータを用いた二次分析. 名古屋大学大学院教育発達科学研究科紀要. 教育科学 vol.64、no.1 pp.169-179.

小野永貴、常川真央、宇陀則彦（2021）新型コロナウイルス感染症に伴う図書館利用制限が高校生へ与えた影響に関するオンラインアンケート調査. 学校図書館学研究. vol.23. pp.34-45.

笠井尚（2022）学校の活動を豊かにする学校図書館の環境整備：課題解決支援型の学校図書館をどうつくるか. 日本学習社会学会年報 no.18 p.59-62.

中央教育審議会（2021）「令和の日本型教育」の構築を目指して〜全ての子供たちの可能性を引き出す、個別最適な学びと、協働的な学びの実現〜（答申）.2021.p.31,89.

富永香羊子（2022）学校図書館の活性化に向けた学校図書館活用と GIGA スクール構想. 学校図書館学研究.vol.24 pp.5-19.

野口武悟（2020）学校図書館における電子書籍利用環境構築の現在とこれから．図書館雑誌．vol.114, no.12 pp.688-690.

濵田秀行、秋田喜代美（2022）小中高校生のデジタルデバイス利用と読書活動が論理的思考への自覚と社会情動的スキルに与える影響 学校図書館学研究 vol.24. pp.20-29.

堀田龍也（2020）これからの時代を想定した教育の情報化と学校図書館への期待 図書館雑誌.vol.114. No.12, pp.680-682.

米谷優子（2022）文部科学省「学校図書館の現状に関する調査」結果の経年変化と課題 カレントアウェアネス.（351）pp.5-9.

米谷優子、村木美紀、山口和秀（2004）学校図書館の充実に関する地方自治体の施策について．1（1）, 2004.（頁数不明）

特集論文

「特別ニーズ教育」「インクルージョン」推進のための制度整備に向けた政策形成の論点
—北海道行政による歴史的事例を手掛かりに—

田中　謙（日本大学）

Policy-making for Improvement of Social System Issues for Promoting "Special Needs Education" and "Inclusion" for Children who Need Special Support in the Future: Case Analysis under the Administration of Local Education in Hokkaido

TANAKA Ken（Nihon University）

The purpose of this study is to propose policy-making and institutional issues for promoting "Special Needs Education" and "Inclusion" for children with special needs in the future through case analysis under the administration of local education.

Referring to the example of Hokkaido administration and educational administration through "the Resource room for children with speech and language disorders" at Makomanai school for children with physical disabilities in Hokkaido, in order to policy-making and institutional issues for promoting the system for children with special needs in the future, the administrative ability of how to use the knowledge resources created through Experience-based Learning by the person in charge at the site and develop the system according to the actual situation of the region is questioned. In particular, in the case of Hokkaido, the ability to formulate policies that have independently commercialized "Resource room for children with speech and language disorders" and "Educational consultation rooms" for children to develop support systems that meet the needs of the local community, as well as to inherit and utilize knowledge resources created within such programs is remarkable.

1．問題の所在と研究目的

　本研究は地方教育行政下での事例分析を通して、今後特別な支援を必要とする子どもを対象とした「特別ニーズ教育」[1]「インクルージョン」[2]推進のための制度整備に向けた政策形成の論点を提示することを目的とする。

　1994（平成6）年6月10日に「特別ニーズ教育世界会議：アクセスと質」（UNESCO・スペイン政府共催）で「特別なニーズ教育における原則、政策、実践に関するサラマンカ声明ならびに行動枠組み」が採択された。この声明では、障害や「才能児」（gifted）、民族的、種族的、宗教的、言語的マイノリティ等の特別なニーズ概念が提唱され、特別なニーズのある子どもたちを含むすべての子どもたちの教育権を保障するインクルーシブ教育システムの構築が求められた。そのため、国際的に特別ニーズ教育とインクルージョン推進のための制度整備に向けた政策形成が各国で取り組まれている。

　この国際的動向を背景として、日本においても2006（平成18）年に「学校教育法等の一部を改正する法律」（平成18年6月21日法律第80号）による学校教育法改正が行われ、共生社会の形成に向けたインクルーシブ教育システム構築のため、特別支援教育制度への転換が図られた。このインクルーシブ教育システムにおいては、1993（平成5）年度から制度化された「通級による指導」が、児童生徒等への指導・支援機能を拡充させる多様な学びの場の一つとして重要な役割を担っている。

　通級による指導に関しては、1993（平成5）年の制度化以前から言語障害教育領域では「特殊教育の制度の下で言語障害特殊学級が設置」され、「言語障害に関わる特別の指導」を行う「通級方式」が採られ、「『ことばの教室』『言語治療教室』として展開」してきた歴史を有する（上村, 2012, 23）。つまり地方教育行政下においては、制度整備以前から「個々のニーズに応える形」で「制度なき教育的サービス」として「通級による指導に類する指導」が学校現場で行われてきた（大西, 2019, 98）。教育政策において地方政府による中央政府から「与えられた」政策の実施に留まらない政策形成（政策過程）は、「自由でダイナミックな教育行政運営が可能となる」点から、地方教育行政において重要視されている（小川, 2006, 144）。この「制度なき教育的サービス」として国の制度化以前から展開してきた通級による指導を主形態とす

ることばの教室は、まさに地方教育行政による独自の政策形成の一事例であり、地方教育行政下での政策形成に関する史的研究の分析対象として取りあげる積極的意義を有する。

　通級による指導は「各教科等の大部分の授業を通常の学級で受け」つつ、障害に応じた「個別指導を中心とした特別な指導」が「きめ細か」「弾力的」に行われるものであり（大西, 2019, 97）、本研究の主題とする特別な支援を必要とする子どもの教育制度整備に向けた政策形成のあり方を検討するにあたり、特別ニーズ教育、インクルージョンを推進する上で教育制度上の重要性が増している。しかしながら、文部科学省でも「指導する側の担当教員の専門性を向上させること」が政策課題として取りあげられる（齋藤, 2021, 240）。このような担当者の専門性向上のため教員養成システムの整備等、通級による指導の機能充実を図るためには、政策形成に関する議論を深める必要があり、特に地域の実情に応じた教育の振興を図る必要性から、地方教育行政に資する研究の進展が求められるといえよう。

２．研究方法

⑴　分析対象、分析史資料、分析時期および研究倫理

　本研究では、田中（2018）でも取りあげられている肢体不自由児養護学校である「北海道真駒内養護学校言語治療教室」（以下、言語治療教室）を分析事例に取りあげる。田中（2018）によれば言語治療教室は、1960年代に全道の言語障害児支援や「ことばの教室」担当（予定）者への教師教育機能を有していたことが指摘され、北海道教育行政による政策形成として高い先駆性と独自性が評価されている。そのため本研究でも分析対象事例として意義が見出せると考え、対象に選定した。また分析時期に関して、田中（2018）は1960年代の開設期に焦点を当てた分析を行っており、1970年代以降北海道内において、言語治療教室がその後の北海道行政下での政策形成、制度整備にどのような影響を及ぼしていたのかは明らかにしていない。本研究はこの点を明らかにするため、主として1970年代を分析対象とする。

　分析史資料としては言語治療教室編（1971）および担当者であった跡部（1997a；1997b；1998）を主に用いる。また2015（平成27）年３月６日12：

00～14：00および10月11日14：00～16：00に跡部敏之氏、2016（平成28）年
8月29日に本間正吉氏に聞き取り調査を実施した。その際、同聞き取りデー
タは研究資料として使用する旨を跡部氏、本間氏に説明して了承を得た上で
用いることとし、研究倫理の遵守に努めた。本研究ではこの聞き取り調査で
得られたデータは斜体で示すこととした。本研究は日本大学文理学部研究倫
理委員会の承認を得て実施された研究の一環である（承認番号03-26）。

(2) 分析視座

　本研究では上述の研究目的を達するため、言語治療教室事業がその後の北
海道の言語障害教育や福祉に係る制度整備、政策形成にどのように影響して
いくのかを主たる分析視座に設定する。その際特に言語治療教室事業の事業
承継に着目し、同事業担当教諭が事業内での学習を通して有した知識資源の
創造と移転に焦点をあてる。この知識資源概念は近年教育領域でも太田
（2021）等有益な資源として着目される概念である。本研究はこの知識資源
概念を手掛かりに、具体的には言語治療教室事業の中で担当教員が学習を通
じて創造した知識資源を、その後同事業を廃止する中でどのように北海道行
政が言語障害教育や福祉に係る制度整備、政策形成に運用していったのかを
明らかにする。このことにより、本研究の目的を達し、政策形成における、
学習を通して創造される知識資源の有用性を示すことを試みる。

3．結果と考察

(1) 1960年代の言語治療教室

　北海道教育行政は、北海道真駒内養護学校内に旧学校教育法第75条の規定
とは異なる道単独事業として、同校在籍児と道内在住の言語障害児を主な対
象とした「特殊学級」に類する事業である言語治療教室を1966（昭和41）年
4月16日に開級し、児玉忠雄、跡部敏之両教諭に担当者として人事発令した
（1968（昭和43）年本間正吉教諭増配）。つまり北海道教育委員会は独自に道
立養護学校に教員を配置し、全国のことばの教室の先駆けである言語障害特
殊学級（1958（昭和33）年仙台市通町小学校、1959（昭和34）年千葉市院内
小学校）に類した事業を道単独事業として始めた。

この言語治療教室の開設により、北海道では1960年代後半には全道から来訪する言語障害児に対する教育相談機能と、主に札幌市および近隣自治体在住者を対象とする通級形態での支援機能を中心に、言語障害児とその保護者への支援を展開していった（田中, 2018, 60）。また言語治療教室は、道各地の言語障害特殊学級等の開設を支援する事業にも取り組み、例えば1967（昭和42）年の小樽市における言語障害特殊学級開設に際し、「学級開設や指導に関する助言」を行ったり、小樽市立稲穂小学校内での選別検査を行ったり、担当予定教諭の研修受入等を行っていた（田中, 2022, 23）。

　このように1960年代の言語治療教室は特殊教育制度下での言語障害特殊学級のように言語障害児に対する教育相談や教育実践を担うとともに、道内の言語障害児支援体制整備のための、言語障害特殊学級開設支援や実態調査、担当教員の研修等を請け負う機能を有していた。この機能は言語治療教室担当教諭である児玉、跡部、本間教諭の教育実践や教育相談、実態調査を通じて同教室に創造された知識資源に基づく専門性を基に構築されていたといえる。その結果、道内の言語障害児支援体制整備のための諸活動は、道内での言語障害特殊学級開設等に大きな役割を果たしていくこととなるのである。

⑵　1970年代の言語治療教室

　1970年代に入っても、言語治療教室では教室での言語障害児教育実践を行っていった。1972（昭和47）年の札幌市指定都市施行以降も、当時の担当者である跡部教諭によれば「*南の方の真駒内とか白石*」の「*子どもたちが大通（小学校）へ行くより真駒内へ来る方が近い*」（括弧内筆者補足）と、特に札幌市東南部や石狩市等周辺の在住児への支援を担っていた。

　また言語治療教室では、全道からの教育相談の受入や、言語障害特殊学級等開設支援に係る事業も並行して展開していった。言語治療教室は、言語障害特殊学級等開設の際に言語障害児の実態調査の実施協力依頼が各基礎自治体教育委員会からなされたり、親の会開設の支援に携わったりと、道内各地でのことばの教室開設のための支援センター的機能を担っていった。特に各基礎自治体において言語障害児の実態調査は、言語障害特殊学級等ことばの教室開設のための政策立案に必要なエビデンスづくりに不可欠であり、言語

治療教室はその実態調査のための知識資源を有していた。つまり言語治療教室はその高い専門性を活かし、「EBPM」（Evidence-based Policy Making）といえるような各基礎自治体の政策形成の一端を担っていった。

　この調査結果等を基にした政策形成が各地で進み、1960年代後半の釧路市、旭川市、帯広市から1970年代前半の北見市、函館市、留萌市、千歳市、岩見沢市、士別市、室蘭市、苫小牧市等にかけ、道内各支庁の中核都市を中心に言語障害特殊学級設置が進められていった（田中・瀧澤, 2016, 11-13）。

　さらに、1971（昭和46）年に北海道教育大学札幌校に主に現職教員を対象に「言語障害児教育を担当する教員を短期間に養成すること」を目的とする「北海道教育大学言語障害児教育教員養成課程（臨時）」（以下、養成課程）が設置された。この養成課程は主に現職教員を対象に「道内における言語障害特殊学級等担当者の養成」を担い、言語障害特殊学級等の設置の「原動力となる社会的装置」として機能したとされている（田中, 2021, 94）。言語治療教室では「全員講義のない時間帯は真駒内に遊びに来いといつでも子どもいるから」と養成課程在籍学生に現場体験する機会を設けており、担当者である跡部らは同課程の非常勤講師を担っていた。つまり言語治療教室は1970年代には担当者養成にも積極的に関与していた。

(3)　特殊教育制度の転換と言語治療教室の「正当性」

　1970年代に入り道内で言語障害特殊学級等設置が進み、一部を除き各支庁内でも拠点となることばの教室が整備されていくと、言語治療教室の存在意義と事業の「正当性」が政策課題として北海道教育行政内で浮上していく。言語治療教室では1971～1972年度にかけ跡部教諭は北海道立教育研究所に長期研修として派遣され、全道の言語障害児の実態調査に取り組むこととなる。また、1973（昭和48）年札幌市幌北小学校言語治療学級開設のため、札幌市教育委員は北海道教育委員会に働きかけ、前年の1972（昭和47）年4月1日から開設準備のために児玉忠雄教諭の異動を実現させた。このため、言語治療教室には新規採用の福島恵美子教諭が配属された。

　このような人事政策の背景には、各基礎自治体教育委員会による言語障害特殊学級等の整備が進み、道立養護学校として言語障害教育事業を単独事業

として行う政策上の「正当性」が低下したことがあげられる。つまり、北海道教育委員会は言語障害教育に係る教育事務を終了し、本来の各市町村教育委員会の事務業務へ委ねる方針へと政策変容していった。さらに文部省より1973（昭和48）年11月20日「学校教育法中養護学校における就学義務及び養護学校の設置義務に関する部分の施行期日を定める政令」が公布され、1979（昭和54）年4月から養護学校の就学及び設置の義務制実施を行う特殊教育政策の実施方針が示されたことで、北海道教育委員会では知的障害、肢体不自由、病弱養護学校等の体制整備が政策課題として優先度があがった。肢体不自由養護学校である真駒内養護学校も肢体不自由児教育の振興を図る必要性に迫られ、対象児の受入増加を画策した。そのため跡部は当時を振り返り「真駒内のことばの教室の役割はもう果たしたという風に道教委は認識をするんですね」と述べるように、北海道教育委員会は1978（昭和53）年3月（1977年度末）を目途に、特殊教育制度の転換を契機として政策上の「正当性」の担保が困難となった言語治療教室事業の廃止を決めたのである。

(4)　言語治療教室の「事業承継」

　養護学校義務制に伴い、北海道教育委員会は障害児をもつ保護者の相談支援体制整備を政策課題に位置づけた。跡部は当時の北海道教育委員会の考えを次のように示している。

　　（養護学校義務制実施により）障害児を抱えた親たちが子供にレッテルをつけられ、首に縄をつけられ、強引に養護学校に入れられるんじゃないか。あるいは全く逆に、そんな事になったら施設から出られないんじゃないかとかいろんな思惑が出てくるんです。それで養護学校が義務化されるって事は何もね、親たちが困る事じゃなくて、これまで親たちが希望して来たね、全ての子供の教育を保障するっていうこの方向を説明して親たちの混乱をね避けたいと。そのために道教委としてきっちりとした相談相手を作るって。そのために一人要員がほしいと。

　この養護学校義務制に伴う就学相談や入学先決定業務に係る相談等の充実のための教育相談体制整備を目的に、言語治療教室担当者だった跡部教諭は1978（昭和53）年4月に北海道教育庁へ指導主事として異動となる。

道教委の当時特殊教育課指導班っていうのがあって、指導主事が各障害
別で5人。僕はなぜか6番目の6人目なんですね。それぞれ担当が肢体不
自由とかね精神薄弱とかって決まってるけど、僕の場合は無認証なんで
す。全部（中略）道教委の養護学校を義務化するための調査をどうするか
とか。そういう原案作りに没頭するんですね。それと並行してね。北海道
教育委員会としてはね、義務化対応するのに指導班だけでどうこうするわ
けにはいかないと。それでその学校教育、当時のその養護学校を義務化す
るためにね、相談機能をきちっと設けなきゃいけないと。

　跡部教諭は北海道教育庁異動後、それまでの言語障害児の実態調査等の経
験から培われた知識を活かし、調査計画立案業務に従事していく。障害種別
の指導主事がすでに配置されている中で跡部教諭の異動と業務内容は、義務
制施行に係る政策課題に対応するための異例の人事であったと推測される。
　また北海道教育委員会では教育相談体制整備を民生部と連携して進めてい
くことも企画した。当時の中川利若教育長（前民生部長）は、元胆振支庁
長、北海道衛生部長兼民生部長、道教委教育長も務めた医師で藤女子短期大
学保育科教授の稲垣是成に協力を仰ぎ、具体的な事業計画案を構想した。

　中川さんも稲垣さんもね、結局ね、障害があるということはちっちゃい
時からわかるはずだと、稲垣さんていうのはお医者さんだからそういう事
はよく知ってるわけです。そして障害というのは一生涯続いていくと。あ
る時突然起こるというのは珍しいことであって、ずっと生涯続くと。つま
りねゆりかごから墓場までっていうね、こういう発想の元で進めなきゃ駄
目だって（中略）中川教育長とそこで一致するんですね。それで相談業務
を児童相談所の中に作ろうって。

　この中川教育長の構想を基に、北海道行政は北海道立中央児童相談所障害
児教育相談室を1978（昭和53）年9月1日に開設する。この障害児教育相談
室は民生部管轄の児童相談所内組織でありながら「教育相談」の名称が掲げ
られ、担当者も教育委員会特殊教育課指導班の主査と指導主事の2名、事務
職主査の4名が出向配置された。

　その時に指導主事の身分で、児童相談所の職員と対等にやれるかってい
う話になるわけですね。教育の世界と福祉の世界ですからね、縦割り行政

ですからね。その問題が出てきて、*最終的には辞令を2本持つんです。一つは道教委の指導主事、一つは知事の発令児童相談所相談員を命ずる。だから指導主事と児童相談所相談員の二つの辞令を持ちながら入ってるから対等にできるわけ（中略）その事によってね、児童相談所の判定員と、こっちの方の相談室の相談員とが同じケースを一緒に見れるわけ。*

　障害児教育相談室は教育委員会と民生部の連携に基づく事業のため、教育委員会と民生部の2つの辞令に基づく職員配置がなされていた。

　また北海道教育委員会は言語障害児支援の充実のためのセンター整備に関する政策課題も有していた。言語障害児をもつ親の会北海道協議会は言語障害児や保護者等を支援する「言語障害総合治療教育センター（仮称）設置の件」（陳情第16号）を北海道議会に提出し、1972（昭和47）年4月3日第1回定例会で採択されていた（北海道議会編, 1972, 958）。本間教諭は当時の親の会や言語治療教室でのセンター構想の背景を以下のように述べている。

　　なんでね真駒内でそんなセンター構想を持ったかというとね、地方から言葉の問題を抱えている親御さんがたくさん来るんですね。「何とか相談だけでなくて、先生、指導もしてもらえないか」とそういうことを訴える人がいるもんだから。それが教室規模では出来ないから、でかいセンターでやらなきゃ駄目だと。

　各支庁での言語障害特殊学級設置等は進んでいたものの、特に町村では学級整備は十分に進められていたとはいえず、全道での支援に対応する行政機関の必要性はなくなっていなかった。そのため、それらのニーズに対応する必要性を親の会や言語治療教室は認識しており、陳情等を通して北海道行政、教育行政に体制整備を求めていたのである。北海道教育委員会は陳情採択によるセンター事業化を政策課題として検討していたものの、当時の政策立案は困難であった。その中で言語治療教室は、先述のように全道からの教育相談を受けたり、各地域での支援体制整備を支えたりと、センターに期待されていた機能を部分的に代替する役割を担っていた。そのため、道行政は言語治療教室事業の有していた機能の承継も検討しなければならなかった。

　北海道教育委員会は1976（昭和51）年4月に示した「北海道教育長期総合計画前期実施計画」に「特殊教育センター設置構想の推進」を明記し、言語

障害に限定せず、広く特殊教育を推進するためのセンター整備を構想し、政策形成に取り組んだ。このことにより、障害児教育相談室は相談機能を担うだけでなく、センター構造実現のための知識収集機能も担うこととなった。

　この相談室は昭和61年まで続いて。これが特殊教育センターになってくるんです。ここでその特殊教育センターの資料集めをやって。道教委がそれに基づいて構想を練って、そして丸山に教育センターを設置していくと。だから障害児教育相談室っていうのがね、一つは54年の義務化対応だったし、一つは将来特殊教育センターを作るための資料集めだった。

　上述のように、北海道教育委員会は民生部と連携し、言語治療教室担当者の跡部・本間教諭が教室経営を通して蓄積してきた言語障害児支援に係る知識財産の承継を図るため、北海道中央児童相談所に障害児教育相談室を設置した。この相談室では跡部を教育委員会指導主事と児童相談所相談員の兼職辞令を出し、教育相談の形態で言語治療教室の資源と社会的機能を限定的ではありながらも事業承継し、就学相談等の充実を図りながら、特殊教育センター政策立案のための準備機能も担い、センター整備を果たしていった。

4．まとめと今後への提言

　以上のような言語治療教室から障害児教育相談室への事業承継過程を整理すると、まず言語治療教室は1960年代から継続して道内での言語障害特殊学級等ことばの教室整備に係る政策形成に寄与し、その結果道内では制度整備が進められた。その一方各支庁内でことばの教室整備が一定進むと、道単独事業として「正当性」の担保が困難となっていく。そのため、言語治療教室事業は廃止の方針がとられた。しかしながら、1970年代国の養護学校義務制に係る政策が推進されると、言語治療教室事業で担当教諭が創造してきた知識資源を基に、障害児教育相談機能構築に運用が図られていった。この知識資源を基に、北海道行政下では教育、福祉連携による児童福祉行政下での行政横断型教育相談体制整備が単独事業として図られた。さらに北海道行政はこの障害児教育相談室を発展させ、1987（昭和62）年９月１日には特殊教育センターを開設する。この特殊教育センターは札幌市丸山町に北海道中央児童相談所、北海道心身障害者総合相談所と合同庁舎として整備され、障害児

教育相談室機能が特殊教育センターに吸収整備されたのである。

　最後にこの北海道行政、教育行政の事例を参照しながら、今後特別な支援を必要とする子どもを対象とした「特別ニーズ教育」「インクルージョン」推進のための制度整備に向けた政策形成の論点を示すこととする。

　第一に地方教育行政による地域特性に応じた独自の政策形成とそれに係る議論の必要性である。本事例で見た北海道の場合、地域のニーズに応じた支援体制整備のための言語治療教室を教育行政が単独事業化し、国の政策動向も受けながらその事業内で創造された知識資源を承継して特殊教育センター政策立案まで展開してきた行政過程を有する。その過程では福祉行政との連携に基づく事業である障害児教育相談室整備も実施しており、北海道教育行政は知識資源を活用した政策政策形成能力が顕著であると評価できる。今日では地域ごとの最適状態を意味する「ローカル・オプティマム」を重視した教育政策の重要性が指摘される[3]。また末冨（2012）は特に「公立学校の枠組みでは保障しえない教育ニーズ」への対応に関する制度を念頭に「ローカルな試みにひそむ『普遍的な共通の教育』の新しい芽」を評価する必要性を指摘する（末冨, 2012, 165）。このような地方教育行政の教育政策形成の独自性に着眼する場合、地域の実情に応じた教育体制整備を行っていくための行政行為や行政立法、行政計画、行政契約、行政指導等の行政活動等に係る行政能力が問われる。「公立学校の枠組み」内外にまたがる制度整備においても、現場で担当者により業務内での学習を通して創造された知識資源がその政策形成に資した本事例のように、地域を越えた取り組みや政策形成への応用可能な理論構築に資する地方教育行政による政策形成を推し進める環境整備が不可欠となる。特にこのような政策に関する事例の収集・分析を行い議論を活性化するための学習機会の創出が行政のみならず学術界にも求められよう。

　第二に特別な支援を必要とする子どもを対象とした「特別ニーズ教育」「インクルージョン」を推し進めていくための教員養成に関する政策（以下、養成政策）形成とそれに係る議論の必要性である。今日では2022（令和4）年3月「特別支援教育を担う教師の養成の在り方等に関する検討会議報告」で「全ての新規採用教員」が「おおむね10年目」までに「特別支援学級の教師や、

特別支援学校の教師を複数年経験する」等と特別支援教育に携わる経験、学習機会を通した教員の専門性向上の手法案等が中央教育行政に示されている。このような教員全体の特別支援教育に関する専門性向上を図る養成政策の必要性を議論することは教育行政上有益な可能性が高い。しかしながら、本事例では言語治療教室から障害児教育相談室、そして特殊教育センターへと一貫して言語障害教育、福祉実践に携わり学習を積み重ねた教員の専門性と創出された知識資源を活かして政策立案がなされた過程が示されている。特別支援学校、特別支援学級教諭や通級による指導の担当教諭、指導主事に関する教育実践上のスペシャリストとしての専門性向上に関しては文部科学省中央教育審議会の特別支援教育教員研修に関する答申等でも繰り返し指摘されており（本間他, 2019, 48-49）、日野他（2021）のように専門性向上に向けたプログラム開発研究の報告もなされている。その一方で本研究に示されるような教員が職務を通じた学習により蓄積した知識資源を活用して、実践に携わる教員の専門性を活かしたインクルーシブ教育システム、教員養成システム構築を行政政策上推し進めるための養成政策に関する議論は十分とは言い難い。これは教職員配置等に係る人事政策形成や教員のキャリアパス等に係る人事制度構築だけでなく、教員をアクターとして政策形成への参画を企図する行政の教育政策形成能力向上のあり方を問うものである。

　この二点に共通するのは現場の教員が学習を通して創造する知識資源が、政策形成に有用であるという点である。このような政策形成能力の形成過程を知識資源に焦点を当てながらさらに事例研究の蓄積を通して明らかにすれば、今日の行政能力向上にもたらす知見を得られると推測される。本研究ではこの点の検討は未着手であるが、本事例で示した教育、福祉行政横断での制度整備、政策形成は現代においても示唆に富む歴史的事象であり、政策史の視座からも今後の制度整備に向けた政策形成に関して行政が学習を深めて、その能力向上に努めていく必要があるといえるだろう。

注

1）子どもの有する「通常の教育的配慮に付加して特別な教育課程、教育施設・設備、専門

教職員配置、教材教具等を必要とするニーズ」である「特別な教育的ニーズ」に対応した教育の総体を指し示す（髙橋, 2020, 78）。

2）「特別ニーズ教育の充実によって学校がさまざまな違いや多様なニーズを有する子どもの学習と発達、協働と連帯の場になっていくこと」を指し示す（髙橋, 2020, 78）。

3）例えば鳴海（2018）等。

引用・参考文献

跡部敏之（1997a）「言語障害児教育素描―幻の言語治療教室をめぐって―」侑の会編『侑』47, 2-7.

跡部敏之（1997b）「言語障害児教育素描Ⅱ―真駒内養護学校『言語治療教室』開設から閉鎖まで―」侑の会編『侑』48, 2-7.

跡部敏之（1998）「言語障害児教育素描Ⅲ」侑の会編『侑』50, 8-11.

藤井和子（1998）「我が国における言語障害教育の成立過程について―揺籃期における取り組み―」『上越教育大学研究紀要』18 (1), 131-144.

日野久美子・井邑智哉・納富恵子・中山健（2021）「特別支援教育専門性向上研修プログラムの開発」『佐賀大学大学院学校教育学研究科研究紀要』5, 81-92.

北海道議会編（1972）『昭和47年第1回北海道議会定例会会議録』(21).

北海道真駒内養護学校言語治療教室編（1971）「言語治療学級の問題」.

本間貴子・稲本純子・田丸秋穂・氣仙有実子・鎌田ルリ子・米田宏樹（2019）「文部科学省中央教育審議会答申・報告にみるインクルーシブ教育システム構築のための特別支援教育教員研修の動向」『筑波大学学校教育論集』41, 39-50.

松村勘由・牧野泰美（2004）「我が国における言語障害教育を取り巻く諸問題―変遷と展望―」『国立特殊教育総合研究所研究紀要』31, 141-152.

鳴海昌江（2018）「ローカル・オプティマムを重視した『特色ある教育』の推進―生徒の健やかな成長と一人の人間としての尊厳を尊重して―」『北星学園大学教職課程年報』(1), 33-44.

小川正人（2006）『市町村の教育改革が学校を変える』岩波書店.

大西孝志（2019）「通級による指導について―高等学校における特別の教育課程の編成―」『東北福祉大学教育・教職センター特別支援教育研究年報』(11), 97-109.

太田孝（2021）「大学での教育活動からの知的資産を高等学校教育に生かす試み―中島敦『山月記』を題材に『探究型授業』での学びを考える―」『福島大学人間発達文化学類論集』34, 13-29.

齋藤友紀子（2021）「『通級による指導』を担当する教員の困りと工夫についての研究―半

　　構造化面接を通して—」『創価大学大学院紀要』42, 239-253.

末冨芳（2012）「義務教育の基盤としての教育財政制度改革」日本教育学会『教育学研究』
　　79（2），156-169.

髙橋智（2020）「日本における障害・特別ニーズを有する子どもの特別教育史」日本特別ニ
　　ーズ教育学会編『現代の特別ニーズ教育』文理閣, 69-80.

田中謙・瀧澤聡（2016）「北海道における小学校『ことばの教室』の展開過程の特質
　　—1960〜1970年代に焦点を当てて—」『山梨県立大学人間福祉学部紀要』(11), 1-16.

田中謙（2018）「北海道『ことばの教室』の展開過程における真駒内養護学校言語治療教室
　　の社会的機能の特質—言語障害児とその保護者への支援機能と教師教育機能に着目し
　　て—」『日本学習社会学会年報』14, 54-63.

田中謙（2021）「言語障害教育教員養成の特質と社会的役割—北海道教育大学言語障害児教
　　育教員養成課程（臨時）を事例として—」日本特別ニーズ教育学会『SNE ジャーナル』
　　27（1），76-96.

田中謙（2022）「北海道における言語障害児支援体制整備に係る基礎自治体政策過程の特質
　　—小樽市行政および教育行政に焦点をあてて—」日本大学教育学会『教育學雑誌』58,
　　15-28.

上村逸子（2012）「通級指導教室における課題と展望—『ことばの教室』を中心に—」『大阪
　　教育大学障害児教育研究紀要』(34), 23-32.

ICT の活用による公正な教育活動の推進
—資源の分配に着目して—

柏木智子（立命館大学）

Promoting Equity in Educational Activities through the Use of ICT: Focusing on the Distribution of Resources

KASHIWAGI Tomoko（Ritsumeikan University）

The purpose of this paper is to clarify how equity in educational activities are being promoted through the use of ICT, focusing on children with socioeconomic difficulties.

The survey revealed the following findings. First, the use of ICT was raising the level of universal guarantees for learning. Second, the use of ICT was facilitating the distribution of teachers' instructional time, energy, and care to children. These soft resources seemed to be more likely to be allocated to children with difficulties. Third, children were learning from each other, and the distribution of time, energy, and care among children was promoted. This phenomenon seems to have been caused using ICT, which made it easier for children to share their ideas with each other, to see who was in trouble, and to communicate their own ideas. Fourth, the possibility of sharing and distributing abilities was enhanced by the ability to display responses simultaneously.

Therefore, it is thought that the use of ICT may enable the correction and deterrence of disparities by increasing the level of universal guarantees of learning and facilitating the distribution of soft resources from teachers to children and among children.

1．問題意識と目的

　本稿の目的は、ICT 活用を通じて公正な教育活動がどのように推進されつつあるのかを、社会経済的困難を抱える子どもに着目しながら明らかにすることである。その上で、ICT による学力（認知・非認知能力双方を含む）等の子ども間格差の是正の可能性について検討する。子どもの置かれた社会経済的背景の違いによって、認知・非認知能力等において子ども間格差が見られることは、これまでの研究から明らかにされている（阿部2008、苅谷2001等）。これに対し、学校が格差を是正する平等化装置としての役割を期待されつつも、社会の不平等を再生産する傾向にある点は、これまで指摘されてきた通りである（ブルデュー＆パスロン1970＝1991等）。

　GIGA スクール構想によって配布された一人一台端末をはじめとする ICT 機器は、こうした問題の改善に資するツールとして位置付けられる。それは、「誰一人取り残さない」（文部科学省2021）点がねらいとされているところからも読み取れる。そのための活用の方法として、主に 2 種類がある。一つは、非対面のオンライン学習によって、多様な子どもの学びの機会を確保する方法である。もう一つは、対面による学習活動の中で端末を活用し、学習活動自体の質を高める方法である。確かに、COVID-19下に限らず、子どもが諸々の理由で学校に行けない状況にあるとき、オンライン学習による学びの機会確保は、格差拡大の抑止にとって一定有効である。一方で、ICT を活用しての学習活動の質の向上に対しては、デジタル・デバイドの問題が指摘されている（佐藤学2020、鈴木2016等）。つまり、ICT を使用すればすなわち全ての子どもの学びが保障され、格差が是正されるのではなく、活用の仕方によっては格差が拡大する懸念も示されているといえる。

　それゆえ、ICT の活用によって、現状ある格差が是正され、公正な教育活動が推進される可能性があるのか、あるとすればそれはどのようになされるのかを示すことが必要であるように思われる。近年、教育における ICT 活用の研究が蓄積されつつあるが、困難を抱える子どもに着目し、格差や分断の是正を主眼においた調査分析は不十分である。なお、ここで述べる ICT の活用とは、子どもがそれぞれの端末を使用して学習を行うことをさす。

２．公正とケア

　公正は、基本的には分配原理の下、社会経済的不平等を縮小するための再分配制度を通じて遂行されるものである。ロールズ（2001＝2010）は、機会の「形式的な平等」と「公正な平等」とを区別し、家庭環境や個人的条件によって教育と文化への機会を逸する人々が生じないよう、後者の平等を政治的構想として制度化することを求めた。それは、「格差原理」と称されるもので、社会全体の財を社会の中で最も不利な状況にある構成員にとって最大の利益になるよう傾斜配分する方法で分配する制度である。近年の公正概念は、基本的にこのロールズの見解に依拠しているといってよい。

　一方で、セン（2009＝2011）は、上記の制度的正義を前提としながらも、公的制度だけでは全ての人々の生活実態や状況に応じた柔軟な対応をすることができない現実に目を向ける。そして、人々の実際の暮らしの中での現実的な行為への焦点化が必要であると述べ、目の前の明らかな不正義（＝人々の困難や窮状）を取り除くことで公正を担保しようとする。これは、日常生活の中での目の前の不正義にどう対応していくのか、公正な正義の方略を編み出すものであるとされる（柏木2021）。

　その際、セン（上掲書）は、個人の実質的な選択の機会の多寡に着目し、それぞれに応じた資源分配を行うケイパビリティ・アプローチを主張する。これを教育に当てはめると、家庭の事情でノートや宿題を持参できない子どもには、ノートは学校で準備して貸与・供与する、宿題は放課後の学校内外で、あたたかな関係性の下で行える仕組みを身近な人々が整え、子どもが疎外感を感じることなく、自信や希望をもって授業に臨めるように工夫する状態をさす（柏木2020）。このような目の前の不正義を取り除くアプローチによって、子どもは学習活動に実質的に参加する機会を得ることができる。

　このアプローチは、全体として困りごとに応答するケアの行為に相当するもので、加えてケア自体が分配可能な資源となりうることを示すものである（柏木2021）。また、困難を抱える子どもに寄り添う時間も、あたたかな関係というつながりも資源として分配されうる点を示す。これらからは、子どもの困りごとに応じて分配される資源には、時間・労力や配慮に相当するケア・関係的資源といったソフトな資源が含まれることがわかる。さらに、分

配主体は、制度的正義の場合は公的機関となるが、目の前の不正義の除去の場合はそこにいる全ての関係者が相当する。

　さらに、公正性の原理を教育に適用することを求める宮寺（2006、2014）は、ロールズ等を引用しつつ、相互性・互恵性・互酬性といった行為が公正の基盤になる点、および能力がはじめから人に備わっているものではなく、発達・形成されるものであるがゆえに、そこに与える他者や環境の影響を考慮すれば、それが共同財産となる点を示した。前者は、ケアとして換言されるものであり、後者は、能力が個人所有であるだけではなく、共同財産として共有可能である点を示唆するものである。加えて、教師の指導エネルギーについても、教育資源として措定した（宮寺2006：152-153）[1]。

　他方、ウンターホルター（Unterhalter 2009）は、公正を「上からの公正」「中間からの公正」「下からの公正」の３つに区分し、公的機関による傾斜配分のみならず、全ての人々への均一の保障にも目を向けた。それは、キムリッカ（1995＝1998）の述べる「普遍的権利」にも合致するもので、公的機関による普遍的保障の重要性を示唆するものである。卯月（2022）も、公正を考える上では、教育に関する基本的な法律や計画とそれらを具現化する「上からの公正」を考慮しつつ、センの議論と整合性のある個々人による「下からの公正」と組み合わせる必要性を説く[2]。確かに、学校制度は、施設・教員配置等全ての子どもが一律に享受しうる普遍的保障から成り、この普遍的保障の程度が困難を抱える子どもの学びの充実に大きな影響を及ぼす。

　これらを整理すると、公正とは、社会経済的不平等を縮小するために、ケア概念を基盤としながら、公的な制度による普遍的保障、および公的機関と個々人による資源の再分配・分配を遂行しつつある状態をさししめる理念と捉えられる。ここでのケアとは、「自他に関心と共感をもって、自他のニーズに気づき、それに応えようと働きかける応答的活動」（柏木 2020：68）と定位することができる。これは、目の前にいる他者のニーズに応じ、各人がもてる資源の範囲の中で、必要な質の資源を必要な量だけ投入する行為を含意し、公正を遂行するための個々人による具体的行為として言い換えられる。そのため、ケアは、ほかの資源（財）を分配する応答的な行為であると同時に、分配される資源（財）でもある[3]。

また、再分配・分配する資源は、経済的・物的なものが通常想定されるが、センの公正概念に基づくと、そうしたハード面以外のソフトな資源を考慮に入れられる。具体的には、上記の教員の指導エネルギー、指導時間、ケアが想定される。指導エネルギーは、各教員が有しているもので、どこにどう投入するのかは自己決定によって変えられる、分配可能な資源として想定する。加えて上記の能力の共同財産、つまり能力の共有と分配についても射程に入れる。以下では、これらの理論的枠組みに依拠しつつ、ICT を活用した学習活動における資源分配の在り様について検討する。

３．調査方法

　経済的困難を抱える子どもの率が高い学校（就学援助率が20％程度）、あるいは過疎等の地域的困難を抱える学校を選定し、訪問調査とインタビュー調査を実施した。訪問調査では授業観察を行った。インタビュー調査は、個別、あるいは各学校の教職員が数名同席する形式でのグループインタビューを採用した。インタビュー時間は、それぞれ１〜２時間程度である。

　調査対象校は、小学校２校（C 市立 I 小学校、E 市立 J 小学校）、中学校２校（C 市立 L 中学校、E 市立 M 中学校）の計４校である。インタビュー対象者は、C 市立 I 小学校校長、C 市教育委員会担当課長・指導主事各１名、E 市立 J 小学校校長・教頭・担任教諭（６年）各１名、C 市立 L 中学校校長・担任教諭・ICT 推進担当教諭各１名、E 市立 M 中学校校長・教頭・研究主任・情報教育担当教諭・担任教諭各１名である。C 市と E 市は政令指定都市、F 市は中核市である。調査期間は、2021年12月〜2022年３月である。なお、インタビュー引用中の括弧（　）内は筆者の補足である。

４．事例分析

⑴　１人１台端末の配布と使用環境への対応

　COVID-19下において進められた GIGA スクール構想の実施にあたり、まずはハード面での環境整備が喫緊の課題となった。そのため、自宅に端末やネット環境のない子どもには、端末とルーターの貸出等を行い、学びの保障をする自治体が多く散見された。その際に、各学校では「他の子に気づかれ

ないように校長室に呼んで、使い方を教えて（I小学校校長）」といったように、家庭で子どもがICT機器を使用するための個別支援が実施されていたという。このように、ICT使用に際しては、第一に経済的・物的再分配を公的制度として実施し、そこにICTを使用するための指導エネルギーと時間を注ぎながら、教育の充実が図られていったといえる。

⑵　ICT活用が生み出す資源とその分配

　次に、授業内外の学習活動と困難を抱える子どもへのICT活用のメリットについて、教員の有する資源に焦点をあてながらみていきたい。

　I小学校校長：*（オンラインでの会議や打合せ、研修等の増加により）出張時間が短縮された*ので、教職員も在校時間が増えました。*ということは教材の研究の時間が増えています*ので、その分、*授業もよくなったような気がします*。…略…*（教員の端末利用が）教員の働き方にとても貢献していたので、学習に関わらない仕事の部分で結構時間短縮できている*…略…*（プリントの）準備や回収の時間はなくなっていて、その分を子どもが考えるとか気づかせるとかいうことに使えている。*

　M中学校担任教諭：*子どもたちにどう効果的に出すか*というところが*ICTのよさかなと思うので、授業で調べる時間を短縮できる、短縮できた時間を考える時間に使える。*

　これらから、ICT活用により、教員の授業外での業務時間と、授業内での学習活動の時間の創出が可能となっている点を読み取れる。そこでは、教員の校務にかかる時間的負担が減少し、教員の余剰時間が生まれ、教材研究の時間が増え、授業改善につながるという連鎖的な流れが生み出されている。また、授業中のプリント配布・回収時間や調べる時間を短縮して捻出された時間は、小・中学校ともに子どもの思考を深めるための時間に充当されている。

　次に、困難を抱える子どもに関して、以下のような語りが聞かれた。

　I小学校校長：*授業の過程をしっかりと考えられる時間のあることが、今までより大勢の子どもを救う余地を生む*…略…*どうしても拾えなかった子はやっぱり個別にやるというのは、どこでもいつでも同じですが、（教材研究時*

間が増えているため）よりよい授業をするための準備ができるようになった…略…そういう意味で個別に対応しなければならない子どもは減っているはずだと思います。

　教員の基本姿勢として、一斉授業の中で「大勢の子どもを救う」、つまり全ての子どもの理解を深める授業を心がける一方で、個別の指導によって子どもを取りこぼさないようにしていることが見て取れる。ただし、授業準備の時間増加による授業改善の結果、学習に対する子ども全体の理解の底上げがなされ、それゆえに個別指導の必要性が感覚的に減っていることが示唆されている。一方、次のような状況も生まれている。

　L中学校担任教諭：教員側としても見落としが減ったかなと思います。本校の場合、あちこちに困っている子がいて、教員側も（端末で）一覧で見られるので、困っている子に駆けつけることもできる…略…アドバイスしやすいというか、見つけやすいです。

　質問者：ケアする時間が授業内に増えたというようなことはありますか？

　L中学校担任教諭：私は確かにそう思います。今まで見落としてきた…略…分かったふりをしてじっとしてる子っていうのは必ずいたので、そういう子たちを見落とさずに声をかけられるようになった。その回数が格段に増えたと思います。

　質問者：そのための時間はどう捻出していますか？

　L中学校担任教諭：周りから見てもこの子困ってるっていうことがわかるので、例えば、私がヒントをあげると、その続きを周りの子が引き受けてくれたりするので、時間的には短縮できたような気がします。

　ICT活用により、教員が子どもの回答や思考過程を一覧で確認できるため、困っている子どもを見落とす事態が減り、個別に指導したりケアしたりする回数が増えたということであった。ここからは、困難を抱える子どもへの教員による指導とケアの時間の増加が推測される。また、「駆けつける」との表現からは、教員の指導エネルギーがそこに注がれている点、子どもの困りごとを感知して素早く対応する姿からはケアが実施されている点が読み取れる。また、その時間は、ICT活用によって周りの子どもが困り感のある仲間のことを理解し、指導やケアを引き受けるために産出されている。そこで

は、子どもも自分の時間やエネルギーを使って仲間に教えたり、ケアしたりしている。授業外については、以下のように述べられている。

　M中学校研究主任：*タブレットを1人1台持つことで質問がすごく増えました。授業での質問とか、*子どもたちが問題文とか自分の答えとかを一緒に写真で撮って、*これが分かりませんと書き込んだものを（オンラインで）送ってくるので…略…返信するというようなやり取りを…略…日常的にやっています。*…略…*やっぱり質問がくるとすごくうれしいので、*それについて答えるんですね。

　ICT活用によって、子どもから教員への学習内容に関する質問が増えている点を読み取れる。これは、ICT上での教員と子どものやりとりが可能となったために、質問という行為への心理的負担が少なくなり、いつでもどこでも時間と場所を問わずに質問をできる環境が整えられたためである。教員の労働時間の問題は一方で発生するものの、「すごくうれしい」との表現に示されているように、子どもの学ぶ意欲に触発される形で教員の指導エネルギーが生み出されているのではないかと推察される[4]。続いて、子どもの思いや考えを伝えるツールとしてのICTの有用性が以下で述べられている。

　M中学校研究主任：*家庭的な環境が厳しい子は、*やっぱり*学習に対しても苦手な子がどうしても多いので、書くという作業にすごく抵抗がある*…略…そういう子たちは、*文字を打ってならば意見がいえる、いいやすいのかな*と感じる*…略…手書きになると1行*で終わっちゃうような子…略…*打つとなると、昨日の日記は、5行*になっている。

　困難を抱える子どもは、書く作業に抵抗感をもっていることがわかる。そのため、そうした子どもは、ICT活用によって自身の思いや考えをこれまでよりも表現できるようになり、日記の内容量が増えつつある[5]。以下は、日記を通して子どもが悩みや辛さを表出するようになった語りである。

　M中学校研究主任：この中で*悩みを書いてきたりとかという子は増えているかな*…略…家でむしゃくしゃしたことをだーっと書いてきて、*「大変だったね」という一言でもあると、ほっとするじゃないですけれども*…略…*スクールカウンセラーとつなげることは結構多いです。保健室とか、あと、私以外の先生とか。担任以外でも相談はできるので、それ以外の先生、学年で全*

然違う先生に頼んだりとか、この子にちょっと話しかけてもらえませんかと頼んで、話してもらったりとかいうことはあります。…略…（ケアした子どもは）少し意欲があがってきているのかなとは思います…略…一人一人へのケアはすごく行き届くようになっているかなという気はします。

　ここからは、子ども一人一人の悩みや辛さを受けとめようとしている教職員の姿が見て取れる。また、教職員がチームとなって、多様な働きかけによるケアを行っている様子がわかる。そのため、学校におけるケアの総量が増え、そうしたケアを受けた子どもの意欲が高まりつつあるという。

　これらから、ICT の活用によって、子どもが教員に対して質問や思いを伝えやすくなり、それを通じて教員の指導エネルギーが高まるとともに、ケアの総量が増えていることがわかる。そして、教員は、ケアする行為として、資源としての指導エネルギーやケアを分配していることが読み取れる。ケアの実施に際する ICT の効用として、ICT を通じて教員が「大変だったね」と返信する直接的なものもあれば、ICT 活用によって子どもの悩みや辛さを把握しやすくなり、ほかの先生につなげたり話しかけてもらったりするという、ケアの糸口を提示する間接的なものもある。

(3)　子どもの学び合いの広がり

　次に、ICT を活用しての子どもの学び合いについて記す。

　I 小学校校長：（Jamboard で）友だちの付箋を見て、その子ってそんなことを考えているのかとか、同じ課題に対してそういうことを考えればいいのか、そういうことを書けばいいのかという学びがたくさんあって…略…学び方を学ぶことができます。

　L 中学校担任教諭：（出された課題に対して）これはどうかないいのかなと思っていたのが、自分の考えとほかの人の考えがすぐに得られるっていうことがあるので、あ、これでいいんだとか、間違ってもいいんだとか、そういう心理的な安心感は大きいんじゃないかなと思います。

　学習課題を提示されたときに、Jamboard 等（クラウド型デジタルホワイトボード）での仲間の考えの共有を通じて、それを模倣しつつ、そこから学ぶことで子ども一人一人の考えの深まりと広がりが見られつつある様子が読み

取れる。一人で課題を遂行しているときには「いいのかな」とわからなかったり、不安だったりするところがあるが、仲間の考えを見て自身の考えが承認されたり、間違えてもいいと思えたりする安心感の大きさが見て取れる。次に、仲間とのやりとりや自身の意見の表出についても見てみたい。

　I小学校校長：（オンライン上で表出した自身の意見に対してオンライン上で）感想やアドバイスも書かれることで…略…ここをもっと詳しく書かないと分からないのかとか、相手はそう受けとってしまうのだとか…略…自分の考えをより深めることはできる気はします。…略…（ICTを使用すると）45分間の中で圧倒的な数と量の意見が同時に入ってくるので…略…（紙に書くのが苦手な子どもも）打てばきれいに見せられるし。

　ICTを通じてのやりとりの中で、子ども同士のフィードバックやアドバイスが多発している状況を読み取れる。こうしたやりとりには主に二種類あり、各自の端末画面を見せながら口頭でやりとりする場合もあれば、画面の中だけでやりとりする場合もある。口頭でのやりとりが第一に重要ではあるものの、ICTを通じてのやりとりでは、フィードバックやアドバイスを端末内の記録として残せる。そのため、それらを忘れたり、曖昧な記憶として留めて勝手な解釈をするのではなく、その後の例えば推敲の場面で適切に用いて作業することが可能となっている。その中で、子どもが自身の不十分な点等を自己認識したり、理解したりすることができ、考えを深められつつあるようである。これまでもそうしたやりとりはできていたものの、ICT活用によりその量が増えることで思考の深まりが促されている。

　その際に、書く作業が苦手な子どもも打つことで言葉や文章で自身の意見を表出し、伝えることが可能となっている。困難を抱える子どももそうした活動に参加しやすくなった点は、注目すべき事項であるものと考える。

　ただし、留意点として、誰が困っているのかが見えやすくなったために、劣位に置かれている子どもの状態がより顕在化して周縁化されたり、画面上の付箋で自身の考えを述べる際に、即時共有できるからこそ、強者の意見に同意して同じ内容を示すといった行為を行うことで、同調圧力の高まる場合がある。これらへの対応について、以下のような回答が得られた。

　M中学校研究主任：子どもたちの中で、公正と公平についても、道徳等を

通してしっかり1年生の頃からお勉強はしている…略…（公正をなかなか受
け入れられない子どもに対しては学級の中で）個別に話をしながら進んでき
て。

　これは一例であるが、授業内容として公正概念を子どもに教えたり、学級
経営をしたりする中で、上述した留意点が克服されつつあると考えられる。

5．考察

　調査から、以下の5つの知見が見出された。第一に、一斉休校時のICT端
末の使用に関しては、公的な制度によるハードな資源の再分配とケアによる
ソフトな資源の分配が連動して実施されていた点である。これは、公的制度
による資源の再分配とケアによる分配を連続させたもので、格差の是正のた
めには、両側面が必要である点が改めて浮き彫りにされたといえる。

　第二に、ICT活用により、学びの普遍的保障の水準が押し上げられつつあ
った点である。ICT活用によって、教員の授業外の校務時間が減り、余剰時
間を教材研究等の時間に充てることで授業改善をすることができるという正
の連鎖が生み出されていた。また、授業中に捻出された時間は、小・中学校
ともに子どもの思考を深めるための時間に充当されていた。これらは、全体
の底上げを図るもので、全ての子どもの学習活動をより充実させ、学習への
理解を促す点が示唆されていた。それゆえに、授業中に困り感をもつ子ども
が減り、子ども間の力量形成における差が縮まると考えられる。

　第三に、ICT活用により、教員の子どもへの指導時間、指導エネルギー、ケ
アの分配が促されていた点である。それらソフト資源は、困難を抱える子ど
もに重点的に配分されやすくなっていた状況が示された。

　指導時間は、授業内であれば、プリント配布・回収等の時間削減や子ども
同士の教え合いやケアによって、授業外であれば、上記校務削減による余剰
時間等の使用によって生み出されていた。また、指導エネルギーについて
は、M中教員の場合、これまでよりも子どもが教員に質問しやすくなり、子
どもの学ぶ意欲に触発される形で、余剰資源として生み出されていた点が示
唆される。指導時間やエネルギーの増量は、ケアする時間やエネルギーとし
ても使用しうる。それらを、一斉表示機能により気付けるようになった困り

感のある子どもに重点的に投入することで、かれらの学習への理解を深め、格差の縮小を図っていたと推察される。

　さらに、ケアの分配は、子どもの状態のより詳細な把握がしやすくなったために引き起こされた現象でもある。ICT活用により、教員と子どものやりとりが増え、子どもの現実生活や内なる声に関する情報量の相当な増加があった点を見て取れた。これは、誰がどのように困っているのか、指導やケアをするための基礎的資源としての情報の増加と言い換えられる。それゆえ、教員がケアすべき子どものニーズ把握をしやすくなり、丁寧な対応を行った結果、学校全体の子どもへのケアの総量が増加しつつあったと考えられる。

　第四に、子ども同士での学び合いが進み、子ども間での時間やエネルギーやケアの分配が促進されていた点である。これは、ICT活用により、お互いの考えを共有しやすくなり、誰が困っているかが見えやすくなったり、自身の考えを伝えやすくなったりしたことで生じた現象であると思われる。ここからは、子ども間での格差の是正がなされつつあった点が示唆される。

　第五に、回答の一斉表示機能によって、能力の共有と分配の可能性が高まっていた点である。学習課題への回答や考え方をJamboard等クラウド型デジタルホワイトボードで共有することにより、子どもは仲間のそれらをまねて、自身の考えを深めたり広げたりしている様子であった。かねてより、ヴィゴツキー（2001）は「教授は、基本的には発達の前を進むのである」（296頁）と述べ、発達の最近接領域を提唱している。そして、子どもが模倣を通じて移行する可能性について論じ、子どもは共同の中では常に自分一人でやるよりも多くの困難な問題を解くことができるとする（299-301頁）。つまり、近しい能力の仲間をモデルにする模倣によって、子ども間の能力のシェアが発生し、発達が促される。これまでも、子どもたちは授業中に模倣し合っていたものの、ICTを通じて、これまで以上に模倣できる場面と量を得て、能力の共有を促進しつつあったと推察される。

　この能力の共有を通じて模倣し学ぶという行為の中では、能力の分配もなされていると考えられる。ただし、この場合の分配は、同時多発的・多方向的に、かつ分配主体が意図せずに自然発生的になされる場合がある。一方で、相互フィードバックやアドバイスでは、他者からの意見や感想によって

子ども自身が自己の不十分な点を認識しやすくなり、考えを深められつつあるようであった。ここで重要な点は、困難を抱える子どもも ICT を活用することで相互フィードバックやアドバイスに参加できるようになっていた点である。ここからは、能力の分配は双方向に行われており、困難を抱える子どもの力量形成が促されると同時に、すべての子どもの発達および参加が促進されるという、格差是正と底上げ機能の双方を見てとることができる。

　したがって、ICT 活用により、教員と子どもの授業内外でのやりとりの増加とその質的な充実を伴いながら、学びの普遍的保障の水準が高まったり、ソフト面での資源が教員から子どもに、子ども間で分配されやすくなったりするために、格差の是正と抑止が可能になるのではないかと考えられる。ICT 活用により、新たな教育活動が生じる場合もあるが、上述した内容の多くはこれまでの教育活動で実施されてきたところではある。ただ、ICT は従来の活動をより短時間で容易にかつ効果的に遂行しやすくする側面がある。そのため、ICT は、資源分配とそれによる学びの質の向上を「促進する」ツールとして位置付けられるものと考える。

注

1）宮寺（2006）は、1 時間の授業に教師が費やす指導のエネルギーに絶対量があると仮定し、どの生徒に・どれだけの指導エネルギーを割り振るかの判断は、教師に委ねられると述べる。

2）「中間からの公正」については、別稿で取り扱う。

3）この文章は、宮寺（2006）の帯文を参照にし、修正して書いたものである。

4）M 中で教員の指導エネルギーが生み出されるその他の要因として、質問を通じての指導とケアするかかわりを承認し、後押しする学校経営や同僚性がある点を付記しておく。

5）近年では、タイピングをせずとも日本語入力ができたり、手書き入力ができたりと、様々な意思表示方法が開発されている。

参考文献

阿部彩『子どもの貧困』岩波書店、2008年。

Bourdieu, P. & Passeron, J.K. 1970（＝宮島喬訳『再生産』藤原書店、1991年）.

柏木智子『子どもの貧困と「ケアする学校」づくり』、明石書店、2020年。

柏木智子「子どもの生と学びを保障する学校づくり」『日本教育経営学会紀要』第63号、2021年、35-51頁。

苅谷剛彦『階層化日本と教育危機』有信堂、2001年。

Kymlica, Will. 1995（＝ウィル・キムリッカ著／角田猛之他監訳『多文化時代の市民権』晃洋書房、1998年）.

宮寺晃夫『教育の分配論』勁草書房、2006年。

宮寺晃夫『教育の正義論』勁草書房、2014年。

文部科学省『「令和の日本型学校教育」の構築を目指して』答申、2021年。

Rawls, J. 2001（＝田中成明・亀本洋他訳『公正としての正義　再説』、岩波書店、2010年）.

佐藤学『第四次産業革命と教育の未来』岩波書店、2021年。

Sen, A. 2009（＝池本幸生訳『正義のアイデア』明石書店、2011年）.

鈴木大裕『崩壊するアメリカの公教育－日本への警告』岩波書店、2016年。

Unterhalter, Elaine.'What is Equity in Education?'Studies in Philosophy and Education, 28, 2009, 415-424.

卯月由佳「研究の目的とデザイン」国立教育政策研究所『公正で質の高い教育を目指したICT活用の促進条件に関する研究』（「高度情報技術の進展に応じた教育革新に関する研究」中間報告書　2）、2022年、1-14頁.

ヴィゴツキー（柴田義松訳）『思考と言語　新訳版』新読書社、2001年。

本稿は以下の報告論文を修正したものである。柏木智子「ICTの活用による公正な教育活動の推進と学びの変容」国立教育政策研究所『公正で質の高い教育を目指したICT活用の促進条件に関する研究』（「高度情報技術の進展に応じた教育革新に関する研究」中間報告書　2）、2022年、153-185頁。

持続可能な地域社会をつくる子ども NPO の可能性
―東日本大震災直後から現在に至る取組みに着目して―

柴田彩千子（東京学芸大学）

Possibilities of Child NPO to create sustainable communities: Focusing on Efforts from the Great East Japan Earthquake to the Present

SHIBATA Sachiko（Tokyo Gakugei University）

The purpose of this paper is to clarify the role played by Child NPOs in forming a sustainable local community in a region where ties between residents were severed after the Great East Japan Earthquake. The NPO targeted for this research is "Boukenasobiba Sendai Miyagi Network". In this study, I analyzed the practice of this NPO after grasping this organization as "community of practice".

A outline of the results of this analysis is as follows. Through the NPO's practical activities, the members of the NPO have accurately grasped the ever-changing local situation and issues in an emergency such as a great earthquake. These practical activities were an opportunity for them to improve the knowledge and skills necessary to develop their activities as NPO. They endeavored to share such knowledge and skills among the NPO members. Accumulation of such practice can be regarded as informal learning. In this study, it was clarified that NPOs cultivated the ability to cooperate with government by accumulating such informal learning.

1．研究の背景

⑴　地域社会を再構築する NPO への期待

　NPO（Non-Profit Organization、あるいは Not-for-Profit Organization）とは、その名の通り、営利を追求しない組織の略語である。では、NPO が追求するものとは何か。それは、社会を主体的に構築していこうとする市民が、自らを組織化し、生活の中に横たわるさまざまな課題認識を明確にしたうえで、それを解決していくために設定した活動理念である。この活動理念は、NPO の掲げるミッション、あるいは社会的使命と換言できる。

　NPO とは、広義に捉えると、非営利の各種の市民活動団体やボランティア団体を指すものである。NPO の実践家かつ研究者である山岡義典（2022）は、日本の近代以降のこうした非営利の組織の活動の歴史を、創生期（明治維新から第二次世界大戦終結までの約80年間）、成長期（第二次世界大戦終結からバブル崩壊までの約45年間）、展開期（バブル崩壊から現在までの約30年間）の３つに時期区分したうえで、それぞれの特徴を整理している[1]。これら３つの中で、本稿では展開期における NPO の動向に着目する。この展開期の1995年に起こった阪神・淡路大震災では、全国各地から多くの市民ボランティアが被災地に集結した。当時、個人主義化の進む世の中にあって、ボランティアに関心を有していないであろうと思われていた若者による災害ボランティアの実践は、とりわけ眼を引くものであった。こうした動向は、後にこの年が日本の「ボランティア元年」と呼ばれる所以となり、これを契機として、1998年には特定非営利活動法人促進法が成立し、地域社会におけるさまざまなボランティア活動の組織化が推進されていった。山岡が、「地域社会では従来からある町内会や自治会などの諸活動が衰退気味になり、特定のテーマ、ミッションを掲げる広域の市民活動が羽ばたいていったのも、この時期である[2]」と述べているように、展開期とは、地縁組織である町内会や自治会の形骸化に反して、活動理念という志を一にする市民によって結成される「ネットワーク型コミュニティ[3]」が、台頭してきた時期といえる。

　しかし、この時期を NPO の台頭期と捉える一方で、次のような指摘もある。それは、「ボランティア元年」以降、たしかにボランティアや NPO への認知度は高まってきたものの、必ずしもボランティア人口が増加しているわ

けではなく、多くの実践現場において人材不足が課題となっているというものである[4]。また、設立された NPO の存続が困難な状況から、NPO は多産多死の状態にある[5]。本稿では、こうした指摘や状態があることをも踏まえつつも、現在では、地域づくりの実践を行政と協働する NPO が各地で散見されている状況より[6][7]、NPO が地域社会を形成していくうえで、一定の役割を果たしているものと捉え、研究目的を次の通り設定する。

　研究目的は、東日本大震災後、地域コミュニティの分断を余儀なくされた地域において、NPO が持続可能な地域社会の形成にどのような影響を及ぼしたかを、その活動実践をあきらかにしていきながら、この実践の内実を検討することである。

(2) 「実践コミュニティ」としての「協働変革型 NPO」

　NPO 法人の活動分野には、「社会教育の推進」、「まちづくりの推進」、「子どもの健全育成」、「学術、文化、芸術、スポーツの振興」等、社会教育に直接的に関わる分野が包含されている。そのため、社会教育学分野では、特定非営利活動法人促進法の成立直後から、NPO に関する研究蓄積が豊富に存在する[8]。さらに、NPO を「実践コミュニティ（community of practice）」として捉える視座からの先行研究の蓄積がある[9]。この実践コミュニティとは、「あるテーマに関する関心や問題、熱意などを共有し、その分野の知識や技能を、持続的な相互交流を通じて深めていく人々の集団[10]」と定義される。つまり、実践コミュニティとは、志を一にする「志縁」の人々による自発的な集団であり、共通のテーマに基づいた構成員間の学び合いや、当該の集団の有するネットワークを介して、偶発的に発現されるさまざまな事象を調整することや、より良い方向に向けた取組みを試行錯誤していくプロセスが、重視されるものである。

　高橋満（2009）は、実践コミュニティとしての NPO について、その構成員が「生活全体を通して学ぶ」ことが重要であり、こうした構成員は実際には複数のコミュニティに同時に参加しており、それぞれの距離を「結びつけたり」「切り離したり」しつつ保つこととなるために、社会に対して開かれていること、および、絶えずその性格が変化するものとして理解される必要があ

ることを指摘している[11]。実践コミュニティとしてのNPOは、そこに自発的に参加する構成員の経験値から生まれる学習経験を重視し、構成員間の学び合いによる相互作用によって、組織としての価値観が深化したり展延したりしていくものと捉えられる。さらに、組織としての価値観である活動理念に基づいて、事業の内容も刷新していくために、組織の体制は自在に変容していくものであると理解されることが必要である。

　他方、田中雅文（2004）は、「運動志向」と「行政との関係」の強弱という指標に即して、NPOを4つに類型化している。そのうち、行政との関係が強く、運動志向性の強い「協働変革型NPO」が、学習支援をとおした社会変革に最も意欲的であると分析している[12]。さらに、田中（2011）は、「行政密着度の高さは、状況的学習（仕事による力量向上）だけではなく非状況的学習（研修）との結びつきも強いことから、ボランティアの学習にとって重要な影響をもつ[13]」可能性があることを指摘している。

　以上の先行研究を踏まえ、本稿では調査対象とするNPOを、実践コミュニティとして捉え、協働型変革NPOの有する指標から分析を行いたい。

(3) 研究方法──子どもNPOへの着目──

　前述の研究目的を達成するために、本研究では、認定NPO法人冒険あそび場せんだい・みやぎネットワーク（宮城県仙台市）の実践事例を検討する（以下、「冒険あそび場ネット」と略称する）。「冒険あそび場ネット」は、子どもNPOである。子どもNPOとは、日本子どもNPOセンターによって、「子ども・若者への直接的な働きかけのみならず、間接的な支援、つまり、子ども・若者の健やかな育ちを支援するおとなたちも含める」活動を行っているNPOの総称として、定義されている[14]。子どもの権利条約ネットワークの設立者である喜多明人（2015）は、日本における子どもNPOについて、1994年子どもの権利条約批准以降、子どもの能動的な活動を支えていこうとするさまざまなNPOの活動が開始され、子どもNPOが急成長を遂げていくプロセスを概観し、その中に子どもの「遊ぶ権利とプレーパーク（冒険遊び場）の活動」の全国的な広がりを位置づけている[15]。この冒険遊び場事業は、1979年国際児童年の記念事業として、冒険遊び場の日本の生みの親とも言われる大村虔

一を中心に、行政（世田谷区）との連携によって世田谷区羽根木で初めて開催された[16]。その年には、IPA（略称：子どもの遊ぶ権利のための国際協会）日本支部が設立されており、羽根木での実践の原動力となった[17]。

　本稿で取り上げる「冒険あそび場ネット」は、宮城県内で遊び場づくり活動に取り組む団体が連携し、2002年2月「冒険あそび場－せんだい・みやぎ連絡会－」を設立し、2005年4月には法人格を取得した（2014年には認定NPO法人化）。設立当時には仙台市に在住していた上述の大村慶一とT氏の両氏が初代の代表を務めている。2005年7月に開園した「海岸公園冒険広場」（仙台市若林区井土）の指定管理者となって以来、仙台市と連携した事業を展開している。現在では、仙台市子育てふれあいプラザ若林の管理運営事業も受託している。活動理念として、「冒険あそび場を通して様々な形で子どもの遊びに関わる団体及び個人に対する支援を行う。また、自らも子どもの遊びに関する事業を行い、子どもと地域社会の健全育成に貢献すること[18]」を掲げ、子どもを直接支援する活動のみならず、子ども・若者の健やかな育ちを支援する大人や地域社会への支援活動を実践する、子どもNPOである。

　研究方法は、現在「冒険あそび場ネット」の副代表理事を務めるT氏を対象とした継続的なインタビュー調査と、活動の参与観察である[19]。T氏は、「冒険あそび場ネット」の前身となった活動、宮城県内で最初の冒険遊び場「仙台冒険あそび場」（1987年）から現在までの約35年間、当団体の中心的なメンバーとして活動している。インタビュー調査のデータは、2014年2月10日、2018年3月10日、2022年9月16日（於：仙台市海岸公園冒険広場、のびすく若林）の3回にわたって実施したものを分析対象とする[20]。本稿では、「冒険あそび場ネット」の長期にわたる活動の中でも、東日本大震災直後から現在に至るまでの活動期間を、分析の対象とする。この震災直後の活動の様子を聴き取ったデータについては、主に2014年に実施したインタビュー調査の内容によるものである[21]。

2．調査結果—認定 NPO 法人冒険あそび場せんだい・みやぎネットワーク（略称「冒険あそび場ネット」）の内実—

(1) 調査対象者 T 氏について

　T 氏（70代）は、前述のとおり、「冒険あそび場ネット」の前身となった活動「あそぼう広場・仙台冒険あそび場」（1987年）から現在までの約35年間、当団体の中心的なメンバーとして活動している。そもそも T 氏が冒険遊びに関わる活動を始めたのは、自身の子育て中（30代半ば）の頃であった。近隣の公園に子ども同士で遊びに行くことを禁ずるプリントが、行政から各家庭に配布された際、行政側は子どもの安全性を重視した意図があってのことだったと推察されるものの、「子どもが自ら場所を選び、自由に遊ぶことのできない公園って、何のために、誰のためにある場所なんだろう」という疑問を抱いたことに端を発している。この T 氏の抱いた疑問は、現在「冒険あそび場ネット」が掲げる「あそぶ」、「つなぐ」、「そだつ」をテーマとした、子どもの声がはずむ豊かな地域づくりへの取組みに直結しているといえる。その直後、T 氏は「自分たち（保護者の有志）で子どもの遊び場を地域につくろう」と考え、地域の町内会の会長や婦人部の部長に相談を持ち掛けた。当時の町内会長や婦人部長たちは、親身に T 氏の話に耳を傾けてくれ、T 氏ら保護者の有志が冒険遊びの企画を行った際には、必要な資材を用意し、運転手付きの運搬用トラックを貸し出す等、具体的な支援を行った。T 氏にとって、当時のこうした人々は、「若い大人を育てる年配の頼もしい存在、子育てを支援してくれるありがたい存在」であったという。また、T 氏は、この当時、「冒険あそび場を介して出会った多くの大人たちから、人と地域を繋ぐ関わり方を学んだ」と言い、現在でも、「当時の町内会長さんたちは自分の憧れの存在です。自身も、当時の大人たちと同年代になったが、あの時に出会った大人たちの姿をいまだに追い続けています」と語っている。

　その後、T 氏たち保護者の有志は、市民活動として子どもの遊び場「おだづもっこ」を作った[22]。子育て中の保護者の相談にのってくれた当時の町内会の役員のように、地域住民として子どもの育ちを支援してくれる人々は、子どもと保護者の双方にとって極めて重要な存在である。T 氏は、遊び場における「プレーリーダーそのものが、子どもの環境である」という理念をも

ち、子どもの育ちを側面から支援するプレーリーダーの育成にも熱心に取り組んでいる。T氏がプレーリーダーを雇用する際に重視する条件とは、冒険遊び場の理念を理解していることや、既にプレーリーダーとしての経験を有していることが挙げられる。しかし、これらの条件は実際に活動する前に行う研修（Off-JTとしてスタッフ同士で学びあうもの）の中で、習得できるという。その際、最も重視していることは、「プレーリーダーには色々な人がいたほうが良い。このようなでこぼこ感（各プレーリーダーの有する個性）を大切にすることと、何よりも『子どもと育ちあえる人』がふさわしい」と語っている。

(2) 震災後の活動

　2011年3月11日に発生した震災は、「冒険あそび場ネット」が仙台市より管理運営委託をされていた海岸公園冒険広場にも、想定を大幅に超えた高さの津波が押し寄せた。この冒険広場のある若林区は、仙台市内で最も甚大な津波被害がもたらされた地域である。しかし、幸いなことに海岸公園冒険広場では、スタッフ（プレーリーダー）による速やかな避難誘導によって、犠牲者は出なかった。現在、この冒険広場と海岸の間を覆い尽くしていた防風林は、津波の影響で跡形もない状態である。そこで、「冒険あそび場ネット」は、仙台市との協働によって、市民の参加を得ながら「ふるさとの杜再生プロジェクト」として、植樹と下草刈り等の管理を実施している。その際。地域で農業に携わる高齢者が植栽や除草の方法を、参加する市民に教える仕掛けを施し、市民同士が学び合う機会を創出した。また、震災当日に住民とスタッフが避難した冒険広場内の展望台や、津波が押し寄せた形跡は、後世に震災を語り継ぐための震災遺構として、防災教育の機会に活用することにした[23]。

　震災直後は、当然ながら、海岸公園冒険広場は休園を余儀なくされた。その結果、事業収入が途絶えてしまったために、この当時雇用していた6名のスタッフの雇用を継続することが、困難な状況に陥った。急遽、理事会を開催し、今後の活動方針について協議した。その結果、震災直後の混乱下で避難所での生活を強いられている子どものために、遊び場をつくる活動を開始

することが決まった。そのためには、スタッフの給与を保障する必要がある。そこで、理事会では喧々囂々の協議の末、当面3か月間のスタッフの給与を理事の負担によって確保することで合意が得られた。T氏は、「当時は組織が存続するかどうか危なかったのですが、スタッフは単なる人材ではなく『人財』なのだから、当面、理事の持ち出しで何とかやっていこうということになりました」と語る。しかし、震災直後に当法人を対象とした日本財団による聞き取り調査が実施され、その際に「人件費の捻出に困っている」状況を伝えたところ、助成先の情報を提供してくれたために、結果として、理事に経済的な負担をかけなくて済んだという。なお、この当時のスタッフは誰も辞めることなく、現在では当法人の中核メンバーとして、活動を支え続けているという。

(3) 避難所生活における「子どもの遊び場・大人の憩いの場」の創出

　避難所生活における子どものストレスは計り知れないものがあったという。子どもたちはストレスを抱えていながらも、いつも頼りになるはずの大人たちが疲弊している姿を眼のあたりにし、大人たちに遠慮しながら避難所生活を続け、ストレスを溜め込んでいたという。

　「冒険あそび場ネット」は、避難所生活が始まった頃から、これまで積み上げてきたノウハウを活かし、避難所の小学校の校庭の一角にプレーリーダーを配置し、子どもが安心できる空間と時間をつくる活動を行った。体育館が被災したため、校舎の一部は避難所として活用されていた。この小学校の校長が、被災した沿岸部の小学校が前任地だったことや、冒険広場の運営を担っていたT氏と旧知の仲であったこともあり、T氏は、「当時、無謀と思われたかもしれないが、校庭の一角をあそび場にしたいと校長先生に急遽申し出をしました」と回想する。校長は、大震災により小学校の施設の一部も被害を受けている非常事態ではあるものの、子どもの居場所・遊び場の意義に理解を示し、校庭の一角をあそび場として開放することを認めてくれたという。

　避難所での遊び場づくりの際に配慮したこととして、校庭を訪れる子どもをプレーリーダーが責任をもって見守る代わりに、子どもや孫の付き添いで

訪れる大人たちには、雑談をしてもらえるような空間をつくったことが挙げられる。それまで、避難所での子どもが発する生活音に対して、怒りを露わにする大人たちがいた。避難所では誰もが大きな悲しみとストレスを抱えていたのである。大人たちは校庭で元気に遊びまわる子どもの姿を見ながら、避難所生活の苦労話を訴えたり共有したり、互いに涙を流す場面が見られた。世間話をすることで気分転換を図ることができた。また、町会の異なる住民同士が、交流を図る機会にもなった。やがて、校庭には大人だけでも集まるようになった。T氏は、「校庭の石の階段に座りこみ、遊んでいる子どもたちの姿を見て笑顔になるおとな達が、そこにいました」と当時の様子を語る。子どもの遊び場は、大人の憩いの場としての役割も持つようになっていったのである。T氏は、「この時、大人たちは子どもが元気に遊ぶ姿から『明日を見る力』をもらいました」と回想している。

(4) 子どもの遊び場をつくる際に配慮したこと

「冒険あそび場ネット」は、震災直後の避難所生活から、仮設住宅での避難生活に移行する段階で、仮設住宅に隣接する空き地、小学校の校庭、市民センター、児童館に子どもの遊び場をつくる活動を実施した。子どもの遊び場をつくる際、配慮したこととは、まずは近隣の住民の理解を得たうえで、そこに大人の居場所も設けることである。これは、上述のとおり、仮設住宅で遊び場をつくった際に、大人たちが雑談することのできる空間をつくったことの効果が見られたことで、その必要性が検証された。住民の理解を得るために、仮設住宅のクラブハウス（集会所）で開催される大人たちの集会を、ガラス窓に面した場所で行うことにした。あそび場は子どもたちの放課後の時間帯に合わせ開き、併せて、大人が集える場所として「縁側倶楽部（お茶っこ飲みの会）」を月に1回のペースで開催した。この「縁側倶楽部」においても、住民がガラス越しに、子どもたちの遊ぶ姿が見える場所にテーブルと椅子を並べて行った。子どもの屈託のない姿を眼にした住民は、次第に子どもを身近な存在として捉えるようになった。他方、遊ぶ姿を見られる子どもの立場から見れば、こうした住民は「自分たちを見守ってくれる地域のおじちゃん、おばちゃん」として映り、そのため住民の存在価値が高まっていく

のだという。このように、「冒険あそび場ネット」は、仮設住宅のなかに、新たなコミュニティを形成する活動にも配慮しながら、子ども支援の活動を、震災後10年を経過した現在もなお定期的に行っている[24]。

(5) 活動支援者のための心のケア

　震災後、「冒険あそび場ネット」が各地に子どもの遊び場づくりとコミュニティ形成の活動を実施してきた中で、心がけていたこととは、活動終了後には「スタッフ会議」を実施し、一日の活動を丁寧に振り返ることであった。このスタッフ会議は、時には、夜中まで続くこともあったという。

　発災からちょうど1年が経過した頃、スタッフに疲れが顕著に表れ始めたという。当時の様子について、T氏は、「ちょうど震災から1年が経った頃、ピンと張り詰めていたものが緩んだような感覚になり、自分の身体が無感覚になってしまっていました。でも、倒れるほどではなかったので毎日動いていたんですが、本当は感覚（疲労感・緊張感）が鈍くなっていたようです」と語る。また、T氏の関わる仮設住宅では、鬱に罹る者が多くなっていき、男性がアルコールを摂りすぎて家庭内で暴力を振るうケースが散見されるようになったという。

　そこで、「冒険あそび場ネット」は、被災者の「心のケア」の必要性を痛感し、地元の宮城大学（看護学部）と連携した活動を開始した。たとえば、当法人が宮城大学と連携して実施する「支援者のためのメンタルヘルスケア講座」のチラシには、次のように記載がある。

　「…仮設住宅から恒久住宅へと人々の暮らしも次の段階に進んできました。しかし、それは仮設住宅でできた関係もいったん解体し、コミュニティを再構築しなければならいことも意味しています。新しい生活への期待と不安の中にいる人々への支援は、どうあるべきなのでしょうか。この講座は、関係諸団体や被災者でありながら支援者としても奔走してきた方々と共に、自分をいたわり、これからの新しいまちづくりのチカラになるようにと企画しました。関心のある方はどなたでもご参加ください。」

　震災後、懸命に被災者支援の活動を行う者自身も、また被災者であるケースが多い。こうした人々への心身のケアは、必要不可欠な課題であり、現在

も定期的に開催している集団移転先での「縁側倶楽部」で実施し続けている。

3．考察
⑴ 「実践コミュニティ」としての「協働変革型 NPO」の側面
　協働変革型 NPO は、1．⑵のとおり、行政との関係性と運動志向性が強いという特徴を有する。「冒険遊び場ネット」を、この二つの指標に即して捉えると、次のとおりである。

　まず、行政との関係性について、「冒険あそび場ネット」は、2005年に仙台市から海岸公園冒険広場の指定管理を受託以来、現在では、子育て支援施設の指定管理も受託し、子ども NPO としての活動の幅を広げている。他方では、「ふるさとの杜再生プロジェクト」のように、子ども支援事業の域を超えた地域づくり事業を行政と協働しており、この事業を運営する際には、当団体がこれまでに冒険遊び場事業を通して培ってきた知見を活かし、環境問題に関心のある市民層と、地域の農業に携わる高齢者の学び合いの機会を創出することを、行政に対して提案した。この手法は、避難所や仮設住宅で、子どもの遊び場と大人の交流の場を同時に実施したことで、子どもと大人が理解しあい、つながる仕掛けづくりとなり、このようなコミュニティ形成に功を奏した体験を踏まえた提案であった。

　次に、協働変革型 NPO を特徴づけるもう一つの指標である運動志向性の強さについて、検討する。「冒険あそび場ネット」は、震災直後に活動を中断することなく、これまで積み上げてきた実績に基づく知見を活かし、避難所の小学校の校庭に即座にプレーリーダーを配置し、子どもが安心して遊ぶことのできる空間と時間をつくる活動を行った。その後、被災地の状況が刻々と変化する中では、避難所に加えて、仮設住宅や集団移転先での遊び場づくりを実施し、さらには、震災前のような子どもを対象とした事業ばかりでなく、大人たちの支援活動も活発に展開していることがあきらかとなった。こうした活動を組織として展開していくためには、当然ながら組織内で構成員間の合意形成を図りながら、新たな活動を開始していくこととなる。たとえば、震災直後に活動方針をテーマとした理事会での協議、活動終了後に毎日実施したスタッフ会議等、こうした機会は、構成員間のインフォーマルな学

び合いの機会として捉えられる。

　以上の調査結果のとおり、子ども NPO である「冒険あそび場ネット」は、震災直後は組織の存続が危ぶまれたものの、その活動理念を貫いた実践を、震災後も中断することなく、継続する協働型変革 NPO であると同時に、実践コミュニティであるといえる。実践コミュニティとしての NPO は、そこに自発的に参加する構成員のさまざまな学習経験を重視し、構成員間のインフォーマルな学び合いによる相互作用によって、組織としての価値観が深化したり展延していく営為や、それに基づいて実施される事業が新規に増えたり、あるいは解消されたりしていくことを認めつつ、絶えず刷新し続け、変容していくものであることが検証された。それ故、NPO の多産多死の状況下においても、社会的に必要な組織として求められるがために、「冒険遊び場ネット」のように、存続していくことができるのではないであろうか。

(2) 子ども NPO が地域社会をつくる際に果たす役割

　前述のとおり、「冒険遊び場ネット」は、行政事業への手法を提案したり、地域の状況を適切に把握していたりするために、行政にとっての、協働パートナーとしての役割を果たす力量を有していることが確認された。この力量の内実とは、上述のとおり、行政事業の手法に対して、提案することのできる能力である。このような能力は、NPO が日ごろの実践を通して、行政が把握しきれないような地域住民の状況を適切に把握しているからこそ、組織内に培われるものであろう。たとえば、そもそも子ども支援のために開始した大人たちを対象とした「お茶っこ飲みの会」は、それぞれの地域から被災した住民によって構成される仮設住宅や集団移転先の住民を対象に、定期的に開催し続けているものである。このような機会は、震災によって分断された住民をつなぎ、新たなコミュニティを形成する役割を有している。こうした住民同士の交流の場づくりの事業は、住民にとっては細部にまで手の行き届くような取組みであり、なかなか行政が実施することは難しいものであるものの、このような活動の積み重ねが、新しいコミュニティを形成する際には必要である。他方では、このような場が、そこに参加する NPO スタッフにとっては、住民の生活課題を把握する学習機会であると捉えられる。たとえ

ば、「ふるさとの杜再生プロジェクト」の一環として実施する防風林の整備事業について見ていくと、次のとおりである。この活動地域の実態として、人口減少と少子高齢化が顕著に進んでいることが挙げられ、仮設住宅から自立再建をした沿岸部の住民は少ない。住民の多くが農業に従事しており、ほとんどが高齢者の世帯である。地域が閉鎖的になりつつあるために、この事業を開催するに際しては、沿岸部の住民に参加を呼びかけたうえで、地域内外から参加する子ども・若者や保護者世代の市民との交流の機会を創出した。この交流の機会では、いわゆる農業の専門家である高齢者が、土づくり・植樹・育樹（除草）や植栽の指導者として役割を担った。こうした取組みは、高齢者がこれまでの職業から培ってきた知識や技術を、社会に還元することのできる機会を創出しているとみなすことができる。

(3) まとめと今後の課題

　以上、震災の被害が甚大であった地域において、NPO が持続可能な地域社会の形成にどのような影響を及ぼしたかを、その活動実践の内実から検討してきた。その結果として、次のようなプロセスを確認することができた。「冒険あそび場ネット」が有していた冒険遊び場の運営のノウハウを活かし、震災後には即座に避難所において、子どもの遊び場運営の取組みを行った。この取組みを通して、NPO の構成員は避難所にいる多様な世代の人々のニーズを把握したうえで、子どもの遊び場だけではなく、そこに大人の居場所をつくる取組みを一体化させた実践に進化させていった。さらには、こうした取組みの成果として検証された、多様な人と人をつなぐことがコミュニティ形成を促すものであるという知見を、次の段階では、「ふるさとの杜再生プロジェクト」の実践に活かしていった。こうしたプロセスは、NPO の構成員が、日々の活動実践によってもたらされる経験知を積み重ねていくプロセスそのものであった。つまり、NPO の有する力量が向上していくプロセスであった。

　こうした NPO による実践は、地域に新たな人と人とのつながりを構築していく営為を促進し、震災後、分断を余儀なくされた地域コミュニティを再建する一助としての役割を果たしていたものとして、捉えることができる。

とりわけ大震災のような非常事態には、時々刻々と変化する地域の状況を、日々のNPO活動を通して把握し、それを踏まえた上での構成員間の学び合いが実施されていることによって、NPOとしての知識や技術、事業を実現化していくためのネットワークをアップデートし続けている様子が、本稿では確認された。

　こうした知識や技術やネットワークは、NPOとしての力量と呼べるものであり、その根底にある要素には、構成員の活動に対する熱意があると考えられる。インタビュー調査の対象者のT氏の語りでは、この熱意を形成する発端には、自身が子育て中に出会ったロールモデルの存在が大きかったことを窺うことができるもものの、今後の研究課題として、地域の暮らしを支えるNPOで活動する人々の有するこうした力量を構成する要素について、さらに考察を深化させていきたい。

注

1）山岡義典「概観（増補改訂版）2．時代区分による概観」大阪ボランティア協会ボランタリズム研究所監修『増補改訂版　日本ボランティア・NPO・市民活動年表』明石書店、2022年、pp.18-21。

2）前掲書、p.20。

3）ネットワーク型コミュニティとは、社会学者の吉原直樹によると、町内会や自治会が「生活の共同」を基盤とした領域的なコミュニティであるのに対して、何等かの志のあるところに人々が集まり、ゆるやかなつながりを作ったり解消したりしながら流動的な組織体制の特徴を持つものと解釈される。（『コミュニティ・スタディーズー災害と復興、無縁化、ポスト成長の中で、新たな共生社会を展望する』作品社、2021年、pp.51-52。）

4）三谷はるよは、計量社会学の立場から、日本人のボランティア行動は、収入や職業による制約を受けておらず、教育水準や、幼少期に接したロールモデルから学んだ主観的性質によって形成されていることを分析しており、ボランティア人口を増やすためには、幼少期や学童期の学習経験が必要であることを指摘している。（三谷はるよ『ボランティアを生みだすもの　利他の計量社会学』有斐閣、2016年）。

5）内閣府よると、2022年にはNPOの認証および認定数は、全国で約5万件を越えている

ものの、解散数も約2万件である（https://www.npo-homepage.go.jp/about/toukei-info/ninshou-zyuri）。

6）たとえば、指定管理社制度の導入により、社会教育分野では公民館、図書館、博物館、文化ホール、スポーツ施設等の管理運営業務をNPOが担い、コミュニティ形成の各種事業が開催されている。

7）たとえば、坂口は、認定NPO法人市民セクターよこはまが行政との「協働の『地域づくり』大学校事業」の事例を挙げ、「横浜市では、本事業をはじめ、行政とNPOやまちづくり支援団体等との協働により、行政だけでは十分に行いきれない事業が実現、充実している」ことを述べている。（坂口緑「NPO、企業との連携・協働の推進と地域の活性化」国立教育政策研究所社会教育実践研究センター編『社会教育経営論ハンドブック』2020年、p141-142。）

8）たとえば、（日本社会教育学会編『NPOと社会教育 日本の社会教育第51集』東洋館出版社、2007年）や、佐藤一子を中心とした研究グループによる研究成果（佐藤一子編著『NPOと参画型社会の学び』エイデル研究所、2001年。『NPOの教育力』東京大学出版会、2004年。等）が挙げられる。

9）たとえば、（高橋満『NPOの公共性と生涯学習ガバナンス』東信堂、2009年）、（田中雅文『ボランティア活動と大人の学び─自己と社会の循環的発展』学文社、2011年）等の研究が挙げられる。

10）エティエンヌ・ウェンガー、リチャード・マクダーモット、ウィリアム・M・スナイダー著、野村恭彦監修、櫻井祐子訳『コミュニティ・オブ・プラクティス─ナレッジ社会の新たな知識形態の実践』、翔泳社、2002年、p.33。11）

11）高橋満『NPOの公共性と生涯学習ガバナンス』東信堂、2009年、p.65。

12）田中雅文「社会教育に帯するNPOのインパクト」佐藤一子編著、前掲書、2004年、pp.87-107。

13）田中雅文、前掲書、2011年、p.237。

14）特定非営利活動法人日本子どもNPOセンター編『日本子どもNPO白書2015』、エイデル研究所、2015年、p.5。

15）喜多明人「子どもの権利条約批准20周年と子どもNPO」前掲書、pp.10-17。

16）NPO法人プレーパークせたがやのホームページに掲載されている「大村虔一さんが語る『プレーパークのはじまりと思い』」に当時の様子が詳しい（https://playpark.jp/news-blog/4566/）。

17）初代代表は、大村璋子が務めている。大村夫妻は、日本に冒険遊び場のコンセプトを紹介し（アレン・オブ・ハートウッド卿夫人著、大村虔一・大村璋子訳『都市の遊び場』

鹿島出版会、1975年）、その実践に努めた。

18) 認定NPO法人冒険あそび場せんだい・みやぎネットワークの定款による

19) T氏には本研究の目的と内容を説明した上で、同意を得た上で調査に対応していただいた。また、本論文の内容に齟齬がないか、個人情報の侵害に抵触する表現がないかを入念にチェックしていただいた。

20) 2014年2月10日17時〜19時（於：仙台市内某所）、2018年3月10日15時〜17時（於：宮城県立美術館）、2022年9月16日11時〜17時（於：仙台市海岸公園冒険広場、子育てふれあいプラザ若林）。

21) 2014年に実施したインタビュー調査のデータは、その成果を記録した調査報告書（柴田彩千子『東日本大震災における復興支援活動 調査報告書』東京学芸大学総合教育科学系生涯学習教室、2016年）を参考に用いることとする。

22) 名称の「おだづもっこ」は、やんちゃ坊主という意味を持った方言である。当時、街中から子どもたちの声が聞こえなくなりつつあった状況に危機感を感じていた保護者の子育てに対する思いを、「おだづもっこ」という名称に込めたという。

23) 震災遺構として、津波が押し寄せた時刻を示したまま停止している時計、津波によって流されてきた大木や、住民やスタッフが避難して一命をとりとめた展望台、津波によって破壊されたスタッフのオートバイ等が、冒険広場内には展示されている（2022年9月16日参与観察調査による）。なお、津波に薙ぎ倒された桜の大木の蕾が、2か月後に花を咲かせ、疲弊していたスタッフや多くの支援者を勇気づけたという。

24) 現在では、集団移転先や復興住宅・自立再建地域の集会所で、「縁側倶楽部」を実施している。季節に合わせた小物作りや調理をしながら、異なる地域から集まった被災住民同士の交流の場を開催し継続している。

＊本研究はJSPS科研費24730668、JP18K02359の助成を受けたものです。

謝辞：本研究の調査に快く対応して下さいました認定NPO法人冒険あそび場せんだい・みやぎネットワークの皆様に深く感謝申し上げます。

投 稿 論 文 ●

投稿論文

〔研究論文〕

公営塾の持続可能な運営方法の検討
—岡山県和気町の「和気町公営塾」を手がかりに—

佐久間邦友（日本大学）

A Study of Sustainable Management Methods for Public Founded Juku Schools: Taking Clues from the Wake-cho Public Founded Juku in Wake, Okayama Prefecture

SAKUMA Kunitomo（Nihon university）

This paper examines the sustainable operations of public founded juku schools taking the Wake-cho Public Founded Juku School in the town of Wake, Okayama Prefecture as a case study. The results clarified the following points. First, the founded juku school specializes in English education and plans various programs allowing children to learn independently. Second, the issue of a shortage of lecturers was resolved by concluding agreements with universities in Okayama Prefecture. Third, there have been problems with securing a stable number of personnel responsible for administration. The personnel responsible for on-site operations play a key role in administration, and a fixed term of office means that these key personnel are subject to replacement. Therefore, it is necessary to study stable systems for securing human resources.

However, the emergence of companies with expertise in the administration of public founded juku schools means that these schools will become institutions that offer packages. Therefore, in order to operate public founded juku schools that meet the needs of local children, a certain degree of government involvement is required, rather than entrusting operations entirely to corporations.

1. はじめに

　本論文は、公営塾の持続可能な運営方法と地域学校協働活動との連携を探ることを目的に、地域おこし協力隊制度の活用による教育を柱にした地方創生に取り組む岡山県和気町の「和気町公営塾」を手がかりにして考察する。

　公営塾とは、地方自治体が主導して地域の子供たちのために開設した学習支援事業である[1]。具体的には、地方自治体が学校外において学習塾などの教育産業や大学生などの地域住民と協力して進められる。

　近年、地方創生をきっかけに地域の教育事業の魅力化や高等学校の魅力化事業の一環として公営塾を設置する事例が見られる。そのため、公営塾は、主に小・中学校の児童生徒を対象とする公営塾と高等学校の生徒を対象とする公営塾に分けられる。

　そもそも、公営塾を含め学習塾のような学校外教育サービスの利用の有無は、その子供及び家庭の意志・判断によるものであり、誰かに強制されるものではない。岩崎（2019）によれば、学習の阻害要因には「自分で統制できないもの」と「自分に帰するもの」に大別されるというが、学校外教育サービスの利用を希望しても、「自分で統制できない」という「外的要因」によって利用できない場合がある。

　例えば、「外的要因」として「家庭の経済状況」が挙げられる。文部科学省の「平成28年度子供の学習費調査」によれば、世帯の年間収入が増加するに連れて学校外活動費が増加する傾向にあることが指摘されている。つまり、家庭の経済状況によって、子供から学校外の教育や体験活動の機会を享受できないことを意味する。また、家庭の経済状況によって教育機会を奪われた子供たちは、低学力などに陥り、収入の低い職業にしか就けず、その子供にも教育機会が十分に与えられず、次世代にも貧困が連鎖するとも言われている。

　ただし近年、生活困窮者自立支援制度による学習支援事業や文部科学省主催事業である「地域未来塾」のような学習支援事業の登場によって、家庭の経済状況により学校外教育サービスが利用できない状況が是正されつつある。

　さらに、「外的要因」として「居住地からの距離」も挙げられる。学習塾な

どは民間企業であり、地域における子供の数など「商圏」が成立しなければ出店することはない。釜井（2003）は、民間教育サービス供給と利用行動の地域格差を検討し、市町村レベルでは供給量は都市域に集中する傾向と最も学習塾の利用が進む地域が都市部周辺の郊外地域であること明らかにしている。川田ら（2004）も、学習塾が交通の利便性の高い鉄道沿線へ帯状に集積立地していることなど「供給される教育サービス」の地域的差異と通塾行動の地域的特徴を明らかにしている。つまり、子供たちが学校外教育サービスを享受するためには、子供たちの生活圏と商圏が一致する必要があり、人口が減少傾向にあるへき地では商圏が成り立たず、そこに暮らす子供たちは必然的に学校外教育が享受しにくい環境下にいるのである。

2017年度に実施された全国学力・学習状況調査の質問紙調査結果によれば、国内の小学6年生と中学3年生の通塾率[2]は小学6年生46.3％、中学3年生61.2％であったが、へき地に住む子供たちの場合、小学6年生27.0％、中学3年生32.3％と全国平均値及び大都市並びに町村と比較するとその割合は少ない。実際、公営塾は、都市と地方間の教育機会の是正を目的しているものがいくつか見受けられ、へき地を含む町村部に設置される傾向がある。

2．公営塾の登場と研究の進展

(1) 先行研究の検討

公営塾の登場は、1993年の沖縄県北大東村の「なかよし塾」にはじまる。これは、村内の子供たちの学習習慣の未確立という課題の解決策として、ふるさと創生資金を活用して創設された（佐久間ら：2020）。その後、秋田県東成瀬村などの過疎地域の自治体において設置され、公営塾の実態がある程度明らかにされてきた（佐久間：2010）。

末冨（2007）は、教育費の公私関係への影響を検討する中で、「学習塾の教育サービスが公教育費支援の対象となったことは、自治体レベルにおいて公費支出の原則の変更や、従来私教育費で負担されていた学習塾への支出を公費で支援するべきであるという政策判断が行われたことを意味」すると指摘した。そのうえで、ボランティアや学習塾との提携により、週末や夜間に学校等の自治体教育施設において公費投入による学習活動を「学力保障や学習

支援の手段」ととらえ「公費支援型学習塾」と表現した。

　公営塾は、憲法89条に抵触する可能性も指摘され、過去には、杉並区立和田中学校地域本部による「夜スペシャル[3]」のように、法的論争となったこともある[4]。1957年に出された『文部省社会教育局長あて法制局第一部長回答』は社会教育関係団体に対する公金支出も認めた判断であり、まして公営塾は、公の支配に属する「教育の事業[5]」であるから同条に抵触可能性はないと考えられる。また、福島県川内村の「かわうち興学塾」のように、学力に対する都市―地方間の意識格差や学習機会の格差を是正するための方法として公営塾を設置することは、「教育の機会均等」の実現が目指されているともいえる。

　大桃ら（2020）は、学習塾などの提供する「有償の教育機会」への公費支援が多く見られることを「政府が関わるオフィシャルな活動を「公」、民間組織のとくに営利追求に関わる活動を「私」とする区分はかつてのもの」としたうえで、日本型公教育の境界の不鮮明化と関わって、教育と福祉の関係、学校教育と社会教育の関係の再定位を提唱した。

　このように公営塾は、学習機会の確保というロジックの中で検討されてきた。本論文で取り上げる「和気町公営塾」は、教育事業であるものの、教育を柱にした地方創生というまちづくりの側面を持っており、公営塾の新たな展開を提唱することができよう。その意味で、公営塾の新たな運営方法を模索する上で有効な示唆が得られるものと考えられる。

(2) 地域未来塾―地域学校協働活動

　公営塾に類似した事業として「地域未来塾」がある。これは、地域学校協働活動の一環で、貧困の負の連鎖を断ち切ることを目的に、経済的な理由や家庭の理由などによって学習に不安を抱えている、学習が遅れがちな子供たちを対象に、放課後や土曜日、長期休業期間等に、学校の空き教室や図書室、公民館等において地域住民等の協力により実施する原則無料の学習支援事業である[6]。

　そのため「地域未来塾」は、貧困対策としての意味合いが強く、公営塾よりも利用可能な層を狭めてしまう可能性を持つ。また中学校区ごとに設置さ

れる「地域未来塾」は、設置の有無が地域学校協働本部に委ねられるため、「地域未来塾」を設置する／しないや地域学校協働本部のマネジメント能力による事業運営などに中学校区間に差が生じる可能性がある。あわせて、中学生や高校生に対し学習支援を行うことができるボランティア等の人材確保という課題もある。事実、全ての地域学校協働本部にて「地域未来塾」が実施されているわけではない。

　その一方で公営塾は、運営に教育委員会事務局など行政機関が一定の関与をするため、事業の安定的な継続が期待できる。

⑶ 「高校魅力化」事業と公営塾

　近年、教育事業の魅力化や「高校魅力化」事業の一環として公営塾を設置する事例が見られる。代表的な事例として、2009年11月に島根県立隠岐島前高校の魅力化事業の一環として設立された「隠岐國学習センター」や2019年4月に北海道立足寄高校の魅力化事業の一環として設立された「足寄町学習塾」が挙げられる。

　「高校魅力化」事業[7]とは、明確な定義はないものの、文部科学省は、各高等学校の特色化・魅力化について「高等学校における教育活動を、高校生を中心に据えることを改めて確認し、その学習意欲を喚起し、可能性及び能力を最大限に伸長するためのものへと転換することが急務[8]」であり、「生徒を主語にした」高等学校教育を実現するべく、全ての高等学校に特色・魅力ある教育の実現が求めている[9]。

　いくつかの地域との協働により特色・魅力ある教育を実現している事例では、公営塾を設置している事例も見受けられ、自治体からの委託を受託する企業も登場している（表1参照）。具体的には、その自治体に職員を「地域おこし協力隊[10]」として派遣し公営塾を管理運営する方式や北海道足寄町のように受託企業が「指定管理者」となり運営される方式がある。

　高嶋（2022）によれば、公営塾が設置されることにとって「放課後の居場所」が生まれ、友達でも教師でもないナナメの関係である大人の塾講師に質問・相談することができ、「過疎地域に限らず、学校の内外で複数の場と実践」が保障されるという。この保障は、主に小・中学生対象の公営塾につい

表1 代表的な公営塾の受託企業

企業名	公営塾設置自治体名（下線部自治体は対象に高校生含む）
株式会社 Prima Pinguino	北海道枝幸町、北海道厚沢部町、北海道奈井江町、北海道興部町、新潟県阿賀町、栃木県茂木町、石川県輪島市、愛媛県西予市、愛媛県鬼北町、沖縄県今帰仁村
株式会社 Birth47	北海道足寄町、北海道津別町、北海道弟子屈町、青森県七戸町、北海道平取町、岩手県葛巻町、静岡県川根本町、大分県玖珠町
株式会社 FoundingBase	北海道安平町、福島県国見町、山口県美祢市、高知県四万十町、高知県北川村、大分県豊後高田市

出典：各社ホームページを参照し筆者作成

ても共通して言えることであるが、公営塾の設立の意義は、自分では統制することができない学習の阻害要因の解消である。

3．公営塾の運営の在り方

　近年、公営塾に関する報道が増加しているものの、全国規模の公営塾に関する調査は見当たらず、全数を把握するに至っていない。北海道夕張市にある「夕張学舎キセキノ」の報告によれば、2020年３月に「全国公営塾ネットワーク会議2020」が開催され、北海道から沖縄まで14の公営塾が参加していることが確認できる[11]。

　公営塾の設置理由には、「都市部との教育格差の解消」や「学習習慣の定着」が挙げられている（岩淵ら：2017、佐久間ら：2020、佐久間：2010）。

　また、小・中学生を対象にした公営塾の場合、５教科を中心とする教科学習が主に対して、高校生を対象にした公営塾では、「キャリア教育」など「課題解決学習」を教科学習の他に取り入れている事例がある。例えば、福島県只見町の「心志塾」では、高校生を対象に教科学習の他に課題解決型学習の「夢起ゼミ」という「キャリア教育」を実施している。

　本論文で取り上げる「和気町公営塾」は、小・中学生を対象にした公営塾

表2 岡山県内の公営塾一覧

市町村	名称	対象	指導者	目的
吉備中央町	公営学習塾	中3	地域おこし協力隊	都市部との格差解消
備前市	サタスタびぜん	中3	大学生	学習習慣の定着
矢掛町	月曜日学習会	小5〜中2	大学生	学習習慣の定着
新庄村	キュリオスクール	小中学生	民間会社の派遣	村を担う人材育成
和気町	公営塾	小5〜中3	地域おこし協力隊・大学生	英語特区導入の下地づくり

出典：岩淵ら（2017）より引用し、一部筆者加筆作成

であるが、地域活動に子供たちが参加する「体験学習」を取り入れていることが特質すべき点である。

(1) 岡山県内の公営塾の状況

　岡山県内では、和気町を含めて5自治体で公営塾を設置している（表2参照）。指導対象は、義務教育段階の子供たちを対象にしており、指導者は、民間企業からの講師派遣もあるが、多くは地域おこし協力隊や大学生である。

　本論文で「和気町公営塾」を取り上げるのは以下のような理由からである。

　　①「英語教育」に特化してグローバル人材を育成すること。

　　②「公営塾」を通じて地域づくりも目的としていること。

　　③独自の運営方法によって一定の成果を上げていること。

　そこで、2022年6月22日、和気町内にある和気商工会が運営する多目的スペース ENTER WAKE にて、「和気町公営塾」の現場でマネージャーの役割を担う地域おこし協力隊員A氏（以下、「A氏」とする）と事務を所管する和気町教育委員会事務局社会教育課職員B氏（以下、「B氏」とする）に対して半構造化インタビューを行った。主な質問事項は、「和気町公営塾」の運営に関する事項、成果と課題、学校等の関係性等である。

(2) 和気町の教育施策
①英語教育に特化した教育事業

　岡山県和気町は、岡山県南東部に位置する人口13,245人（2022年6月22日現在）の自治体である。2006年3月1日に旧和気町と旧佐伯町が合併して現在の形になった。町内には、3つの幼保一体化施設（和気、本荘、佐伯）、3つの小学校（和気、本荘、佐伯）と2つの中学校（和気、佐伯）が設置されている。

　同町では、地方創生戦略の一環で、よりグローバルな人材を地域で育てるため、英語教育に特化した教育事業が推進されている。具体的には、2016年12月、町内の全ての小・中学校において、「英語特区」として、子供たちが4技能をバランスよく身に付けるための英語教育を実施している（現在は中学校のみ指定）。

　この他に、町内在住の小・中学生、町内在住の高校生以上の住民、町内に通勤・通学している人々[12]を対象に無料のオンライン英会話講座を実施している。加えて、小学5年生から中学3年生を対象に、外国人講師と一緒に楽しく英語を学ぶ1泊2日の「English Camp」というイベントを毎年実施しており、イベントの計画・実施には町内にある岡山県立和気閑谷高校の生徒も参加する。

　また放課後学習支援として、小・中学校に学習支援員を配置し、放課後等に補充的な学習指導や株式会社ベネッセコーポレーションのノウハウに従って、子供たちが自学自習できる算数・数学の教材開発も行っており、英語に限らず、しっかりした学力を身に付けて、将来社会で活躍できるよう、地域ぐるみで子供たちを応援している。

　岩淵ら（2017）によれば、和気町の地方創生戦略は、英語特区導入と公営塾の設置を柱にし、子育て世代の定着や移住者の獲得をまちづくりの骨格に据えたものとまとめている。

②「和気町公営塾」開設のきっかけと沿革

　「和気町公営塾」の提案者は、2015年当時の地域おこし協力隊であった。当時の地域おこし協力隊員が帰国子女や英語に長けている人材であったこと、

町自体も地方創生の総合戦略を立案するタイミングであったことから、その
ブランディングの中で教育の町という取組を作る上で、2015年8月に、町は
町内在住18歳〜64歳の男女個人2,000人を対象に郵送によるアンケート調査
を実施した。その結果、「教育や保育の環境充実」を求めることが多かったこ
とから、移住定住促進施策の一つとして「英語教育」に特化した教育政策が
立案され、その一環として「和気町公営塾」が設置された。

　当時、内閣府地方創生人材支援制度によって派遣された小西哲史は、2017
年5月28日付の山陽新聞の取材に対して「財政を圧迫せず、政策の中身で勝
負しようと考え、英語教育に行き着いた。英語は入試はもちろん、社会人に
なっても武器になる」と英語教育に特化した理由を語っている。

　その後、2016年1月に中学1・2年生を対象に「和気町公営塾」をプレオー
プンしたが、講師不足もあり、①指導対象学年が拡大できない。②土曜日
しか開催できないという課題があった。

　しかしながら、2016年4月に、岡山県内にある大学との包括連携協定など
によって講師が確保できたことから、中学校全学年を対象として開講した。
2016年10月には、開講日を1日から2日に増やし、小学5・6年生も指導対
象に拡大した。そして2018年12月には、佐伯教室を設置した[13]。

③「和気町公営塾」の特徴

　「和気町公営塾」は、和気町民の小学5年生から中学3年生までの子供たち
を対象に開催している。授業料は無料であるが、テキスト代などは自費であ
る。会場は、町内にある ENTER WAKE（和気教室）と学び館「サエスタ」（佐
伯教室）である。講師は、地域おこし協力隊員、町内在住の ALT、和気町出
身の大学生、町外の県内大学生である。指導教科は、英語（主に英検対策・
英会話）であるが、自習サポートに限っては全教科に対応している。

　「和気町公営塾」は、学校や進学塾とは一味違うプログラム（表3参照）で
未来を担う子供たちの可能性を広げ自分の将来と結びつけながらポジティブ
に学ぶ姿勢を育むことを目的としている。

　開始当初は、英検対策など英語教育に特化したカリキュラムであったが、
A氏は、「子供たちが主体的に何か実践をする機会と。実験だったり、実践だ

表3 「和気町公営塾」の提供プログラム

プログラム名	開催曜日	内容
英会話レッスン	火・水曜日	フォニックスで発音の基礎を身に付け、ゲームなどの遊びを通して、実用英会話を学ぶ。
英検対策レッスン	火・水曜日	英検（準2級）3・4級に対応 対話を重視したレッスンでレベル別に基礎を固めて、英検取得を目指す。
プロジェクト活動	土曜日	子供たちの「やってみたい！」をやってみる活動。 動画制作やカフェ出店、DIYなど
自習サポート	火・水・土曜日	全教科対応 オンライン教材（eboard）でも学習可能

出典：「和気町公営塾」入塾案内より筆者作成

ったり、何かアクティブに学ぶ、行動に移せるような機会もということで、プロジェクト活動というのを増やしたりっていうような[14]」と語るように、子供たちが主体的に学習できる様々なプログラムを企画している。

　例えば、子供たち自身が小さな自己決定の経験を積み重ねられるような仕掛けとして「プロジェクト活動」がある。これは一方的に教科を指導するのでなく、子供たちと一緒に方法やプロセスを考え、時にはイベント作り等にも積極的に参画させるものである。過去の一例では、地元の特産品を使ったお菓子を自分たちで作ってカフェを開催する活動、地域のイベントに出店する活動を子供たちが企画立案する。その中で、英語で接客ができるように事前に学習するなど公営塾での学習と関連付けた活動である。

　これまでの先行研究で取り上げられた公営塾では、「学校教育の補完」や「高校受験」などを見据えた5教科の学習を中心にカリキュラムが編成されていることが多い。「和気町公営塾」では、自習サポートにおいて全教科の学

習に対応しているが、「英語検定」対策講座という資格取得を主として設置されている点は、他事例では見られない特徴である。

4．地域おこし協力隊の支援

(1) 講師確保と大学との協定

　「和気町公営塾」の講師は、地域おこし協力隊員、町内在住の ALT と大学生らのボランティアである。ボランティアには1時間当たり1,000円が支払われている。ボランティアは主に自習サポートや英会話レッスンのサポートを担当している。

　ボランティアの講師は、採用希望者が町教育委員会事務局社会教育課に履歴書を提出し、面接のほかに、無償ボランティアとして3日間の研修期間を経て、正式採用（有償ボランティア）される。岩淵ら（2017）によれば、大学生がボランティアを希望する背景には「民間の塾よりも、行政が運営している公営塾の方が勤務面で安心感があり、地域との関わりに魅力がある」という。

　和気町は、2016年5月にノートルダム清心女子大学、同年7月には山陽学園大学・山陽学園短期大学、2017年2月に就実大学・就実短期大学と包括連携協定を結んだ。これにより、講師数の不足によって生じた弊害も解消した。なお、A 氏は、大学生の有償ボランティアの採用の方針について以下のように語る[14]。

　　（出身大学など：筆者注）特にこだわってはいないです。やっぱりそこから（包括連携協定校：筆者注）流れてくる子は多いですね。大学の先生と、公営塾の情報交換もたまにするので。その中で公営塾とマッチングするような地域活動だったり、社会教育事業みたいなのに興味がある子だったり、英語の長けている子がいたときに、大学の先生からの紹介もあったりとか。

　また近年では、「和気町公営塾」を卒業した塾生が、講師として参加している。事実、大学生以外にも看護学校に通う学生もボランティアとして子供た

ちをサポートしている。そのうえでB氏は、以下のように和気町の関係人口増加に期待を抱いている[14]。

　普通の塾と違って、スタッフさんも和気町ゆかりの人であってもらうということが大事だと思っていて。それで、うちのKPIの中にも、地元ゆかりの学生の割合なんていうのも入れていたりするんですけど。そうやって関係人口というか、普通英語を一生懸命学んだらちょっと外に出ていきそうなところを、英語学んだけどそれを使って地元に関わってくれるっていう機会を大事にしたいなというのも1個目標で持っているので。そういう意味での、地元ゆかりの（卒：筆者注）塾生講師というのは、積極的に増やしていきたいなって感じかな。

　現在、岡山県内の大学と包括連携協定を結ぶことによって、大学生のボランティアを安定的に確保できている。しかしながら、これは包括連携協定を結ばないと講師が確保できないことを意味し、安定的な運営を脅かす可能性がある。

　講師不足の背景について、佐久間（2010）は、秋田県東成瀬村「東成瀬村地域学習教室」を取り上げ、都市からの移動や「地方より都市部のほうが教員になりやすい」など「地元離れ」を指摘している。そのため、「和気町公営塾」のように卒塾生が講師で戻ってくるというシステムの確立は公営塾の継続的な運営には有効である。

⑵　予算確保の工夫

　「和気町公営塾」の予算は、年間4,423千円（2022年度予算）に加えて、地域おこし協力隊活動費[15]である。2016年6月には、公営塾の運営支援に特化したふるさと納税の募集を実施した[16]。この他に、中国銀行が地域企業の私募債発行手数料の一部を活用して教材、備品などの教育に資する物品の寄贈を受けた。なお、2022年4月、和気町は過疎地域の持続的発展の支援に関する特別措置法に基づき「過疎地域」に指定されたため、「過疎対策事業債」の一部を事業費に充てられるよう検討しており、事業継続に必要な予算確保に

努めている。

　以上のような予算確保の工夫は、北海道足寄町は「過疎対策事業債」、秋田県東成瀬村は県からの補助金「夢創造！！チャレンジ推進事業」、福島県川内村は「電源立地地域対策交付金」、沖縄県北大東村は「離島振興の課題及び一括交付金」など様々な補助金制度を活用して公営塾でも見られる。これらは、公営塾に活用できる財政支援制度の豊富さを示す一方、補助金なしでは公営塾が運営できないという不安定要素を示すことも意味する。「和気町公営塾」も例外ではないものの、和気町の場合、「ふるさと納税」などクラウドファンディングを活用するなど、新たな財源確保に邁進している点は注目すべき事項といえよう。

⑶　運営の工夫

　地域おこし協力隊員は、運営兼講師として「和気町公営塾」の運営の主軸を担う。例えば、秋田県東成瀬村や青森県東通村「東通村学習塾」の事例では、教育委員会事務局の職員が運営の多くを担い、公営塾の講師は「教えること」に専念できている反面、学校等との情報共有などで難があることが指摘されている（佐久間：2010）。

　「和気町公営塾」の場合、日々の現場運営は、マネージャー役の地域おこし協力隊員が担い、他との情報共有体制がつくられている。教育委員会事務局は、予算確保、毎月の報告の受領、運営に関わる相談・壁打ちが主であり、日々の現場運営には関与していない。ただし、公営塾を担当する地域おこし協力隊員の座席は、社会教育課に置かれているため、日常的な業務の合間に相談や情報共有できる体制が構築されている。

　そのため、図1にように地域おこし協力隊員は、自身も講師として子供たちの指導に当たるものの、マネージャーとして教育委員会事務局と公営塾の講師のALTやボランティアなどの間に立って塾の運営を行っている。

5．運営を担う人材の確保

　「和気町公営塾」の課題は「運営を担う人材の確保」である。現在、「和気町公営塾」の現場運営は、地域おこし協力隊が担っており、協力隊の任期満

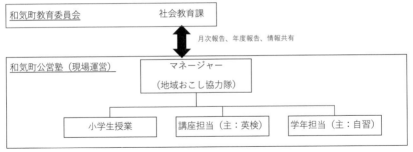

図1 「和気町公営塾」の運営体制

出典：和気町教育委員会提供資料より筆者作成

了のタイミングで後任が着任できないなど問題が定期的に発生している[17]。

　A氏は、運営を担う人材の確保について「やっぱり1人雇っても3年後には必ず切れるタイミングがあるのと、途中でやめてしまう可能性もあるので。そうなったときに、潤沢にスタッフをキープできるかっていうところが今課題で。」と語っており[14]、塾の運営において安定的に管理できる人材を求めていることがうかがえる。

　地域おこし協力隊員は、採用応募者が和気町教育委員会事務局社会教育課に履歴書を提出し、約1カ月間、おためし地域おこし協力隊として活動し、その後、正式に採用される。採用にあたっては、特に「双方のマッチングをしてから最終的な面接に移るという段階」を踏むことを重要視している。B氏は、採用応募者の公営塾に対するイメージとギャップについて、以下のように指摘する[14]。

　　たぶん申し込んでくる人って、大体子供たちに教えたいをイメージしてくるんですよ。どっちかっていうと、計画を立てたりとか、スタッフを回したりとかっていう総務的なところって、庶務的なところってあまりイメージせずに来るんですね。

　このことから、採用応募者の多くは、「教える」ことに主軸を置いて応募してくるため、公営塾を「マネジメント・コーディネート」することに対する

認識が低いことが想定される。また、地域おこし協力隊員Ａ氏によれば、公営塾の運営において重視するに「講師の英語力やコミュニケーション力など、公営塾としてのクオリティの確保・維持すること」を挙げる。そのため、公営塾運営には、「教えることに重きを置いた講師」と「講師たちをマネジメントする人材」の2者が必要であるといえる。

　今後の「和気町公営塾」の発展には、公営塾をマネジメント・コーディネートする人をどう採用・育成していくかが「肝」であり、これは事業の継続につながると考えている。そのため、全体のマネジメント・コーディネートや講師育成等の運営の一部を委託化することで事業の安定化を図りつつ、地域おこし協力隊にはレッスンプログラムやイベントの内容充実を専門的に担ってもらうことも検討しているという。

6．公営塾の今後の展望―おわりにかえて―

　本論文では、岡山県和気町の「和気町公営塾」を取り上げて、公営塾の持続可能な運営について考察したところである。その考察を通して、おおよそ以下の点が明らかになった。

　第一に、英語教育に特化しつつ、子供たちが主体的に学習できる様々なプログラムを企画していることである。地域のイベントなどを活用した「プロジェクト活動」は、意図せず子供たちが主体的にまちづくりに関わることができる活動ととらえることができ、全国的にもこのような取組は少ない。

　第二に、講師不足という課題は、全国的に指摘されているが、その課題を県内の大学と包括連携協定を結ぶことで解消した。そもそも地域に必ず講師になりうる人材がいるとは限らない。そのため、社会教育事業やまちづくりに興味がある学生の参加は、多くの関係者にとって win-win の関係を築くことができるだろう。また、卒塾生が講師として参加するというサイクルによって関係人口の増加にも期待したい。

　第三に、塾運営を担う人材の安定的な確保という課題である。全国的に現場運営を地域おこし協力隊員が担っている事例はいくつか見られる。現場運営を担う人材は公営塾運営におけるキーマンである。このキーマンを地域おこし協力隊に頼る限り、必ず任期による隊員の入れ替えが発生する。その

ため安定的な人材確保システムを検討する必要がある。

　公営塾の運営ノウハウを持つ企業の登場は、運営する人材を求める和気町や公営塾を開設したくてもそのノウハウがない自治体にとっては朗報であろう。しかしながら、企業に委託をするということは、公営塾がパッケージ化されることも意味する。

　そのため、地域の子供たちのニーズに合った公営塾運営のためには、企業に全て任せず、「和気町公営塾」のように一定程度の行政の関与が必要である。既述の通り、公営塾に類似した事業として「地域未来塾」がある。これは、地域学校協働活動の一つであるものの、学習支援事業という目的は一緒である。そのため、公営塾の現場運営を担うキーマンとして、地域と学校をつなぐコーディネーターである地域学校協働活動推進員の参画を提案する。この参画によって、地域の状況に応じた学習プログラム開発や公営塾の持続可能性についてより良いものが構築される可能性があり、これについても今後検討する必要があろう。

【付記】なお本研究は、JSPS 科研費18K13063の研究成果の一部である。

注

1 ）報道機関によっては、「町営塾」「村営塾」「公設塾」と記述される場合があるが、本稿では「公営塾」と統一して記述する。

2 ）質問紙において「学習塾（家庭教師の先生に教わっている場合を含みます。）で勉強していますか」と質問が設けられており、選択肢は「①学習塾に通っていない」「②学校の勉強より進んだ内容や、難しい内容を勉強している」「③学校の勉強でよく分からなかった内容を勉強している」「④上記 ②、③の両方の内容を勉強している」「⑤上記 ②、③の内容のどちらともいえない」である。本稿では選択肢②から選択肢⑤までの数値を合わせ、通塾率を算出した。

3 ）2017年 3 月をもって終了となった。

4 ）「夜スペシャル」に関する訴訟は、2014（平成26）年 4 月17日に上告棄却、上告審不受理により、控訴審判決が確定している。

5 ）教育の事業とは、「教育される者についてその精神的又は肉体的な育成を図るべき目標

があり、教育する者が教育される者を教え導びいて計画的にその目標の達成を図る事業」を指す。『文部省社会教育局長あて法制局第一部長回答』より。

6）文部科学省の社会教育事業として、地域学校協働活動の一環として学習支援員等への謝金や消耗品費等の補助がある。

7）広島県大崎上島町が広島県立大崎海星高等学校に対して行った高校魅力化プロジェクト（PJ）について「主に離島・中山間地域など、人口減少の影響で統廃合の危機に立たされた公立高校を再生し、高校と教育を核とした地域活性に挑む壮大な PJ」と表現している（大崎海星高校魅力化プロジェクト編：2020）。

8）文部科学省「各高等学校の特色化・魅力化」https://www.mext.go.jp/a_menu/shotou/kaikaku/1358056_00001.htm（2022年7月11日確認）

9）特色化・魅力化に向けた主な方策として、①各高等学校の存在意義・社会的役割等の明確化（スクール・ミッションの再定義）、②各高等学校の入口から出口までの教育活動の指針（スクール・ポリシー）の策定、③普通科改革を挙げている。

10）地域おこし協力隊とは、過疎や高齢化の進行が著しい地方において、地域外の人材を積極的に受け入れ、地域ブランド化や地場産品の開発・販売・プロモーション、都市住民の移住・交流の支援、農林水産業への従事、住民生活の維持のための支援などの「地域協力活動」に従事してもらい、その定住・定着を図ることで、地域での生活や地域社会貢献に意欲のある都市住民のニーズに応えながら、地域力の維持・強化を図っていくことを目的とした制度である。

11）夕張市公設塾 夕張学会「全国公営塾ネットワーク会議2020」https://kisekino.amebaownd.com/posts/7883304/（2022年7月11日確認）

12）町内で開催のイベントに英語のボランティアガイドとして参加できる人も対象である。

13）担当職員によれば「もともと、ここの ENTER WAKE でやっていたんですけれど、やっぱり佐伯の子たちが来られない、来づらいということもあって。」と語り、参加機会のための増設であった。

14）2022年6月22日に ENTER WAKE にて実施したインタビューデータより

15）総務省では、地域おこし協力隊員の活動に要する経費として、隊員1人につき報償費等として年間200万円～250万円、活動費として年間150万円～200万円をそれぞれ上限に地方自治体に対して特別交付税措置される。

16）2016年6月14日付の山陽新聞朝刊より。

17）地域おこし協力隊の任期は、原則最長3年間である。

引用・参考文献

岩崎久美子（2019）『成人の発達と学習』放送大学教育振興会

大桃敏行ら（2020）『日本型公教育の再検討 自由、保障、責任から考える』岩波書店

岩淵泰・吉川幸・長宗武司（2017）「教育による地方創生戦略―教育の町「和気」構想を一例に―」、『岡山大学経済学会雑誌』49巻1号

釜井智行（2003）「民間教育サービス供給と利用行動の地域格差―岡山県の学習塾を事例として」、『瀬戸内地理』12号

川田力・釜井智行（2004）「神戸市における学習塾の立地」、『岡山大学教育学部研究集録』127号

佐久間邦友（2010）「過疎地域における公費支援型学習塾の可能性と今後の課題―秋田県東成瀬村『英語塾』を事例として」、『教育学雑誌』第45号

佐久間邦友・高嶋真之・本村真（2020）「離島における自治体主導型学習支援事業の現状と課題―沖縄県北大東村「なかよし塾」を事例に―」、『島嶼地域科学』第1号

佐々木幸寿（2022）『教育裁判事例集：裁判が投げかける学校経営・教育行政へのメッセージ』学文社

末冨芳（2007）「教育費概念の拡充―公費支援型学習塾の事例における公私教育費関係の変容を中心に―」、『研究論叢』第14号

高嶋真之（2021）「過疎地域における公設型学習塾の設置と教育機会の保障」、『教育学の研究と実践』16号

高嶋真之（2022）「地方公立高校の存続と公設塾―北海道の動向・事例と論点」、『教育』916号

樽沢俊宏（2020）『10年先を見据えた地方創生の実践』WAVE出版

内閣府地方創生人材支援制度派遣者編集チーム編（2016）『未来につなげる地方創生 23の小さな自治体の戦略づくりから学ぶ』日経BP社

松見敬彦（文）、大崎海星高校魅力化プロジェクト編著（2020）『教育の島発 高校魅力化＆島の仕事図鑑 地域とつくるこれからの高校教育』学事出版

投稿論文

〔研究ノート〕

なぜ子育て中の親は美術館利用を敬遠するのか
—バリアフリーと子ども連れの距離に着目して—

内海美由紀（日本博物館教育研究所、日本大学非常勤講師）

Why Do the Parents with Children Avoid Using the Museum of Art?:
Focusing on Distance between Barrier-Free and the Parents with Children.

UCHIUMI Miyuki（Japan Institute for Learning Innovation with Museum/Part-time lecturer at Nihon University）

Generally, art museums are known as barrier-free facilities. However, not a few parents avoid from using museums. In this paper focusing on the question of why the museum's parenting support efforts are not reaching parents. In this study, interviews with actual parents will be corducted. And from these interviews will point out that both society and parents still do not fully understand the concept of barrier-free. And from this viewpoint, I propose the importance of childcare support from society as a whole, beyond the framework of museums.

This paper is developed as follows. In Chapter 2 I review barrier-free measures and childcare support efforts in Japan, and point out that the time lag of barrier-free measure and child-care support. In Chapter 3 I conduct the interviews with actual parents. Through this interview analysis, they feel the "restrictions" in their daily lives. Moreover their "restrictions" causes them to avoid using art museums. In Chapter 4 I introduce the efforts of the Hiratsuka Museum of Art and the Akashi City Library. Based on their efforts, I propose a model case for child care support program in art museums.

1. 問題の所在

　近年日本では、少なくない美術館で、子育て支援を目的とした企画が活発に行われている。しかし、その主たる対象者である乳幼児帯同者[1]、すなわち子ども連れにはあまり知られていない。さらにいえば、彼らはなぜか美術館利用を敬遠する。どのような支援を行えば、この状態は解消するだろうか。本稿では、なぜバリアフリー施設である美術館の子育て支援の取り組みが子ども連れたちに届かないのか、という問いを立て、実際の親たちにインタビューを行い、その分析から、バリアフリーの理解が社会、そして親たちに未だ浸透していないことを指摘する。そして、美術館の枠組みを越えた社会全体からの子育て支援の重要性を提言することを目的とする。

　きわめて個人的な体験ではあるが、筆者は現在6歳になる子どもを産んだ途端、なぜか美術館に「行きづらさ」を感じるようになった。博物館研究者、さらにいえば美術館で子ども向けワークショップを企画した経験もありながら、である。この極めてショッキングな体験を子育て経験者に話すと「あぁ、分かる分かる。だから私も動物園や科学館、博物館とかに行ってるよ」と、話を結ぶ。

　確かにかつては、子ども連れでの利用が難しい雰囲気もあったかもしれない。だが現在は、少なくない美術館で「託児サービス」や「親子向けの鑑賞時間帯」などが企画されている。たとえば、先進的取り組みで知られる熊本市現代美術館では、館内に美術館ならではのインテリアを施した「子ども広場」を設置している。さらにソフト面でも、子ども連れだけでなく、妊婦と家族向けの鑑賞時間を設けるといった取り組みを行っており、地域の利用者に愛されている（熊本市現代美術館公式ホームページ）。このように美術館は、積極的にサービスを展開している。

　それにもかかわらず、なぜその姿勢は子ども連れの保護者らに広く届いていないのだろうか。もちろん、限られた人手や予算、手法や媒体に起因するアピール不足の側面もあるかもしれない。だが本稿では、バリアフリー施策と実際の子ども連れの距離感に着目することで、その解消策を考察していきたい。

2．バリアフリーと子ども連れの距離

　本章では先行研究を通して、バリアフリーと子ども連れの距離に着目する。

(1)　バリアフリー施策と子育て支援のタイムラグが生み出したもの

　まず先行研究として、日本におけるバリアフリー施策と、子育て支援の取り組みをレビューし、そのタイムラグに着目する。そして、そのタイムラグが生み出した子ども連れと社会の分断を指摘する。

　表1に作成したように、平成6年の「ハートビル法」施行以来、交通や公共施設において、高齢者や身体障害者等の移動の円滑化が進められてきた。一方、子ども連れの位置づけを見てみよう。

　北川啓介らは、建築や都市計画の観点から、妊婦や乳幼児帯同者の外出時

表1

日本における主なバリアフリー、UD（註.2）、子育て支援の取り組み	
（総務省「バリアフリー・ユニバーサルデザイン政策（公共施設関係）の主な経緯」資料と国土交通省「子育て支援の取り組みについて」から作成）	
平成6年9月	「高齢者、身体障害者等が円滑に利用できる特定建築物の建築の促進に関する法律（ハートビル法）施行
平成12年11月	「高齢者、身体障害者等の公共交通機関を利用した移動の円滑化の促進に関する法律（交通バリアフリー法）施行
平成18年12月	「高齢者、障害者等の移動等の円滑化の促進に関する法律（バリアフリー新法）施行 ※ハートビル法と交通バリアフリー法の発展的な統合
平成20年3月	バリアフリー・ユニバーサルデザイン推進要綱策定
平成25年6月	「公共交通機関等におけるベビーカー利用に関する協議会」設置 ※「ベビーカー利用にあたってのお願い」の作成
平成26年3月	「統一的なベビーカーマーク」策定 ※同年5月以降　毎年5月に普及・啓発の取り組み
平成30年11月	「公共交通機関等におけるベビーカー利用に関する協議会」を「子育てにやさしい移動に関する協議会（こそモビ協議会）」に発展、設置 ※ベビーカーだけでなく、すべての子ども連れを対象

の困難に着目し、解消策を検討する（北川ら, 2008）。そして、2006年に制定された「バリアフリー新法」の分析から、実際に「バリア」を感じている当事者の一人である妊婦や乳幼児帯同者の状況は殆ど問題視されていなかったと指摘する。

> これらの対策の主人公は高齢者・身体障害者であり、特に車椅子利用者等の下肢障碍者、視覚障害者がその中心となっていた。一方、妊婦や乳幼児帯同者は、建築空間・都市空間において行動制限を受ける弱者であるが（中略）具体的に言及されているのは「高齢者、障碍者等」であり、殆ど問題視されてこなかった（北川ら, 2008, p.1243）

　北川らが指摘するように、確かに「バリアフリー新法」第一章 総則の（目的）第一条を見ると、

> この法律は、高齢者、障害者等の自立した日常生活及び社会生活を確保することの重要性にかんがみ、公共交通機関の旅客施設及び車両等（中略）高齢者、障害者などの移動上及び施設の利用上の利便性及び安全性の向上の促進を図り、もって公共の福祉の増進に資することを目的とする（法律第91号, 2006）

とある。つまり子ども連れは、実際に「行動制限を受ける弱者」（北川ら, 2008）であるにも関わらず、「高齢者、障害者」とは違い、明言されて来なかった。そのため、その後も平成20年の「バリアフリー・ユニバーサルデザイン推進要綱」策定によって、バリアフリーから UD へと進むなかでも、北川らの言葉を借りれば「殆ど問題視されてこなかった」。そして、平成25年の「公共交通機関等におけるベビーカー利用に関する協議会」設置まで、看過されてきた。
　もちろん「子ども連れ」である期間は、高齢者や障害者とは違い、たった数年程度と思われるかもしれない。しかし、たとえば「親となる」ことを契機とした個人の発達に着目する柏木惠子と若松素子は、その過程で出会う困

難によって、親が〈育児による制約感〉[3]を持つ可能性を危惧する（柏木・若松, 1994）。つまり、「子どもの存在によって自分の視野や行動が制限されている」（柏木・若松, 1994, p.77）と、感じることである。そしてその否定的な感情は、その後の親のライフステージにも影響を与えていく。

　この柏木・若松の指摘は、本稿にも大きな示唆を与える。親たちは、「親となる」なかで美術館に利用しづらさを感じるようになる。「子どもの存在によって」美術館に行けないと感じ、社会から分断されるような思いを抱いていく。そして、その思いや困難を受け止めるはずのバリアフリーの対象として自身が位置づけられていないと感じているのであれば、美術館の利用を敬遠してしまうのではないか。

　柏木・若松による「親となる」という過程に伴う〈制約感〉への着目は、まさに子どもを持つことを契機として、美術館利用を敬遠する親の心理を理解し、さらに支援するうえで重要な視点になると言えるのではないだろうか。

(2)　博物館に見るバリアフリーと子育てバリアフリー

　上記を踏まえた上で、次に博物館におけるバリアフリーと子育てバリアフリーの取り組みを簡単にレビューしたい。まず前提として、日本の博物館は、特に欧米の影響を強く受けている。なかでもヨーロッパでは、歴史的にも長くバリアフリーやインクルーシブミュージアム実現に取り組んでいる。そのなかで著名な研究者の一人として、リチャード・サンデル（Richard Sandell）を挙げることができる。サンデルは、時代性や地域性など、ミュージアム[4]のバックグラウンドに根ざす差別意識やその排他性に着目し、平等な場としてのミュージアムのあり方を理論・実践の両面から検討する（サンデル, 2013）。

　そしてアメリカの著名な研究者の一人として、サンデルを理論的視座の一つとするローラ‐エディス・コールマン（Laura-Edythe Coleman）を挙げることができる。コールマンもまた、「アメリカのミュージアムが極めて排他的である」（コールマン, 2019, 位置117[5]）と指摘する。そして、理論的・実践的な検証だけでなく、有志の研究者や学芸員が参加する The Incluseum（The In-

cluseum HP）の取り組みのように、社会運動の役割をも担うミュージアムの
あり方を見いだしている。

　ただし、これらの「バリア」研究の主な対象は、人種、障害、性的マイノ
リティ、宗教や経済格差などである。そして一方で、子どもを対象としたチ
ルドレンズ・ミュージアムは各地に存在し、活発に利用されているが、本稿
が着目する子ども連れに着目した研究については殆ど見られない。

　そして日本でも、バリアフリーへの関心は高く、その歴史は長い。たとえ
ば「バリアフリー新法」以前の資料に限っても、2001年、朴燦一・末岡正章
が日本全国400カ所の博物館を対象として、「高齢者や障害者を取り巻く社会
環境に関する意識」についての質問紙調査を大規模に行っている（朴・末岡,
2001）。また2005年、財団法人日本博物館協会が「高齢者や障害者、そして外
国人を対象」とした調査研究をまとめている。特に米田耕司が執筆した「2.
美術館とバリアフリー」では、ハンズ・オン展示を通した視覚障害者への美
術館の取り組みが検証されている（米田, 2005）。これらの事例をはじめ、日
本の博物館でも、すでにバリアフリーや UD は長く根付いていると言える。

　そして子育てバリアフリーの取り組みについても、先述の通り、少なくな
い美術館で活発に取り組みが行われている。たとえば平塚市美術館は、乳幼
児向けワークショップをはじめ、幅広い世代に向けた企画で知られる。同館
館長の草薙奈津子は、子ども連れ向けの鑑賞会の様子を、以下のように伝え
る。

　　小さい子どものいるうちはどうしても展覧会に行けないと思い込んでい
　　るお母さんやお父さんたちは多いようです。実際、美術館に行くとあま
　　り小さな子どもは見かけません。それを逆手にとって、親が小さな子ど
　　もたちと一緒に見る美術鑑賞会を企画したのです。
　　　すると子どもたちにもお気に入りの作品が見つかるらしく、その前で
　　ジッと見入っている姿がありました。（中略）何年かぶりで展覧会を見
　　ました！と言って感激するお母さんも多く、その姿に私たちも本当に嬉
　　しくなってしまいます。お母さんたちの精神的なリフレッシュにかなり
　　貢献していると感じるからです（草薙, 2013, p.83）

このように、子ども連れ向けの企画は望まれていて、実際に「精神的なリフレッシュにかなり貢献」している。それでも、その取り組みはあまり知られていない。たとえば昨年、女性誌『LEE web 版』の記事で、飯田りえが美術館利用の難しさを取り上げている。

> つい先日も、美術館（子どもむけに作られた企画でない）の展示で、肩身の狭い思いをすることがありました 中略 もちろん、最近の美術館の企画は子どもと一緒に楽しめる企画もたくさんありますし、できるだけそういう展覧会に行くようにはしていますが、一般向けの企画で子どもや親自身が「行きたい！」と思っても、非常にハードルは高いと思います（飯田, 2021）

同誌は子育て世代に向けた商業誌であり、美術専門誌ではない。だからこそむしろ、一般的な利用者の印象を窺うことができるとも言える。少なくとも一般的な親たちに対して、美術館の取り組みが周知されているとは言いがたいと言えるのではないか。

美術館は、バリアフリー施設として確かに根付いている。そして、子育て支援の取り組みも、着実に成果を上げている。それにもかかわらず、美術館はなぜか子ども連れに敬遠されてしまう。なぜ、子ども連れに取り組みが届かないのか。そして、どのようにすれば子ども連れに取り組みは届くのか。

次章ではインタビューを通して、この問いを検証していきたい。

3．実際の親たちへのインタビュー調査とその分析

(1)　調査の概要

⑴調査日程：2021年10月〜11月

⑵対象者：関東の幼稚園に子どもを通わせる保護者5名。なお、園の選定の理由の一つとして、同園が工作などを通した美術・芸術教育に力を入れており、その保護者も美術などに関心が比較的高いことが挙げられる。

⑶調査手法：協力者たちのスケジュールや関係性に応じて、フォーカス・グループ・インタビュー（A、B、Cさん）、もしくは個人（D、Eさん）での

半構造インタビューを行った。インタビュー時間は30分程度であり、事前に
ライン、メール、対面で趣旨説明などのやりとりを行った。なお、新型コロ
ナウィルス感染対策の一環として、協力者には対面、もしくは Zoom のどち
らかを選択してもらうこととした。

　⑷本調査における主な質問内容
主な質問内容：

> ①子どもを持つ前と、後での美術館利用の変化。
> ②子連れでの美術館利用に対してどのように感じるか。
> ③美術館のバリアフリーは子連れ利用においてプラスになるか。
> ④子連れ利用の際、ホームページのバリアフリー欄を閲覧するか。
> ⑤子連れの美術館利用に当たり、どのようなホームページであれば便利
> 　だと考えるか。

　上記の質問から得たインタビューデータについては、全てトランスクリプ
ト化したうえで、データをエピソードごとに分節化し、内容をコーディング
した。なおコーディングは、「バリアフリー」と「子育てバリアフリー」に関
するデータを軸に整理し、美術館の「利用しづらさ」を感じる場面や内容を
類型化した。

　またインタビューデータの表記について、文意が伝わりにくい箇所は、内
容が損なわれない程度に修正を行った。なお調査者による補足は「（ ）」で、
テクストの省略は「（中略）」で記している。

⑵　実際のインタビューの様子とその分析

①子どもを持つ前と、後での美術館利用の変化

　表①-1

> （子どもができる前、独身の頃は）長時間、2時間くらいは利用したけ
> ど、子どもができてから、かなり短時間の、目当ての作品だけのスキッ
> プで。子どもはしゃべるし、子どもの様子を見てないといけないから。
> （Ｃさん）

表①- 2

私は、社会人の時は割と仕事の後に、家に帰る前に美術館に寄ったり、
土日にちょっと行ったりしてたんですが、子どもができてからは、やっ
ぱり体験型をうたっている美術館しか、行っちゃいけないようなイメー
ジがあって。静かにしているイメージが。うちの子は静かにしといっ
ても理解できない年齢だったのと、分かるようになってからはコロナだ
ったり。
行ったことがあるのは、東京都のおもちゃ美術館だったり、彫刻の森美
術館だったり、あとはモエレの森公園とか。
ああいった、声を大きく出しても、誰の目線も気にしなくて良い美術館
しか行ったことがない。(B さん)

表①- 3

[子どもを持つ前は、子ども持ったらいきづらいだろうな、というような
感覚はありましたか?]
あー、独身時代。何か、私すごい感じるのは、子どもを持ってからじゃ
ないと分からないこといっぱいあって。(独身の頃は) 美術館で赤ちゃ
ん見るとうるさくても行けるかな、と思っていたけど (そうではなかっ
た)。(D さん)

　本質問において、独身の頃は「長時間、2 時間くらいは利用」していた (C
さん)、「社会人の時は割と仕事の後に、家に帰る前に美術館に寄ったり、土
日にちょっと行ったりしてたんですが」(B さん) という回答を得られた。
　しかし、子どもを持った今は「かなり短時間の、目当ての作品だけ」(C さ
ん)、「子どもができてからは、やっぱり体験型をうたっている美術館しか、
行っちゃいけないようなイメージ」(B さん) があり、自分のペースや行きた
い内容に合せて美術館を利用できないという葛藤を抱えていることが分か
る。
　そしてその悩みは、「子どもを持ってからじゃないと分からない」(D さん)
気づきであり、子どもを持つ前には予期できていなかったことが分かる。

②子連れでの美術館利用に対してどのように感じるか

表②-1

> あー、そうですね、やっぱ子どもがいると預けないとね。
> 美術館て静かなイメージがあるから、一緒に連れて行く場所ではないという認識だから、良いのがね、やってても。遠慮しちゃうかなと言う印象がありますね。（Dさん）

表②-2

> Aさん：なんか、私特に周囲の目を気にしたことがなかったんだけど、他の人が『気にする』と言ってるから意識するようになっちゃったかも…。
> Cさん：そうよー、子ども持つと気になっちゃうのよ。
> Aさん：そうかー、そうなのか。

　本質問では、Aさんを除く協力者全員が「美術館の静かなイメージ」から、周囲の利用者の目を気にしてしまうことを挙げていた。一方、質問を聞き終えた後、上記インタビューを通して気づきを持ったAさんに対して、Cさんは、「子ども持つと気になっちゃうのよ」と、親になったことで初めて知る視点であったことを強調していた。

③美術館のバリアフリーは子連れ利用においてプラスになるか。

表③-1

> うーん、まぁベビーカーでも行きやすいかな、とは思いますが。
> 何というか、建物中は行きやすいんだろうな、というだけで、美術館の属性、静かにって、あのー、うーん、子どものベビーカーは行きやすいんだろうな、というのはありますが、子連れで行こうとは思わない、思いにくい。
> （中略）
> うーん。施設の中が過ごしやすいんだろうな。
> たとえば、自分が行きたい美術館の展示がある美術館が近くにあって、

子どもが寝入ったばっかりで、ベビーカーでなら行くかもしれない、的な。(Eさん)

　本調査では全ての協力者が、美術館がバリアフリー施設であることに対して、便利であるという考えを示した。ただしそれは、「施設の中が過ごしやすいんだろうな」(Cさん)というような、たとえばベビーカー使用時の動線について確保されていることは理解している、といったハード面についての言及である。ここからも、Aさんを除き、心理的バリアを感じていることが明らかにされた。そして「美術館の属性、静かにって」(Cさん)というような、美術館特有の雰囲気に遠慮してしまうという言及がなされた。

④子連れ利用の際、ホームページのバリアフリー欄を閲覧するか

表④-1

［美術館の授乳室情報などについて］

Cさん：すごい分かりにくい。

何か、お預かりサービス[6)]があるって言うのもこないだ知ったので。

Bさん：私も。知らなくて。

Cさん：そう、そんな楽ちんなのあるんだと思って。

じゃあベビーカーで家から美術館までとかの通路検索して、どこがエスカレーター、とか考えなくて良かったじゃん、とか。抱っこしてそのまま預けたりできたじゃん、とか。そういうの、利用しやすいように、見やすいように表示してくれるといいな、って。結構探して見つけたんです。言われて、探して、(バリアフリーのところに)あ、あった、ってなったので。

　何か割と、最初のトップページのところに、なんか、お母さんたちへ、おかあさんというの性差別だけど…子連れの方たちへ、とあると、ちょっと、見つけやすいかなって

全員の協力者に、独身時代から美術館や博物館を訪れる前に公式HPやSNSを閲覧する習慣がある。そのため情報の閲覧には比較的慣れていると言える。しかし、これまで子ども連れに向けた各種サービスの情報は「すごい分

かりにくい」（C さん）ため、見つけられていなかった。さらに見つけたとき
も、バリアフリーの項目の中から「結構探して」（C さん）見つけ出し、「子連
れの方たちへ」といった項目がトップにあれば便利と感じたという。

⑤子ども連れの美術館利用にあたり、どのようなホームページであれば便利
と考えるか

表⑤-1

[どういうホームページだと、託児情報とか、見やすいとかあります
か？]
あー、トップページのところに子ども連れでも見やすいですよ、という
項目があって、詳細とかあったら、こんな施設なんだ、と分かりやすい
位置に置いてあると、みんな行きやすいとか。
[バリアフリー情報にはアクセスしますか？]
それ。バリアフリーというと、車椅子って言う、お年寄りとか、そうい
うイメージが。ベビーカーもって、というのは（ない）。そういう風にあ
ると分かりやすいかな。（D さん）

表⑤-2

　何かよく、そういう施設のホームページで、対象者のタブがあって、
小学生向けだとひらがなだったりのページがあったりとか。あとその、
館内の展示に関することが詳しく書かれている大人向けのとかが読める
ような。そういうページがあったりとか、こういう館内にこういう施設
がありますよ、とか。
　そういうのが書かれた、なんだろう、施設の中のページが、対象者ご
とにあれば、それに関する情報が出てくるとかだと、助かるかなぁ。
（中略）
　あんまりその、バリアフリーの観点から探したことはないですね。（E
さん）

この質問では、④の質問と併せて、子ども連れの利用者が「バリアフリーの
観点から探したことはない」（E さん）という趣旨が明らかにされた。なぜな

ら「バリアフリーというと、車椅子って言う、お年寄りとか、そういうイメージが。ベビーカーもって、というのは（ない）」（Dさん）という印象が強いためである。

(3) インタビュー調査を通して得られた知見

　本調査を通じて、以下3つの知見を得ることができた。

　1つめは、他の博物館等施設では見られない、美術館に特有の静かな雰囲気への遠慮である。表の①②③に特によく表れているように、子ども連れたちは、美術館の静かな雰囲気に遠慮してしまう。そのため急いで鑑賞をする、もしくは利用を敬遠しがちになる。また美術館利用の際も、子どもの声が許容される体験型展示の美術館を利用することが明らかにされた。

　2つめは、表の④⑤に特によく表れているように、子ども連れの利用者と、美術館とのなかで、「バリアフリー」の認識に離齬が生じていることである。第2章でレビューをしたように、バリアフリー施策はもともと「高齢者や障害者」を主な対象にして開始され、社会に定着をみた。そのため、子ども連れの利用者は、自身がその対象者であるとは思いづらい。そこで、たとえば公式HPのトップに「子ども連れの方へ」といった項目を見やすく設定するだけでも、子ども連れ向けの情報発信の効率を上げることができ、利用促進を十分に図ることができると言えるのではないか。

　3つめは、表の①②④に特によく現れているような、「親となる」ことに伴う「育児による制約感」払拭の必要である。表②-2のCさんの「そうよー、子ども持つと気になっちゃうのよ」という言葉に示されるように、「親となる」日々の中で、様々な〈制約感〉を体験し、周囲の目を気にするようになる。そのような状況で「静かな雰囲気」を持つ美術館を訪れようという気分にはなりにくい。そもそも、それまで好んで味わっていたはずの美術館の「静かな雰囲気」に気後れするようになり、そしてバリアフリー動線を気にするようになる理由も、「親となる」過程で様々な〈制約感〉を学んでしまったことに起因する。

　そこで「親」だけでなく、その周囲や環境にアプローチすることで、利用促進を働きかけることはできないだろうか。

4．インタビューの知見をもとにした「親」への支援の方法

　第3章のインタビューを通して、親たちは、「親となる」過程で生じた〈制約感〉によって美術館に利用しづらさを感じるようになることが明らかにされた。そこで「親」の周囲やその環境にアプローチすることで、親となる過程で生じていく〈制約感〉を払拭できないだろうか。

⑴　周囲の大人へのアプローチ：平塚市美術館「気になる！大好き！これなぁに？こどもたちのセレクション」

　平塚市美術館では、先に挙げた親子鑑賞会の取り組みの蓄積から、2015年から不定期で展覧会を開催している。これは上記の会で、乳幼児が反応した作品をピックアップし、保護者のコメントパネルを添えて展示するものである。

　担当学芸員は、以下のコメントを残している。

　　文字を読むことのできない小さな子どもは、作品そのものから何かを感じ取り、それに対しリアクションを取ります。そして、その言葉や態度は、案外作品の本質をついていることがあります。（中略）以上をふまえ、2015年から現在までの鑑賞ツアーの結果をもとに、大人の先入観を除き、乳幼児が多く興味反応を示した作品を紹介する展覧会を企画しました（平塚市美術館公式ホームページ）

　この展覧会のもたらす意義は、子ども連れの利用促進に留まらない。旧来の美術館から排除されていた子ども連れの存在やその重要性を周囲の大人に見出させているという点でも、大きな意義があると言える。

　子どもならではの鑑賞は、先入観を持って鑑賞しがちな大人に対して新たな観点、そして豊かな鑑賞を提供する。その経験から、周囲の大人は子ども連れが排除されるものではなく、美術鑑賞において対等な存在であることを知る。そしてその結果、「敷居の高さ」を構築していた、子ども連れに対して無理解であった周囲の大人も、寄り添うようになるのである。

⑵ 美術館の「外」からのアプローチ：妊娠中から美術館利用を促す取り組み

美術館から足が遠のくのならば、美術館の枠組みをも越え、美術館の「外」から親に対してアプローチすることはできないだろうか。

たとえば妊娠判明時、市役所で母子手帳やその他関係書類などが配布される。その関係書類のなかに、地域の美術館のパンフレットや館の取り組み、さらにいえば子ども連れ向けのワークシートなどを配布するといった試みが可能ではないか。

また産後すぐの段階から、美術館利用を促進するケアを行う視点も重要と言える。たとえば美術館同様、静かに過ごすイメージがある図書館の事例を見てみよう。子育て支援政策の成功で著名な明石市の図書館では以下のように、乳児の4ヶ月検診の際、おすすめの本をプレゼントする企画を行っている。

> たとえばうちは、4カ月健診の時にすべての親子に来てもらって読み聞かせの時間を30分設けます。司書が読み聞かせて、親子での読み聞かせの仕方もお伝えして、本もプレゼントします。「今日、家に帰ったら読んでね」と絵本をプレゼントする。（中略）図書館の方々と相談をして選んでもらい、子どもが気に入った絵本を親にプレゼントします。多少手間はかかりますが、それによって読み聞かせなど親子の愛情の時間が増えるきっかけになればいいし、また、その時の親子の様子を見て少し不安を感じたら、マンツーマンでフォローしていくようなことをやればトータルな行政コストは安いはずなんです（泉・湯浅, 2019, 位置913）

同図書館では、上記試みに限らず、様々なサービスを打ち出すことで、子ども連れが利用しやすい図書館を実現している。このような取り組みは、「親子の愛情の時間が増えるきっかけ」になり、さらに「親子の様子を見て少し不安を感じたら、マンツーマンでフォローしていく」という福祉にもつなげていくことができる。この事例は、美術館でも実現できる可能性があると言えるのではないか。

本章で取り上げた事例は、仮にハード面が整備されていない施設であったとしても、工夫によって実現できる可能性がある。近年美術館では、子ども連れの利用促進を念頭に置いた大規模リニューアルが行われるケースが多い。しかし限られた予算の中、美術館や全ての社会教育施設がリニューアルを行うことは現実的ではない。

　だが、先のインタビューでも明らかにされたように、子ども連れにとって真に重要な要素は、バリアフリー動線の確保された建物ではない。それはあくまで、利便性という観点に過ぎないからである。彼らが求めるものは、本章の事例のような、子ども連れに寄り添う姿勢なのである。

5．本稿の総括と今後の展望

　本稿では、なぜバリアフリー施設である美術館の子育て支援の取り組みが親たちに届かないのか、という問いを立て、実際の親たちにインタビューを行った。そしてその分析から、バリアフリーの理解が社会、そして親たちに未だ浸透していないことを指摘し、美術館の枠組みを越えた社会全体からの子育て支援の重要性を提言した。

　美術館と、子ども連れ保護者の間で「バリアフリー」の認識に離齬が生じているという指摘は、決して親たちの理解不足を意味するものではない。むしろ美術館を含む社会全体が、未だ「子ども連れ」への理解と意識に希薄であるという証左なのだと言える。

　そしてだからこそ、その社会の一部である美術館が、より踏み込んだ支援策を講じていくことが重要となる。これまで子ども連れは、美術館に「ハードルの高さ」を感じていた。それは「静かな雰囲気」などに起因する。もちろんその雰囲気は否定されるものではない。だが改めて考えると、「静かな雰囲気」は、会場にいる誰もが口を開かないで鑑賞する、という鑑賞方法によってもたらされる。それは見方を変えると、画一的な鑑賞方法しか提供できていない、と言うこともできるのではないか。

　先行研究で指摘したように、欧米のミュージアム研究では「子育てバリアフリー」はあまり検討されていない。それは、そもそも欧米のミュージアムが、日本と比べて館内での過ごし方や鑑賞方法が自由であることも要因とな

っている可能性もある。そして日本でも、たとえば三菱一号館美術館では、「トークフリーデー」を企画している（三菱一号館美術館ホームページ）。これは誰もが迷惑にならない程度の会話をしながら鑑賞を楽しむ企画であり、子ども連れも、そうでなくても、誰でも楽しむことができる。

　このような多様性に溢れた企画を打ち出していくことが、真の「バリアフリー」の実現につながっていくのではないか。そして美術館がこのように多様性を持った空間になったとき、はじめて安心して子育てができる社会になるのではないか。

　そのような美術館の実現を目指し、今後の展望としては、行政の側から、子ども連れに対応した設備面の実際の調査を行っていきたい。近年美術館に限らず、外出時のミルクやオムツ交換の際、特に父親が不便を感じてしまうという事例が指摘されている。そして実際、美術館でも研究論文のレベルではまとめられていないものの、類似の報告は少なくない。そこで今後は、上記調査と併せて、利用者の意識をアンケートなどの量的調査も用いながら多角的に検討していきたい。

注

1）以下、特に断りをしない限り「子ども連れ」と表記。
2）「ユニバーサルデザイン」について、施策名などの正式名称で利用するとき以外は「UD」と表記。
3）以下、特に断りをしない限り〈制約感〉と表記。
4）一般的に海外では日本とは違い、美術館と博物館を厳密に区別せず包括的に「museum」と表現する。そのため本稿では、海外の研究については「ミュージアム」と記載。
5）ページ数ではなく、位置番号で所在が示される Kindle 媒体の資料については、「位置○○」と示す。
6）「託児サービス」等を指す。

引用・参考文献

Laura-Edythe Coleman（2018）Understanding and Implementing Inclusion in Museums（English Edition）Kindle, Rowman & Littlefield Publishers.
柏木惠子・若松素子（1994）「『親となる』ことによる人格発達：生涯発達的視点から親を研

究する試み」『発達心理学研究』5（1），p.72-83.

北川啓介ら（2008）「妊婦と乳幼児帯同者の行動制限とその要因」『日本建築学会計画系論文集』73（628），p. 1243-1250.

草薙奈津子（2013）『美術館へ行こう』岩波ジュニア新書.

朴燦一、末岡正章（2001）「日本の博物館におけるバリアフリーの実態と今後の課題—日本の博物館におけるバリアフリーに関する研究（1)」『デザイン学研究』48（4）p. 167-176.

Richard Sandell, Eithne Nightingale（2013）Museums, Equality and Social Justice（Museum Meanings）（English Edition）1st 版, Kindle 版, Routledge.

米田耕司（2005）「2．美術館とバリアフリー」『博物館の望ましい姿シリーズ4 誰にも優しい博物館づくり事業』財団法人日本博物館協会編, p.24-28.

湯浅誠、泉房穂ら（2019）『子どもが増えた！〜明石市 人口増・税収増の自治体経営（まちづくり）〜』光文社.

参考 URL

平塚市美術館 https://www.city.hiratsuka.kanagawa.jp/art-muse/20162006_00019.html

飯田りえ（2021）「赤ちゃん・子ども連れはなぜ美術館難民に？ その背景を専門家に直撃！【「お静かに」の風潮はいつから？】」『LEE Web 版』集英社. https://lee.hpplus.jp/kurashinohint/2071763/（2022年7月26日取得）

熊本市現代美術館　https://www.camk.jp/（2022年7月26日閲覧）

三菱一号館美術館　https://mimt.jp/（2022年7月26日閲覧）

国土交通省公式 HP「子育て支援の取組について」（2022年7月26日閲覧）https://www.mlit.go.jp/sogoseisaku/barrierfree/sosei_barrierfree_tk_000092.html

総務省「バリアフリー・ユニバーサルデザイン政策（公共施設関係）の主な経緯」https://www.soumu.go.jp/main_content/000546194.pdf

The Incluseum https://incluseum.com/（2022年7月26日閲覧）

参考法令

「高齢者、障害者等の移動等の円滑化の促進に関する法律」平成18年6月21日法律第91号.

【謝辞】

　本研究におけるインタビュー調査にご協力いただきました皆様、幼稚園の関係者の皆様、この場を借りて深く御礼申し上げます。本論文の一部は、2020年度日本大学若手特別研究員制度と、2019、2020年度前川財団の助成金交付により研究が遂行されたものです。この場を借りて深く御礼申し上げます。

■投稿論文

〔研究ノート〕

持続可能な中国農村社会を創出するための NGO の取り組みに関する一考察
—郷土教科書に ESD を組み込む実践に基づいて—

劉　琦（早稲田大学大学院・院生）

A Study on the Efforts of NGO to Construct a Sustainable Rural Society in China:
Based on the Practice of Integrating ESD into Local Teaching Materials

Liu Qi（Graduate School of Education, Waseda University）

In order to construct a sustainable rural society, local teaching materials that inherit local culture and show local characteristics play a very important role. With the reform of China's textbook system, more and more subjects, including NGOs, are participating in the compilation of local teaching materials.

In this article, a case study of local teaching materials compiled by the Beijing Brooks Education Center is conducted. Based on ESD, text analysis is carried out from three aspects : content composition, compilation method and activity design. The following conclusions were reached. First, the content mainly focuses on diversity and relevance. Then, from the perspective of compilation method, many of them take the story of the protagonist as the clue, and adopt the narrative method of the first person and the third person. Last, the activities mainly include activities that deeply involve the local environment, the experiential activities of role-play and the activities to promote cooperation between students, families and villages.

This study demonstrated the educational values advocated by the Beijing Brooks Education Center and the significance of local teaching materials for the sustainable development of China's rural society. It also showed the possibility of NGOs' participation in promoting the construction of sustainable rural society in China.

1. はじめに

　多くの国と同じように、中国の農村社会は都市化による影響を受け、激しく衰退している。具体的には、出稼ぎ労働者の増加、農村学校の減少、留守児童[1]・婦女・高齢者の増加などがある。農村地域の活力は上述の変化に伴い、消えてしまう。都市文化志向に基づいて編纂された教科書は、「都市生活はよいもの」、「農村生活はよくないもの」という印象を人々に与えてきた。大都市への憧れを持つ農村の住民は、農村から離れたい傾向が顕著となっている。しかし、これは決して未来の人類社会のあるべき姿ではない。そこで、農村社会の優れた伝統と文化を守るために、農村社会の持続可能な発展を促進することが必要である。

　中国では、持続可能な地域社会を創出する様々な取り組みについて、都市部の文化を中心としておらず、農村地方の魅力に焦点を当てた郷土教科書が大きく期待されている。ここでいう郷土教科書は、学校の所在地の実際と地方の特徴と結びつけながら編纂される、地元の文学、歴史、地理などが含まれる教科書である。これは地域社会、とりわけ少数民族の地域社会の持続可能な発展において重要な役割を果たしている（張・楊、2011）。その理由は、郷土教科書が唱える文化の多様性を守り、地域社会の持続可能な発展を維持する理念は、ESD[2]の理念と合致しているためである。

　郷土教科書の導入について論じるにあたっては、現代中国の教科書制度に言及せざるを得ない。1987年10月、中国の国家教育委員会は「全国小中学校教材審定委員会工作章程」を公布し、「各地方の異なったニーズに応えるために、教材の多様化を主導的、計画的に進めるようにする」[3]という指示を出した。その中で、地域・学校の状況に応じて編集された教科書（郷土教科書など）の審査方法について言及された。これにより、中国の教科書編集・審査制度が「国定制度」から「審査制度」へと転換する趨勢が示され、政府以外の多元的な主体が教科書編集に参与するように促した。1999年6月、中国の国務院は「教育改革を深化させ、全面的に素質教育を推進することに関する決定」の発表から、「国家課程―地方課程―学校課程」[4]の課程システムを試行し始めた。そのうち、地域の文化、歴史、地理的特徴に応じた地方課程と学校課程により、教育現場への郷土教科書の導入のための制度的条件が整

表1　サンプル郷土教科書の基本情報

郷土教科書	適用地域	年	適用学年	民族
『白鶴小雲』	江西省	2004〜2006	小学校高学年・中学校低学年	特になし
『草海的故事』	貴州省		小学校高学年・中学校低学年	特になし
『霍林河流過的地方』	内モンゴル		小学校高学年・中学校低学年	モンゴル族
『扎龍』	黒竜江省		中学校	特になし
『我愛拉市海』	雲南省	2006	小学校	イ族、ナシ族
『美麗的湘西我的家』	湖南省	2008	小学校	トゥチャ族、ミャオ族
『沃布基的故事』	四川省	2010	小学校	チャン族
『雲上的家園』	四川省	2011	中学校	チャン族

（筆者作成）

った。このような背景のもと、政府以外に、NGO、大学、教育分野の専門家、海外の組織などの主体も取り組んでいる。

　本稿では、北京天下渓教育咨詢センター（以下は「天下渓」と略称）によって編纂された郷土教科書の代表例（表1）を取り上げ、ESD の視点に基づいて、内容構成、編成と活動デザインという三つの側面からテキスト分析を行う。その上で、「天下渓」が唱えた教育価値観と農村発展にとっての意義を明らかにすることを課題とする。

　「天下渓」の事例を取り上げる理由は以下である。「天下渓」は農村の教育資源の統合、環境教育および公民教育の促進をはじめとして2003年6月に設立された NGO である。「天下渓」は設立されて以来、中国の農村地域の持続可能な発展を促すために、郷土教科書を作成することに取り組んでおり、中国国内の大学、専門家のみならず、国外の NGO（例えば、アメリカの International Crane Foundation、The Henry Luce Foundation）とも協力している。農村地方の特徴に相応しい郷土教科書を編纂するために、「天下渓」の職員は農村現地に出向き、地元の教育専門家、エリートの意見を聞きながら、日常授業、民俗活動を見学しており、また地元の教員を教科書の編纂作業に参与させている。また、郷土教科書の円滑な普及のために、彼らは教員研修活動を行っている。「天下渓」は、郷土教科書を農村学校現場に導入する際にあたって多くの困難を乗り越え、中国郷土教育の行方についての検討を深め、地域文化、農村文化、少数民族文化に対する大きな関心を引き起こした。上述より、「天下渓」は郷土教科書の編纂の分野において、大きな実績のある代表的

な NGO と言えるため、研究価値が高いと考えられる。

2．先行研究と論文構成

中国では、郷土教科書を研究対象とした先行研究には、様々な視点のものがある。そのうち、郷土教科書に関する歴史的な研究が非常に多い。例えば、李（2015）は歴史的な視野から、郷土教科書が生まれた中国の清朝から21世紀のカリキュラム改革期までの郷土教科書の変遷を、史料に基づいて細かく考察した。これは中国の郷土教科書の属性、発展の流れ、特徴とこれからの課題を明らかにした。この研究は中国における郷土教科書の発展全貌を把握することにおいて、高い研究価値を持つ。しかし、李（2015）の研究は現代の農村社会のこれからの発展のあり方を視野に入れておらず、現代の中国農村における課題とのつながりが弱い。

そして、現代の郷土教科書に関する実態研究と理論研究も見られる。羅（2017）は現代の郷土教科書の実態に注目し、郷土教科書の開発モデルを明らかにした上で、理想的なモデルは「大学、小中学校、教育行政部門、NGO、民間文化エリートと関心を持つ社会人が協力する開発モデル」であると指摘した。一方、李・滕（2022）は、多元文化教育の視野から、郷土教科書が民族団結を促進する理論的根拠について述べた。また、郷土教科書を地域の持続可能な発展と結びつける先行研究もある。例えば、張・楊（2011）は、郷土教科書が地域社会とりわけ少数民族地域の持続可能な発展を促していることを評価し、それを農村人材の養成・住民資質の向上、農村経済の発展と地域生活の充実という三つのポイントにまとめている。

しかしながら、これらの研究は、現代の代表的な郷土教科書の具体内容を分析しておらず、より抽象的なマクロ背景に基づいた郷土教科書の実態・意義、開発モデルなどの検討にすぎない。また、ESD の理念と結びつけながら、持続可能な農村社会を創出するために、郷土教科書の具体的な意義を述べておらず、郷土教科書の唱えた未来の農村社会のあるべき姿についても明らかにしていない。

そこで本研究は、ESD の視野から、郷土教科書の内容構成、編成、活動デザインという三つのポイントをめぐって分析した上で、郷土教科書の持続可

能な農村社会にとっての意義を明らかにしていきたい。

3．教科書の内容構成

　取り上げた郷土教科書の内容は ESD における「多様性」と「相互性」を基軸としていると考えられる。本節では、「多様性」に関わる内容と「相互性」に関わる内容に分けて分析を行う。

⑴　「多様性」に関わる内容

　本研究で取り上げた教科書のうち、「多様性」に含まれる内容は「自然環境の多様性」、「人文環境の多様性」、「視点の多様性」である。「自然環境の多様性」は主に地理、生物、気候などの多様性を、「人文環境の多様性」は建物、服飾、食事、歴史文化などの多様性を、「視点の多様性」は物事に対する認識が立場、民族、地方などによって異なっていることを指す。

①「自然環境の多様性」と「人文環境の多様性」

　2004-2006年に出版された教科書は、「天下渓」が中国の自然保護区や外国の基金会と連携して作成したものである。それは、主に自然環境の多様性に焦点を当てている。その後の教科書では、「人文環境の多様性」に関わる内容が多くなっている（表2）。

　表2で示したように、地元の特徴を表せる動物・植物、地理、気候、名所旧跡、民族の建物・服飾など様々な物事に関する内容は、自然環境と人文環境の多様性を学生に理解させるために取り入れられる。テキストには、何が現地の一番代表的な物事であるかに関する検討・論争が見られる。つまり、

表2　自然・人文環境の「多様性」に関わる内容構成

教科書		内容	多様性
『美麗的湘西我的家』	第4課	湘西の山、川と鳳凰城の重要性	自然・人文環境の多様性
	第5課	湘西農村の「吊脚楼」5) と都市部の「高層ビル」	人文環境の多様性
『我愛拉市海』	第7課	農村の古い庭と都市部の新しいビル	人文環境の多様性
	第7課	イ族の「木楞房」6)、ナシ族の「六合門」7)	人文環境の多様性
	第8課	現代洋服と民族服装	人文環境の多様性
『白鶴小雲』	第5課	生物の多様性	自然環境の多様性
	第10課	気候の多様性	自然環境の多様性

（筆者作成）

これは多様性に関する検討である。様々な多様性に隠れている葛藤から、学生の批判的な思考を引き起こすことが期待される。

　例えば、『美麗的湘西我的家』の第4課では、水辺、山上、鳳凰古城に住んでいる三人の主人公が、どこが一番美しいか、どこが一番重要なのかについて議論を展開している。この議論は、自然資源・文化資源の多様性に関わる論争になっている。河と山は豊かな自然資源（植物、動物、鉱物など）に富んでおり、鳳凰古城は豊な歴史資源・文化資源を有する。これらはいずれも地元社会の多様性を構成する不可欠な要素である。これによって学生は様々な自然資源、文化資源を尊重する態度を身につけられると考えられる。

　「我々湘西には大小の渓流が1000本以上あります。これらの渓流は私たち湘西の血管のようで、すべての村に延び、我々湘西のすべての土地を滋養しています……湘西の70％は山です。家を建てる材木も、お茶の葉も、桐油や樟の木も、山がくれたものです……鳳凰城のみならず、湘西の小町は、湘西の水と山の間にある真珠のようです……これは私達の湘西人の創造力と知恵の代表です。」（『美麗的湘西我的家』抜粋、20-21頁、筆者翻訳）

②視点の多様性

　「天下溪」の郷土教科書は、地元の伝統習慣、民族の由来、農村の事情を学生に理解させるために、多くの神話伝説を組み込んでいる。これは、学生が多元的な視点から歴史を理解することに役に立つことが期待される。とりわけ、神話伝説に関する記述はマジョリティの視点と異なり、少数民族のマイノリティの視点に立っている。例えば、『美麗的湘西我的家』では、「涿鹿の戦」の物語が語られている。「涿鹿の戦」で登場した人物は中国神話の神である黄帝と蚩尤である。主流の教科書では、記述の重点は黄帝にある。ところが、『美麗的湘西我的家』では、ミャオ族の始祖とみなされる蚩尤に関する記述は重点的であり、またポジティブな表現も多く見られる。例えば、「賢く、武勇に富んでいた」、「偉大」などの表現が取り上げられている。「涿鹿の戦」の発端は、蚩尤が「野望」を持ち、「乱を起こす」ことではなく、黄帝と炎帝の連盟と戦わなければいけなかったこととなっている。また、「多勢に敵わ

ず、勇敢に戦死してしまった」という記述も蚩尤に対する哀悼の意を示したものである。これは、漢族の立場に立つマジョリティの文化視点に基づいて編纂された主流教科書と異なり、少数民族の文化視点に基づいた神話伝説の人物に対する新しい認識である。これは、視点の多様性を示したものである。

(2) 「相互性」に関わる内容

「相互性」は、「お互いの関わり」である。具体的に言えば、人間と自然の関わり、自分と家族、村、地域、世界との関わり、古代と現代の関わり、地域と地域の関わりなどを指す。

①人間と自然の関わり

「天下渓」の教科書は、人間と自然の関わりについて多く触れている。例えば、『我愛拉市海』の第3課では、拉市海の水位の季節変動は農民の漁獲、耕作生活に影響を与え、農民は自然変化に応じて、水が引く前に漁獲に、水が引いた後に耕作に従事する生活が語られている。つまり、これは、人間と自然が調和する話である。第4課では、1999年から、食糧生産を増やすための農薬と化学肥料の使用は、拉市海の自然環境を汚し、また人間による過度の開発は、自然の浄化能力を破壊し、そして汚染をさらに悪化させるという悪循環が語られている。つまり、人間と自然の間で生じた葛藤が描かれている。このように、自然と調和する発展モデルと自然と衝突する発展モデルに関する物語を通じて、学生に人間と自然の関わりを考えさせようとしている。また、『沃布基的故事』の第8課では、チャン族の祭祀活動によって伝わった「自然を畏れ、万物を尊ぶ」理念について述べられており、人間と自然の関わりが示されている。

②自分と家族、村、地域、世界との関わり

「天下渓」は身の回りの農村地域を学生に実感させるために、「近くから遠くへ」という順に従って内容を編集することが多い。身近なことの例として、村と家族に関する話を導入として扱い、さらに国と世界の話に広げてい

く。これは、具体的な「関わり」から抽象的な「関わり」へと変わっていく論理的な順序であるため、学生の理解に非常に役に立っている。

　具体的には、まず身近な郷土文化を重視するのが特徴的である。教科書は現地特有の食べ物、植物・動物、民俗行事、農業活動、少数民族の服飾、祝日、詩歌、神話、諺などを紹介し、学生に郷土文化に関心を持たせ、重要視させる。

　一方、地元の郷土文化を重要視するということは、決して地元文化への関心のみにとどまることを意味していない。むしろ、教科書はその点を出発点としている。例えば、『扎龍』では故郷の「黒土」から、世界範囲で他の二つの「黒土地帯」（ウクライナの大平原とアメリカのミシシッピ川流域）、ひいてはインディアン先住民が有する自然や土地を崇拝する精神までを学生に理解させる。土地や生物を尊重し、自然規律に従いながら地域開発を行うことは、ESD が提唱したことである。このように、相互性の視野から現地の文化を確実に捉えるという重要な考え方を学生に身につけさせる。

　　「中国の広大な東北平原の北部、大興安嶺と白頭山の間の松嫩平原には、10万8000平方キロメートルの黒土帯がある。扎龍はこの黒土帯に位置している。黒土帯は世界に3ヵ所しかなく、残りの2ヵ所はウクライナ大平原とアメリカのミシシッピ川流域である。」（『扎龍』抜粋、第4課、筆者翻訳）

　中国の主流教科書では、マクロレベルで国と世界を愛することを学生に身につけさせようとしている場合が多い。しかし、マクロレベルで伝わることは極めて抽象的であり、学生にとっては、自身からの距離も遠く、理解するのが難しい。一方、「天下渓」の郷土教科書には、「近くから遠くへ」という順序に従って展開することが多く見出される。心身発達の初級段階にある小学生にとっては、慣れている身近なことを知り、愛することのほうがより理解しやすく、実践しやすい。このように、家族を愛することから、農村を愛し、そして地方を愛し、徐々に国家、世界を愛するようになることを学生に自然に身につけさせることを促している。

4．教科書の編成

「天下溪」の教科書、とりわけ小学生向けの教科書[8]は、主人公のいる物語を手がかりにして、一人称・三人称の語り方を用いるものが非常に多い。これは自分と他との関わりの弱い各ユニットによって構成される従来の教科書と異なり、物語の展開に従って編集するものである。また、学生に距離感を感じさせないために、教科書の主人公は学生のそばにいる知り合いのようなイメージに設定されている。ここで言及した主人公には、人物と動物という二つの種類があり、また一人および複数の場合がある。

上述の教科書について、『雲上的家園』は中学校の教科書であり、それ以外は小学校の教科書である。表3に示したように、主人公は人物である場合がほとんどであるが、動物の主人公（例えば、『白鶴小雲』）もいる。なお、人物の主人公は、適用される学級に相応しい年齢段階に設定されており、少数民族のキャラクターが圧倒的に多い。主人公の特徴を少数民族の特徴に合わせるために、名前なども少数民族の習慣に従って付けられている。

『雲上的家園』では、主人公は独立した人物であり、他の教科書では、主人公の物語が教科書の全体の構成を繋がる手がかりとなっており、すなわち、各ユニットが物語発展の流れに従って組み合わせられている（表3）。

そして、教科書の物語は、主に三人称および一人称で語られている。三人称で物語を述べることは文章の中心をより際立たせるのみならず、学生に共感を与える。一人称で述べることは、学生との距離を縮めやすく、学生は「私」に入り込みやすい。

表3　教科書に現れた主人公の情報

教科書	主人公情報					
	属性	名前	民族	性別	年齢	人称
『白鶴小雲』	動物	小雲			3ヶ月	一人称
『我愛拉市海』	人物	阿果	イ族	女	小学生	三人称
		和曉	ナシ族	女	小学生	
		木木	ナシ族	男	小学生	
『美麗的湘西我的家』	人物	咪彩	ミャオ族	女	小学生	三人称
		咚奎	トゥチャ族	男	小学生	
『沃布基的故事』	人物	沃布基	チャン族	男	小学5年生(11歳)	三人称・一人称
『雲上的家園』	人物	熱英保	チャン族	男	不詳	三人称(第5課)
	人物	哈巴基	チャン族	男	中学校2年生	三人称(第6課)
	人物	熱吉定	チャン族	男	不詳	三人称(第8課)
	人物	科姆基	チャン族	男	中学生	三人称(第9課)

（筆者作成）

・三人称「山間地域に住んでいるイ族の女児である阿果も嬉しそうに笑っています。しかし、隣のナシ族の男児である木木は『拉市海の子供は海辺に住んでいると先生が言いましたよ。だから、山に住んでいる方が含まれていないのです。私たちは拉市海で魚を取ったり、水辺で田畑を耕したりしています。しかし、あなたたちの家と畑は全てが山にあるので、どうして拉市海の子供といえるのでしょうか』。」（『我愛拉市海』抜粋、1頁、筆者翻訳）

・一人称「みなさん、こんにちは！沃布基です。今年は11歳となり、小学校五年生です……大家族で暮らしており、家には、父、母、一年生の勒祿、または80歳に近づく祖父と祖母がいます。」（『沃布基的故事』抜粋、29頁、筆者翻訳）

つまり、物語式の教科書は、小中学校の学生の発達段階に相応しく、テキストをより面白くし、学生の興味を呼び起こすことができる。また、主人公に付けられた名前、年齢、身分などの要素は、学生の現実の状況に似ているため、学生と教科書との距離感を縮め、学生は、自分自身のこと或いはそばにあることを考え、文脈に入りやすくなる。すなわち、学生に主人公の感情をより具体的に体得させ、思考と共感を呼び起こすようになっている。

5．教科書の活動デザイン

「天下渓」の教科書に掲載されている授業活動と授業後の宿題は、試験に勝つための知識の暗記を目的とした伝統的な教科書と全く異なっている。知識の暗記より、知識に対する能動的な学び、ESD に関する態度の養成、実践能力の向上が重要視されている。本節では、郷土教科書の活動デザインの特徴を分析していきたい。

(1)　郷土の環境と深く関わる活動

「天下渓」による郷土教科書は、農村地域に対する長期的なフィールドワークに基づいて編纂されている。そのため、授業活動或いは授業後の宿題のデザインは、郷土の環境と農村の日常生活と緊密に関わっている。

例えば、『霍林河流過的地方』の第2課では、水辺の植物と動物を学生に観

察させる活動が設けられている。それは「話をせず、目を閉じて、自然の音を細かく聞き分けながら周囲の環境を感じる上で、自分が聞いた音を共有する」という活動である。また、第3課では、「観察活動を通じてより多くの故郷の植物を知った上で、クラスメートに少なくとも一種の植物を紹介できるようになる」という活動もある。つまり、身近な自然環境を認識することに関わる活動である。

図1　学生が作った「故郷の文化地図」の例

出所：『雲上的家園』、21頁

そして、『雲上的家園』の第2課では、「故郷の文化地図」（図1[9]）を作る活動が設けられている。この地図を作るためには、自然景物、動物分布、ランドマーク建物、文化景観、生態資源、環境情報、交通線路などの自分にとって価値のある情報を入れる必要がある。このような地域の地図づくり活動は、『我愛拉市海』、『白鶴小雲』にも見られる。上述の活動は、学生に周囲の環境について知識を身につけさせ、地域文化に融合させる試みである。これはESDの価値観を身につける不可欠な一歩である。なぜなら、農村現地の事情を理解してこそ、持続可能な開発が可能となるからである。

(2)　ロールプレー

郷土教科書は参加型活動についてもかなり重視している。これは、学生の能動的な行動、協力する能力を養成するものである。

例えば、『白鶴小雲』では、「鳥類の移動」をシミュレーションする活動が設けられている。この活動によって、学生は、白鶴の役割を演じることを通じて、途中の食べ物の補充地の破壊による食糧の不足、生態環境の良さによる食べ物の豊かさ、悪化した天気・穏やかな天気、人類による補殺の悪影響

などを肌で感じられる。『我愛拉市海』では、学生に山と川を演じさせる活動が見られた。また、『沃布基的故事』には、学生は昔のチャン族を演じ、移動途中に出会った様々なことを体験する活動も見られる。このような参加型活動は、大自然と歴史に対する学生の共感能力を向上させ、持続可能な発展の重要性を学生に感じさせる。

(3) 家族と村との連携を促す活動

　郷土教科書には、家族と村との連携を促す授業後活動も非常に多く見られる。まず、『美麗的湘西我的家』(4-9頁)、『沃布基的故事』(10-12頁)、『雲上的家園』(17-21頁)『白鶴小雲』(8-10頁)『霍林河流過的地方』(34-36頁)には、暮らしている村を理解した上で地図を描く活動がある。

　そして、『美麗的湘西我的家』(18-19頁)、『沃布基的故事』(27-28頁)、『雲上的家園』(39-40頁)『白鶴小雲』(7頁)では、自らの家族を理解する活動が設けられている。とりわけ、「私の家族ツリー」(図2[10])を描く活動が多く見られる。これは学生に家族成員の特長、経歴などを木の形に従って描かせるものである。その中では、祖先は家族という木の根と幹であり、子孫は木の幹で生まれた枝である。

　また、家族と村の高齢者などに対するインタビュー調査活動も多く見られる。例えば、故郷の変化について目上の人にインタビューする活動(『美麗的湘西我的家』)、「落水洞」[11]について村の高齢者にインタビューする活動、農作業について保護者にインタビューする活動(『我愛拉市海』)、汶川大震災の救援状況について教師と保護者にインタビューする活動(『雲上的家園』)、家族の歴史について家族あるいは村の高齢者にインタビューする活動(『白鶴小雲』)、家族が扎龍に定住する歴史

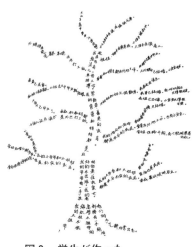

図2　学生が作った
　　　「私の家族ツリー」の例

出所：『美麗的湘西我的家』、19頁

について家族の高齢者にインタビューする活動（『扎龍』）などである。そして、多くの郷土教科書の最後の活動は、クラスの展覧会・報告会となっている。これによって、保護者や他の村民を学校の展覧会に招待し、お互いの交流を促している。

　上述の活動を見ると、郷土教科書は学生と家族・村との連携を重視している。授業活動は、学生と家族・村との連携を強化することを目的としていることが明らかになった。これによって、故郷に対する学生の責任感を呼び起こすことができる。

6．考察

　上述の分析結果に基づいて、知識[12]、態度[13]、技能[14]という三つの尺度から、郷土教科書は、持続可能な農村社会を創出することにいかに貢献しているのかを考察する。

　まず、郷土教科書に記載される郷土の知識は、詰め込み教育を志向した知識ではなく、主流文化に拘った知識でもなく、地方社会に深く関わっているものである。知識の内容を選別する際に、適切な編成方法と学生の学齢に相応しいものを選ぶことは、地方社会に対する学生の興味を引き出しやすい。小学生向けの教科書では、自然環境に関する知識が多く、人文社会に関する知識として日常生活に関わる服飾、食事、建物、交通、民俗活動などが盛り込まれている。一方、中学生向けのシリーズ（例えば、『雲上的家園』）では、自然環境に関する知識には顕著な変化が見られないにもかかわらず、人文社会に関する知識には、小学校よりレベルの高い内容が見られる。例えば、『雲上的家園』の第7課には、チャン族の居住村における郷規民約を締結する、村民の紛争を調停する機能を備えた「議話坪」制度に関わる内容がある。この制度は、古代のチャン族村の運営・管理・仲裁の仕組みであり、村民の民主的権利に関する思考を引き起こすものだと考えられる。また、「留守児童」（第4課）、「家庭の生計」（第6課）などの話題にも触れている。つまり、現代の農村社会で生じた社会課題、生計課題などの深刻な課題を中学生に考えさせる意図である。

　そして、「天下渓」が、上述の内容を組み込むことで学生に身につけようと

した態度は次のようなものである。第一に、「多様性」を認識する態度である。マジョリティ文化のほかに、マイノリティ文化が存在する価値を認めなければいけない。マイノリティ文化の種類は数多く、地方文化、少数民族文化のほかに、衰退していく農村文化もマイノリティ文化である。これからの社会にとって、「多様性」を認識する態度は非常に重要である。第二に、「相互性」を認識する態度である。持続可能な農村社会を創出するにあたって、地元文化のみに注目するのでは不十分である。農村文化と都市文化の関わり、歴史文化と現代文化の関わり、民族文化と世界文化の関わりについても考えなければならない。これはESDが強調する「相互性」である。第三に、「連携性」を認識する態度である。郷土教科書の内容は、机上の空論ではなく、家族ひいては村と強く連携する実践につながるものである。学生にこの連携性を認識させることも、農村社会の持続可能な発展を促すために、極めて重要なことである。学校で学んだことを村の発展につなげることによって、農村地域、少数民族地域の発展に対する学生の責任を強化する。

　最後に、郷土教科書が学生に身につけさせようとしている持続可能な社会づくりのための技能を述べていきたい。郷土教科書が提唱する授業形式は伝統的な教師中心の授業と全く異なり、学生中心のアクティブラーニングの特徴が目立っている。そのため、学生に身につけさせようとする技能は、試験志向の技能というより、むしろ現実課題に対する批判的思考力、実践活動に関する計画を立てる能力、フィールドワークに必要となる調査能力、他者と交流・協力する能力、地元課題に能動的に参画する能力などを基本とするものである。郷土教科書の授業活動には、現地の人々に対するインタビュー、フィールド調査、動物観察、地図づくりのような実践性の強い活動が圧倒的に多い。また、体験型、参加型の活動も非常に多い。上述の技能は、ESDにおいて重視される技能であると同時に、持続可能な農村社会を創出するための不可欠な技能でもある。

7．おわりに

　本稿で取り上げた郷土教科書は、「天下渓」というNGOが大学の専門家、地方政府・教育研究機構、海外NGOと連携し、中国の農村地域の持続可能な

発展を促すための取り組みとして作成したものである。これは、農村社会の
これからの発展を地元の学生、教員ひいては現地の人々に考えさせる取り組
みである。「天下渓」の郷土教科書は、内容構成から活動デザインまでのあら
ゆる面で、ESD による深い影響を受けていることが分析によって明らかにな
った。また、この郷土教科書は農村社会の持続可能な発展に貢献できること
も解明された。

　まず、郷土教科書が自然環境を重んじていることは明らかであり、学生に
自然の魅力を肌で感じさせることでエコロジーの基盤を築こうとしている。
「天下渓」が最初に編纂した郷土教科書は湿地、動物などの話題を中心として
おり、自然環境を大切にする土台づくりを重視したものである。従来の授業
と異なり、学生は自然に恵まれた様々な条件を活かし、自然に対する親切感
を持ち、人間と自然の関係を意識できるようになる。それにより環境を大切
にする意識を持たせることが教育の目的である。このような人材づくりは農
村社会の持続可能な発展に関わる重要なことである。

　そして、郷土教科書では、学生自身が実践を通じて学ぶ活動が多く設けら
れている（例えば、野外体験、動物観察など）。学生は自らの経験や実践を通
じて、地元の文化を了解するようになり、そして地元の事情を理解した上で、
自らの感想と考え方を形成し、最後は地域課題の解決に取り組む。これも、
持続可能な農村社会を創出するための人材育成に力を入れていることであ
る。

　持続可能な農村社会を創出するために、様々な主体の取り組みが見られる
が、本研究で論述した郷土教科書の試みは NGO が主導し、各主体が協力し
た代表的な事例であり、また影響の強い活動でもある。これにより、NGO が
民間の力をもって郷土教科書の編纂、普及に携わる可能性が示された。NGO
は、フィールドワークを通じて地域に深く根ざしていると同時に、教育専門
家と緊密に連携している。これによって政府の対応における不足を補い、地
域社会の歴史、文化特徴を掘り出し、多様な文化の持続的な発展を促すこと
ができる。

　資料の制限により、本研究には残された課題もいくつか存在する。まず、
本研究では「天下渓」の郷土教科書しか取り上げておらず、ESD に寄与しう

る特徴について、他の郷土教科書との比較分析による考察を行わなかった。また、本研究ではNGOからの視点のみによる分析にとどまっており、学校現場の教員、学生または教育行政機関などの様々な主体を対象にした総合的な考察を行わなかった。これらの内容を、今後の研究課題としてさらに探究したい。

注

1）「留守児童」は、農村から都市へ移動する出稼ぎ労働者である両親から離れ、農村に残っている児童である。

2）文部科学省は、ESDを「気候変動、生物多様性の喪失、資源の枯渇、貧困の拡大等人類の開発活動に起因する現代社会の様々な問題を自らの問題として主体的に捉え、人類が将来の世代にわたり恵み豊かな生活を確保できるよう、身近なところから取り組む（think globally, act locally）ことで、問題の解決につながる新たな価値観や行動等の変容をもたらし、持続可能な社会を実現していくことを目指して行う学習・教育活動である」と定義している。文部科学省HPより（https://www.mext.go.jp/unesco/004/1339970.htm　2022年6月1日取得）

3）中華人民共和国国家教育委員会（1987）「全国小中学校教材審定委員会工作章程」

4）国家課程は国家教育行政部門が開発・管理する課程であり、地方課程は地方教育行政部門が開発・管理する課程であり、学校課程は学校が自主的に開発・管理する課程である。

5）「吊脚楼」は、湖南省の農村地域における特徴的な建物である。川床から石柱を立てて、その上に家屋を建てた半水上家屋である。

6）「木楞房」は丸太を積み上げてできた四合院形式の建物である。

7）「六合門」はナシ族の伝統な建築芸術であり、6枚の開閉できる門扇があり、故に「六合門」と名付けられる。

8）中学校のサンプル教科書には主人公がいるが、最初のユニットから最後のユニットまでを貫く主人公がいない。すなわち、テキストの物語性も弱くなっている。

9）「天下渓」の職員より許可を得て掲載している。

10）前掲註9

11）「落水洞」は石灰岩地域で地表から地下に通じる水の吸い込み穴である。

12）本稿では、筆者は知識の尺度を物事のあり方を理解・認識することと定義している。

13) 本稿では、筆者は態度の尺度を価値観に関わる考え方、判断力と定義している。

14) 本稿では、筆者は技能の尺度を計画を作る上で実践する能力と問題を解決する能力と定義している。

参考文献

李新（2015）『百年中国郷土教材研究』知識産権出版社

羅銀新（2017）「郷土教材：有根的教育——第四届全国郷土教材検討会総述」『現代教育科学』第7期、94-99頁

李紅婷・滕星（2022）「重視郷土教材開発研究 唱導多元文化整合教育——兼論郷土教材助力民族団結進歩的五大依拠」『広西民族研究』第1期、27-33頁

張愛琴・楊紅（2011）「試論郷土教材開発与社区可持続発展——以寧夏回族自治区為例」『成人教育』第31巻、第4期、7-10頁

鶴見陽子（2008）「中国の持続可能な発展のための教育（ESD）の概念における「発展観」の検討」『国立教育政策研究所紀要』第137集、181-197頁

司淼（2011）「我国中小学校教科書審定制度研究」、瀋陽師範大学修士学位論文

李水平（2014）「新中国教科書制度研究」、湖南師範大学博士学位論文

李思明（2010）「三級課程管理体制的再認識」『現代教育科学』第12期、20-21頁、107頁

陳勝慶（2001）「郷土教育与地方課程開発」『地理教学』第4期、11-12頁、27頁

中華人民共和国国務院（1999）「教育改革を深化させ、全面的に素質教育を推進することに関する決定」

『学習社会研究』編集規程

2022年 7 月 2 日「学習社会研究」編集委員会一部改正

2021年12月12日「学習社会研究」編集委員会一部改正

2019年 4 月20日「学習社会研究」編集委員会一部改正

2011年 8 月 2 日「学習社会研究」編集委員会一部改正

2010年 5 月15日「学習社会研究」編集委員会決定
2011年 8 月 2 日「学習社会研究」編集委員会一部改正
2019年 4 月20日「学習社会研究」編集委員会一部改正
2021年12月12日「学習社会研究」編集委員会一部改正
2022年 7 月 2 日「学習社会研究」編集委員会一部改正

1．特別論文集「学習社会研究」は、日本学習社会学会の機関誌として、原則、隔年で発行する。

2．本「学習社会研究」は、原則として学習社会に関する未公刊の論文等を掲載する。論文は、特集論文と投稿論文からなり、いずれも「投稿等要領」に従って作成されたものとする。

3．本「学習社会研究」の編集にあたる編集委員会を置く。

　⑴　編集委員長は理事の中から会長が委嘱する。

　⑵　編集委員は理事会の承認を得て会員の中から編集委員長が委嘱する。

　⑶　編集委員会に副編集委員長をおくことができる。副編集委員長は編集委員の中から編集委員長が委嘱する。

　⑷　編集幹事は会員の中から編集委員長が委嘱する。

　⑸　編集委員長、副委員長、委員の任期は 2 年とし、再任を妨げない。

4．編集委員長は、委員会会務をつかさどる。

6．編集委員会は、投稿された原稿を査読者の審査に基づき、審議の上、掲載論文を決定する。査読者については、必要に応じて、編集委員会委員以外の会員等にも依頼することができる。

7．掲載が決定された論文については、委員会が提示した電子ファイルの様式（34字×30行）に基づいて作成して提出することを投稿者に求めることとする。

8．投稿者等による校正は初校のみとし、その際、大幅な修正を認めないものとする。

9．原稿の最終校正は編集委員会の責任において行う。

10．投稿された原稿は掲載の有無を問わず返却しない。

『学習社会研究』投稿等要領

2010年 5 月15日　「学習社会研究」編集委員会決定
2011年 8 月 2 日　「学習社会研究」編集委員会一部改正
2020年 8 月22日　「学習社会研究」編集委員会一部改正

1．投稿論文等は、学習社会に関する未公刊の論文とする。ただし、口頭発表はこの限りでない。

2．応募資格は以下のいずれの事項にも該当するものとする。ただし、特集論文はこの限りではない。

(1)　日本学習社会学会会員で、投稿締め切り日が属する年度までの会費を完納したもの。なお、掲載が決定されたときは、校正時までに当該年度の会費及び掲載料 3 万円を納入するものとする。

(2)　刊行年度の前々年度の大会時から当該年度までの間に大会（自由研究発表）または研究会で発表したもの。

3．投稿論文原稿は日本語とする。

4．原稿の様式は、以下のとおりとする。

(1)　1 編について、12,000字〜14,000字（400字換算で30枚〜35枚以内）とする。この場合、図表・写真等を適切に文字換算して、規程文字数に含めるものとする。

(2)　原則として、Word または一太郎で作成したデータファイルを提出する。

(3)　書式は、A 4 判、40行×40字とする。

(4)　論文には必ずページ番号を記しておく。

(5)　引用文献・参考文献は、論文の最後にまとめて記載する。

5．投稿論文には、氏名、所属等を書き入れず、本文にもそれらが判明する書き方、（たとえば、引用文献に「拙著」「拙稿」等を記すこと）をしない。

6．投稿論文とは別に、論文タイトル（英文タイトルも付す）、執筆者名、所属名、連絡先、論文のキーワード 5 語程度を記したファイルを添付するものとする。

編集後記

　2022年10月に、岸田文雄首相はリスキリング支援に今後5年間で1兆円の予算を投じる計画を示したところです。リスキリングとは、デジタル化が推進される中で、職業に必要とされる新たなスキルに適応するために必要なスキルを獲得したり、獲得させたりすることだと定義されます。この考え方はOECDのリカレント教育にも通じますが、リカレント教育が一旦職場を離れて大学等の教育機会に接近する形態なのに対して、リスキリングは就業したままでDX時代に適したスキルを獲得することを目的とする人材戦略だと言われます。

　リスキリングは企業等の人材戦略ではありますが、人びとの生涯にわたる「学び」が改めて重視されることに間違いありません。そうした現状の中で、学習社会に向けてどのような政策や実践が求められるでしょうか。

　本号では、教育政策と教育実践に関わる二つの特集テーマを設定し、各テーマに関する研究に取り組んでいる会員に特集論文を寄せていただき、編集委員の審査を経て掲載されています。また、投稿論文としては7編の投稿があり、編集委員会の審査を経て3編が掲載に至りました。そこで、これら論文が新たな「学び」の在り方の模索に資することを願っております。

　なお、本誌『学習社会研究』は、第1号から原則として隔年毎に刊行してきましたが、第4号の発行が1年遅れの2022年になったことから、本第5号がその翌年の本年に刊行された次第です。

2023年3月

副編集委員長　佐藤晴雄

学習社会研究　学習社会と教育の未来像
第5号

2023年3月31日　発行

　編　集　日本学習社会学会（『学習社会研究』編集委員会）
　　　　　【学会事務局】
　　　　　　〒564-8680　大阪府吹田市山手町3-3-35
　　　　　　関西大学文学部
　　　　　　（事務局長）田中潤一研究室
　　　　　　E-mail：slearningsociety@gmail.com

　発　行　学事出版株式会社
　　　　　〒101-0051　東京都千代田区神田神保町1-2-5
　　　　　TEL 03-3518-9655／FAX 03-3518-9018
　　　　　https://www.gakuji.co.jp/

ISBN978-4-7619-2925-1　C3037